# 我与名家之
# 书画缘

施宝霖 著

·北京·

图书在版编目（CIP）数据

我与名家之书画缘 / 施宝霖著 . -- 北京 ：群言出版社，2020.10
ISBN 978-7-5193-0608-3

Ⅰ．①我… Ⅱ．①施… Ⅲ．①书画家－生平事迹－中国－现代 Ⅳ．①K825.72

中国版本图书馆CIP数据核字（2020）第175264号

责任编辑：孙平平

出版发行：群言出版社
地　　址：北京市东城区东厂胡同北巷1号（100006）
网　　址：www.qypublish.com（官网书城）
电子信箱：qunyancbs@126.com
联系电话：010-65267783　65263836
经　　销：全国新华书店

印　　刷：绍兴市越生彩印有限公司
版　　次：2020年10月第1版　2020年10月第1次印刷
开　　本：787mm×1092mm　1/16
印　　张：19.75
字　　数：283千字
印　　数：0001—4000册
书　　号：ISBN 978-7-5193-0608-3
定　　价：180.00元

【版权所有，侵权必究】

如有印装质量问题，请与本社发行部联系调换，电话：010-65263836

# 序一

当我看到书稿《我与名家之书画缘》时,不由得肃然起敬。这是因为:从1985年至今,三十多年里,我一直同当代的许多书画名家保持联系,深知能与他们结下书画奇缘确实不易。施宝霖先生不但与若干书画名家有缘相识、相知、相敬并相互赠送作品,且能将其交往花絮整理记述成书,缘莫大焉。对此,我唯有敬慕。

这儿所说的缘,不等于"关系"。在当代,能跟书画名家作品产生关系的中国人多如牛毛,但不敢说他们跟书画名家及其作品都有缘。此缘即缘分,也就是民间认定的、上了词典的"人与人之间命中注定的遇合的机会"。既然是"命中注定"的遇合机会,便必然是天公作美、自然形成,无需工于心计来攫取。所以,这种缘分极其珍贵,不是谁都可以得到的。

那么,施宝霖先生有何奇特之处,竟能使他跟诸多名家结下书画之缘呢?言之有三:

一、他对书画颇有敬畏之心。我不知道他对书画的敬畏心是否与生俱来,但知他自小就有。孩提时代,他遇见散落在地上的字纸或画片,哪怕残破无形,也视其为宝,拾而珍之。从小到大,钟爱日盛。及至成年,因爱字、画而仰慕书画作家,并且立志:此生不求升官发财,但求与书画及其作者神交。

二、他具备感知书画的慧根灵性。凡人睁眼便能认字观画,而分辨力、洞察力却有高低之分。书法之妙,绘画之精,不是凡夫俗眼可以发现的。越是绝妙的书法和绘画,越需要有识之士去解读,而此识,不单指眼力学识,还含有慧根、灵性。所谓慧根,是对书画作品的特殊敏感性,及强烈的亲和力。具备这种特性的人不多。施宝霖先生不但具备这种特性,而且富有天分。何以见得?我们只需看他跟哪些书画名家最具书画奇缘就够了,不必探讨其他。与他缘分最深的名家,按其所在地排列,先京沪,后浙闽,依次是:李可染、吴作人、黄胄、程十发、周昌谷、钱君匋、潘主兰、陈子奋、郑乃珖、龚礼逸。这些名字如雷贯耳,他们可不是普通书画名家。中国当代的书画名家成千上万,垒成一座高耸入云的书画艺术之塔,与施宝霖结奇缘的十位,是镶嵌在这座塔顶的璀璨明珠,是亿万中国人景仰的对象。施先生如果没有书画艺术慧根,更欠缺认识书画的灵性,怎么可能在残酷糟蹋经典文化艺术的社会背景下,看到这些人身上的艺术宝光呢?君不见,在当时,有多少人将所藏他们的作品付之一炬,动因只是想与之撇清关系,以保自身平安。更有甚者,视他们为四体不勤、五谷不分的无用之人,将他们送进牛棚强制劳动改造。在他们深陷危难时刻视其为宝,若宝霖没有慧根、灵性,能做得到吗?

三、他自身的艺术造诣很高。打铁先得本身硬,识才也得自有才。不敢设想,一个彻底粗俗的艺术门外汉,能跟艺术天才有缘交往、交流、交心,且心愉情悦,恨相识太晚。十大名家视宝霖为知己,除了欣赏他的人品,还看重他的艺术成就。宝霖虽然深谙书画之道,且有水平不低的书画创作,但不能与十大名家的书画相提并论。他的艺术成就主要表现在寿山石雕上。他之雕,脱胎于传统技法,凸显其构思奇巧,刀功绝妙惊艳,题材丰富多样,内涵深邃厚重。观其雕,如赏书画,似读诗文,绝不单调平淡,更不徒具表相,这正合许多书画名家的胃口。要知道,由于种种原因,在我国艺术史上,书画名家大多不正眼看待民间雕刻,以为它重技薄艺,俗而难雅,与书画不能同日而语,从而鄙视雕刻家。翻看历史,书画名家尊重并引以为友的雕刻家,似乎只有明代的琢玉大家陆子冈和同样是明代的竹刻大家朱松邻、朱小松、朱三松。三朱不但开一代竹刻新风,成一大流派,其书画成就也很了得。这一点,施宝霖与其相似。正因他有深厚的书画功底,才促使他的雕刻摆脱了匠作模式,被李可染、黄胄等绘画大师视为艺术瑰宝,并用自己的画作与之交换。

  以上三点,未必全面。欲知更多信息,还是细读细品施宝霖所著的《我与名家之书画缘》。我相信,一旦读过,定会心生羡慕。

李绪萱
2019 年 3 月 8 日于北京

# 序二

福建寿山石雕刻大家施宝霖先生年届八旬,本该含饴弄孙,悠闲度日了,却在耄耋之年拿出了一本《我与名家之书画缘》的文稿。文稿一笔一画全为手写,足足十八万字,正所谓"丹青不知老将至",不由得让我对施先生十多年的钦仰之意更增添了感佩之情。施宝霖先生一生勤奋,老尤弥勤;一生笃厚,老尤弥笃;一生精艺,老尤弥精。诚哉!

细细阅览这部尚未付梓的书稿,那些曾经名噪一时的书画家们,在施老先生的叙述中鲜活地呈现在读者眼前。陈子奋、黄胄、李可染、钱君匋、潘主兰、吴作人、程十发、周昌谷、郑乃珖等,哪一个不是光耀画坛的书画巨擘?通过这本书稿,我们可以从一个侧面更深切地了解这些书画大家们更真实的心路历程,这远比一些"官修"的传记更能见其思想灵魂、更能见其艺术精髓。比如施老先生与黄胄先生前前后后20多年的书信来往和艺术相会,不仅"点式"展现了黄胄生命最后阶段的艺术活动,也从黄胄反反复复叮嘱施宝霖"多写生,不要刻自己不熟悉的东西"的教导中,体现了这位大师的艺术主张和人生胸襟。甚至一些小细节也是那么能体现书画家们的"真性情":出差须"一箱衣服、一箱香烟"的黄胄、"一生郁郁寡欢而英年早逝"的周昌谷、"始终以弟自谦相称"的程十发、"信手改画成佳作"的郑乃珖……一部真正的历史,既要有激荡岁月的宏大叙事,也要有情真意切的个人叙事。鲁迅先生认为,野史里"有着远比诸如《二十四史》等各种正史更为真实的历史"。从这个意义上说,这本书稿更是一部具有一定美术史料价值的书籍,这也是其价值的最大所在。

《我与名家之书画缘》讲述了施宝霖先生与十位书画家的交往历程,大致可以分为两类:一是施宝霖先生的授业恩师陈子奋、龚礼逸、潘主兰,二是施宝霖先生的忘年之交黄胄、周昌谷、郑乃珖等。施宝霖的授业恩师们虽然身居祖国东南一隅,却个个声誉显彰:陈子奋双钩白描独步国内;龚礼逸学养深厚书画俱佳;潘主兰精熟甲骨金文,更兼诗人情怀。施宝霖先生在他们那里学到了书画的最初技艺,也开启了他一生的艺术追求之路。而其余的七位书画名家更是当时画坛各个领域内的扛鼎人物。他们给了施宝霖先生很多艺术上的教诲,也用自己的艺术力量感染了施宝霖先生,让他感佩终身。

综观施宝霖与这些书画名家们的交往,最能概括的一个字就是"诚"。在那个动荡的年代里,知识分子受到冲击,施宝霖先生的恩师们也遭遇了迫害。但他们在卧病在床的情形下仍不忘叮嘱他"艺术是一生的,运动是一时的"。这让施宝霖先生醍醐灌顶。施宝霖先生凭着"根正苗红"的底气,经常去恩师家虚心求教,并力所能及地为他们解决一些生活实际困难。这种患难中的真情就像冰天雪地中燃烧的炭火,温暖了老艺术家们苦闷凄冷的心。这也是他们对施宝霖先生悉心相授的原因,为其在雕刻界脱颖而出培植了深厚的艺术根基。

施宝霖先生与其他艺术大家们的交往始于 20 世纪 70 年代,他凭着朴素的想法,以诚挚之情与诸位书画艺术家们书信往来,甚至在一些书画名家身故后他也不忘旧恩,仍恭恭敬敬地"执弟子礼",代为照看恩师家人。黄胄先生夫人郑闻慧女士曾对施宝霖先生说:"黄胄先生喜欢你,就是因为你为人实在、勤奋、诚恳。""时穷节乃现",这的确是施宝霖先生能与这么多大师们交往这么多年的根本原因。这个"诚"是施宝霖先生对艺术"诚惶诚恐"的追求,是施宝霖先生对艺术家"诚心诚意"的仰慕,不掺杂功利,不沾染名利,只为艺术上的"相知相遇"。

古人云:"与势者交,势倾则绝;与利者交,利尽则散。"在施宝霖先生为数不多的"出游"经历中,每到一处,他总是千方百计抽出时间去看望那些书画名家,并送上自己雕刻的寿山石章。施宝霖先生以艺术上的"诚",以品德上的"诚",终得结缘这些书画大家。他们艺术上共同切磋,共同琢磨,经常互赠作品以表情谊,他们亦师亦友,不为阿堵物,只为艺术谋。细想来,一个人能与这么多书画名家保持往来这么久这么深,这在当今恐怕是绝少的了,更何况施宝霖先生自身也是国内声誉卓著的寿山石雕刻大家。人品即艺品,施宝霖先生能得到这么多大师的耳提面命,在书画篆刻艺术上的精进和突破,实为水到渠成。

施宝霖先生与大师们的交往多为鸿雁传书。"开君万里书,独下千行泪"。这些书信既有殷殷的嘱托,也有深深的牵挂;既有谆谆的教诲,还有谦谦的商榷。行文之间或龙飞凤舞,足见大家风范;或一颦一笑,亦有真性真情。在我看来,这些书信既是施宝霖先生个人宝贵的精神财富,也是一件件不可多得的艺术精品,更是研究那些书画名家们的珍贵资料。这些书画名家们如今皆已作古，我们只能从这些珍贵的文字记述中去一窥他们的风采了。在通信发达的现代社会，要想像施宝霖先生那样与大师们在笺纸上侃侃而论，则已不可能。

欲寄彩笺兼尺素，山长水阔知何处？

孟柏干

2019年3月15日于绍兴

# 目录

**001** 白描祭酒　金石巨匠
　　　　——怀念陈子奋老师

**052** 洁身自守　书画名家
　　　　——怀念龚礼逸老师

**068** 奇遇国画大师
　　　　——怀念李可染先生

**080** 书画印全才　收藏界大家
　　　　——怀念钱君匋先生

**097** 雍容豁达　大师风范
　　　　——怀念吴作人院长

**105** 诗书画印精　还专甲骨文
　　　　——怀念潘主兰老师

**161** 画坛巨擘　艺德双馨
　　　　——怀念郑乃珖老师

**192** 当代海派画坛祭酒
　　　　——怀念程十发先生

**220** 百年巨匠　天才画家
　　　　——怀念黄胄老师

**279** 雁荡之子　画坛奇才
　　　　——怀念周昌谷先生

**301** 跋

# 白描祭酒 金石巨匠——怀念陈子奋老师

陈子奋(1898年6月29日—1976年2月20日),祖籍福建长乐县,生于福州。父名吉光。乳名依香,原名起,后改名子奋,字意芗,别号无寐、水叟、阿凤、渚凤、老凤、子翁、香叟和西湖钓叟等。斋名颐谖楼、颐萱楼、芝石山斋、宿月草堂、蒙泉山馆、乌石山斋、月香书屋、西湖蓬底、月香洞、桂香书屋和寄枝书屋等。

我什么时候认识陈子奋先生的呢?那是20世纪50年代中期,我在中学图书馆阅览室里,看到一本《热风》杂志,封面上刊登着一幅《寿桃图》,那苍劲有力的线条,特别是水淋淋的水蜜桃,令人垂涎欲滴,整个画面充满着生活气息。我为它传神的画面所陶醉,好像进入自家桃园品尝甜美多汁的水蜜桃似的。从此,"陈子奋"三字犹如刀刻一样烙在我的脑海中,并且心中暗暗地想着,什么时候能见到他,拜他为师,学绘画该多好!机会终于来了。那是1959年的夏天。一天,我在《福建日报》上看到福州工艺美术专科学校的秋季《招生简章》,《简章》的教师队伍名单中就有陈子奋先生,我喜出望外。那时我刚好念完初三,于是就去报考,我居然在全省200多名考生中被录取了。开学了,陈子奋先生就教授我们班花鸟课。虽然时间过去五十多年,但第一天陈子奋老师上课的情景历历在目,印象太深刻了,生平第一次见到朝思暮想的偶像。老师中等身材,身穿蓝布长衫,好像小时候家乡的私塾老师一样,年近六十岁的老年人,双目炯炯有神(图1)。只见他用粉笔在黑板上写了"陈子奋"三字作为自我介绍,

图 1　陈子奋像

然后拿着学生花名册一个个点名。我们班一共12人,全部是男生。他说:"我教你们花鸟课,第一课就上如何对花写生。同学们,你们以后上课要准备一支鲜花放在桌上对着画。"他一看大家都没有准备鲜花,立即就叫我们去附近采来。我就到附近菜园采了一支空心菜花来,按中学美术课中用铅笔画素描一样描在图画纸上。许多同学也和我一样用铅笔画着。陈老师见此情景,就对大家说:"同学们,今天不怪大家,因为是第一次见面,上的第一节课。以后大家一定要用毛笔画,也不能用铅笔勾后再用毛笔画,这是不可以的。请大家都准备一支依纹笔或叶筋笔,纸张也不能用平常的图画纸,一定要用熟宣或毛边纸。"然后他叫大家过来,围在第一位同学旁边。陈老师握着毛笔,对着扶桑花描起来,不一会儿,一朵朵扶桑花就画好了。按照他说的,这种画法叫白描,也叫双钩,这是锻炼人观察物体的精微处。陈老师教学方式是边绘边讲,也就是一边示范,一边讲解。同学们很快就领会了陈老师的意图。不知不觉,一上午就过去了,陈老师的花鸟课一星期只上半天三节课。第一次陈老师给我留下的印象是声如洪钟,目光中透出一丝威严,身上还流露些许霸气,说实话我真有点害怕他。

陈老师上课时,常握着折扇在课堂上走来走去,巡视着每位学生。看到哪位同学握笔画笔条(线条)不正确,他就马上坐下来做示范,并招呼大家过来看。大家围着观摩,鸦雀无声。陈老师握笔画白描时,指位很低,手腕贴在桌面上,这是为了行笔稳健。这时发现他勾线不是一笔拉到底,而是在适当之处勒住,接着再往下拉。他要求我们要做到有笔锋,但不见笔的痕迹,无笔处恰恰只有笔锋能运转,这才算好笔条。他说:"勾勒笔条要时刻轻微跳动,既反对脱离实际,玩弄线条,又要克服滞板的轮廓线。要做到每笔有夸张,每笔有情感,每笔又都要从实际出发。"他特别强调要有"致广大尽精微"的作画思想,只有尽精微,才能致广大。针对我画空心菜时花管画不圆的原因,他指出:"除运笔方法不对外,叶柄与主管连接处、花与花托之间连接处的细节处理不当也是一大原因。"

陈老师教学是从浅到深,循序渐进。我和同学刚开始勾勒时,画出来的线条都是软弱无力的,光滑幼稚的,尤其是直线。陈老师没有讲高深的理论,怕学生们不理解听不懂,比如什么是"屋漏痕""折钗股"和"锥划沙"等,而是用通俗易懂直观的方法说:"笔条要'毛',有的物体看过去好像是笔直笔直的,但实际上不是这样的。比如同学们看到面前课桌腿是直的,其实细微处有许多凹凸不平的地方,不信你们用手摸一摸看,是不是与我说的一样。"我用手一摸,桌脚果然是这样毛糙不平的。这就是他要求学生要在精微处下功夫的原因。他还说:"画笔条时要用中锋,要缓缓地运行,不能快,一快就滑了。如果太滑,笔条就没有金石味,不耐看,不沉稳,不厚重,显得很浮,显得薄而无力。"所以他一再强调,笔条要"毛"。我认为所谓"毛",就是要有金石味。

陈老师对学生要求十分严格,不放过任何细节。上课第一天,他发现有一支月季花被同学丢弃在地上,就在讲台前大声说:"同学们,画花的人一定要爱花,花是有生命的。"这句话印象太深刻了,时至今日仍在我的耳边回响着。

经过一段时间的白描训练,陈老师看到同学们的笔条逐渐成熟起来,接着就教我们如何设色。双钩设色花鸟画也是陈老师的看家本领,他用汁绿色由叶脉中间从浓到淡往外边抹,待整片叶子涂完汁绿色后,再在叶脉中间线附近上一层淡花青,这样一来整个叶子就有立体感了。如果要表现老叶子,就在叶子边缘抹一笔赭石,叶子一下就感觉枯老了许多,好像秋天将至,叶子将要掉落一样,样子妙极了,真神呀!

关于绘画如何经营位置、题款和盖印问题,陈老师用了一个上午的时间为我们一一讲解:"经营位置也就是构图布局,也就是画面景物相互关系处理问题,归纳起来就是主次、纵横、虚实、开合和破局等。例如虚实问题,古人画诀也有'密不通风,宽可走马'的说法,这就是处理布局中空白处的问题。这并不是无关紧要的问题,而是会影响全画的效果,要做到虚实相生。""题款,也是绘画不可或缺的,是不容忽视的问题。题款不是随便题在哪里都可以的,如果有的画面留白处已显得很空灵,而你却在空白处题上款,就会显得堵塞,反而会影响到整体效果。要根据画面的整体需要,或竖题,或横题,或长题。用何种书体题写,也是要根据画面而定,或篆、或隶、或行楷,不能胡来。""还有盖印问题也不能轻视,该盖在哪里也是有学问的。印章应盖在哪个位置上,都要根据整体画面需要,不要为盖印而盖印。盖在适当的位置上,是可为画面提气,为画面增色添彩的。盖印数量最好是奇数,不要偶数。"他在讲授以上三个问题时,还拿出自己十几幅作品挂在黑板上做示范。这种直观的教学方法,使我们容易领会并记得住。这一课使我终身受用啊!

到了三年级时,陈老师才教我们画写意花鸟,其中也有工写结合的,并且用他的作品给我们临摹用,我就临过他的八幅画。我毕业时,陈老师给我花鸟课分数打了满分5分。

陈老师来学校上课,都由学校雇佣人力三轮车去接,并由一位同学护送。有一次,轮到我去接陈老师时,才知道他住在城里的乌石山北坡道山路月香弄1号,也就是他在画里常题的"写于月香书屋"这个地方。

在学校学习期间,上花鸟课时发生的三件事,使我至今难以忘怀。第一件事,因为我没有钱买依纹笔,也不知道哪里能买得到,所以用"车头水牌"小楷毛笔勾线,有时也用铅笔勾线。有一天被陈老师发现了,他二话不说就把铅笔夺过去扔掉,我惊呆了,不知如何是好。因为是我不听老师的话,惹老师生气了。从这件事上来看,他对学生要求是严格的。后来我托第一届同学郑益坤从北京带回一支依纹笔,好像是九角钱。唉!这九角钱也是不小的负担。因为我是穷苦学生,十岁失怙,为节省两角公交车费(用于乌龙江过渡,来回两角),宁可徒步5个小时回家。每逢星期天(除风雨天外),都要从学校步行回家砍柴,砍下的柴火一部分留下给母亲烧火煮饭用,另一部分变卖后,用于购买学习用具。这支依纹笔随我近一个甲子的岁月,虽然笔毛所剩无几,但我舍不得丢掉,留着作为纪念。因为这支笔记载着永生难忘的师恩和在学校的青春岁月(图2)。

第二件事,发生在另一位同学身上。有一天,不知道哪位同学在课堂临摹一张从杂志上剪下来的于非闇彩色工笔《山茶花》印刷品,被陈老师发现了,他一把夺过去撕碎扔在地上,说:"你一字还没有一划哩,没有学走就先学跑了,对花写生的基础课还没

图2 依纹笔

有上几课,你的笔条还很幼稚软弱哩!"此后,班上的同学都不敢再拿别人所画的印刷品临摹了,都老老实实地对着鲜花用毛笔不断地写生,即"对花写照"。

第三件事,有一天陈老师来上课时,手里拿着一张邮局寄来的汇款单,在走廊上对同学们讲:"哪位同学帮我到邮局把稿费取回来。"汇款单上写着80元钱,

图3　陈子奋画《蔬菜红蟹图》

汇款单位写着"德意志民主共和国驻华大使馆"。原来在1958年,陈老师画的《蔬菜红蟹图》(图3),参加社会主义国家造型艺术展,被德意志民主共和国的一家杂志社用作封面,所以才汇来稿费。哎呀!陈子奋老师出名到国外去了,同学们嚷了起来!从此以后,我们对陈老师更加敬佩。

1959—1963年,是陈子奋老师创作的黄金时期,应该说处于巅峰状态,佳作不断涌现。1959年8月,《陈子奋白描花卉册》由上海人民出版社正式出版,第一版印刷2000册,定价3.20元,内收140幅白描花卉,是毛边纸线装本。同年10月,他把这本《陈子奋白描花卉册》寄给南京的俞剑华教授,俞教授阅毕此册,兴奋不已,特补写"序言",洋洋洒洒数千言,其中写道:"要学西洋画必须学素描,要学中国画必须学白描。要说素描是西洋画的基础,那么白描就是中国画的基础。学不好素描,画不好西洋画。同样,学不好白描,也画不好中国画。""陈子奋先生是福建长乐人,致力于绘画、书法、篆刻五十余年,晚而不衰,老而弥坚,对于白描花卉尤为擅长,他的线条既不是顾恺之式,也不是李龙眠式的,而是含有顾恺之、李龙眠的精华而又独树一格,成其所谓'陈子奋的白描'。流利的地方如行云流水,顿挫的地方如屋漏痕。

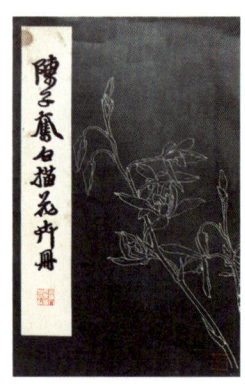

图4 《陈子奋白描花卉册》

平正温和,绝没有霸悍的习气;婉转自如,也没有生硬的缺点。描写物象,恰如其分;'以形写神',独具心得。尤其在章法的剪裁、位置的经营,既无一般俗套,又无标本缺陷,迎风含露,妩媚多姿,予人以清新愉快之感。""吴昌硕用金石书法作写意花卉,陈先生用金石书法作白描花卉,真所谓春兰秋菊、异曲同工。"陈子奋老师最喜欢俞先生的这篇序文。当他高兴时,就捧起诵读以上各段。当他读起这篇序文时,我也说:"俞先生这篇序文确实写得好,很中肯,有见地,把老师的白描艺术特点一一道出,能使广大读者更好地欣赏老师的白描艺术。"当时因我囊中羞涩,第一版价格虽然只是3.20元,但是我没有买。现在案头上放的那本是1979年2月第3次印刷的,这版收录了俞先生的这篇序言。我时常翻阅这本《陈子奋白描花卉册》(图4),细细品味,感叹陈老师把线条"玩"到了极致,当代中国画坛无出其右。陈老师这一时期的代表作有双钩设色《春光月月遍人间图》(图5)和《葵花小鸟图》,前者已被福州市博物馆收藏,后者则为方纪龙兄收藏。

1959—1961年,我国经历了三年经济困难时期。这段时间为了鼓舞人民克服困难,共渡难关,陈老师画了一幅《卧薪尝胆图》(图6),参加华东六省一市画展。我在西湖展览馆欣赏到这幅《卧薪尝胆图》。卧薪尝胆典故,出自春秋时期,越国被吴国打败,越王勾践被俘,释放回国后励精图治,

图5 陈子奋画《春光月月遍人间图》

卧薪不敢安逸,尝胆不近甘味,刻苦自励,志图复国,经过二十年奋斗最终打败了吴国。该图熔铸了陈老莲和任伯年技法精华,也是陈老师人物画代表作之一。仅仅从以上三幅画就可以看出,陈老师是"紧跟时代步伐,紧贴时代脉搏",歌颂祖国,歌颂人民,歌颂共产党的。

1959年,北京人民大会堂福建厅的装饰设计工作,由福州工艺美术研究所承担,屏风和挂屏的制作,由工厂艺人画工完

图6　陈子奋画《卧薪尝胆图》

成,水平不是很高。1962年,人民大会堂福建厅部分重新装饰。人民大会堂领导指名要福州花鸟画大家陈子奋起草的画稿,福州工艺美术研究所领导怕要不到陈子奋先生的画稿,于是就想到所里的郑益坤兄。郑益坤是美工校第一届毕业生,他的画像陈子奋老师的,字写得也像陈老师的,是陈老师最喜欢的学生之一。一天,郑益坤兄接到任务,跑到陈老师家,当时陈老师带病接待了他。郑益坤兄说明来意,陈老师愉快地答应下来。为北京人民大会堂出力,这也是很光荣的任务。后陈子奋先生按要求画了屏风十幅,前后各五幅。中间大幅画仙桃,篆书"万寿无疆"四字;左右各画春夏秋冬四幅花鸟图;还有挂屏八幅,共计十八幅。漆雕由郑益坤和美术厂一位赵姓师傅共同完成。我因参与搬运这批屏风到西湖交际处会议厅,在请省市有关领导审查时,才有机会见到这些精美绝伦的作品。这十八幅画可算是陈老师的巅峰之作。从1963年至1966年,毛主席接见外宾时,时常在五扇屏风前合影。这十八幅画的原作,直到1988年秋,时任福州市工艺美术馆副馆长叶敬攸兄,通知我去五四路工艺美术展览馆参观时才

看到，真是陈老师精品中的精品，可算国宝啊！这十八幅杰作还没有出版过，如今不知流落何处。陈子奋老师创作的这十八幅画一分稿费都没有，大师兄陈清狂实在看不过去，忍不住对郑益坤兄说："你们工艺美术局太抠门了，老人家带病为你们赶画这么多作品，他一生是靠卖艺为生的，你们也该适当表示表示，总不能这样白拿啊！"郑益坤兄只好向市工艺美术局和研究所领导反映情况，最后才批下一些钱，买了慰问品请郑益坤带去应付了事。益坤兄时至今日还感愧于陈老师，欠陈老师太多太多了，无以为报。

1961年，是陈子奋老师艺术道路上的重大转折期，这年10月2日，"陈子奋画室"在福州西湖宛在堂挂牌成立。时任中共福建省委书记处书记林修德前往祝贺。到场祝贺的还有省市文化界领导。与此同时，还在宛在堂举办"陈子奋近作观摩会"。我们班上同学亦去参观学习。西湖宛在堂过去是福州文化人雅集、举办诗词唱和之所，文化底蕴厚重，环境优美，花影扶疏，湖光山色令人陶醉。在此处为陈老师辟个画室，偌大的场所只供他一个人所用，是何等荣光，这在福建文化史上是空前的。

是年11月12日，中国美协和福建美协联合在北京中国美术馆举办《李耕、陈子奋、李硕卿三联合画展》。11月15日，《福建日报》专版刊登了"李耕、陈子奋、李硕卿三联合画展"作品选刊。第二年1月19日至28日，"李耕、陈子奋、李硕卿三联合画展"移至上海美术馆继续展出。为此，《文汇报》于1月26日还刊登了福建三画家简介与三人的代表作，陈子奋老师的代表作是《公鸡图》（图7）。

图7　陈子奋画《公鸡图》

陈子奋老师一生最重要的出省艺术活动,是1962年5月19日至6月8日期间,他应浙江美术学院和江苏中国画院邀请,在杭州与南京举办画展,并参加艺术交流活动。感谢清狂兄的《日记》和《座谈会记录》,感谢他为我们留下了这段宝贵的历史记录,让我们今天有幸领略当年陈老师的艺术活动情况,为后学者研究提供详实的资料。

1962年5月19日,陈子奋老师由师兄陈清狂陪同,乘火车离开福州赴杭州。21日,师徒同游西泠印社,跪拜了吴昌硕先生塑像。因见塑像上蒙有尘土,第二天,陈老师又带师兄以及天恩兄三人,再次来到西泠印社,为吴老塑像擦洗尘埃,引起游人注目。由此可见,他们三人对吴老的虔诚之心。后他们三人访黄宾虹先生故居,与黄老夫人晤谈,并观阅了黄老先生画稿数十本。因陈老师仰慕徐文长与陈老莲,曾刊一印"生后章侯三百年"(章侯为陈老莲的字)。陈子奋老师于5月24日赴绍兴市,也就是师兄陈清狂的故乡,先参观鲁迅纪念馆和三味书屋,第二天又拜谒青藤书屋(徐文长故居,陈老莲也曾居住于此)。青藤书屋,这间不起眼、极普通的房屋,居然居住过两位明代伟大的画家,一位还与陈老师同宗,所以也变得不寻常了,令后世画家心向往之。

5月26日,陈老师的100幅作品在浙江美院展厅展出,观众多是美院师生,其中也包括周昌谷先生。

5月27日,陈子奋老师与清狂师兄专访潘天寿先生,并观赏潘先生所有已装裱的字画,二老谈诗、谈艺,畅谈了一个上午。陈老师为此曾作诗一首志之:

雄豪霸悍阿寿翁,
泼墨画荷翻一斗。
题壁有诗黄山头,
送客多情深巷口。

是日下午,陈老师为曾宓作了一幅画,又刻了一方印。晚上,美院闽籍学生多人汇集旅馆中,听陈老师谈艺到夜阑。

5月29日晚,陈老师与师兄陈清狂乘火车到达南京。30日下午,陈老师与陈清狂兄拜访了俞剑华先生,后由俞老陪同他们到省美协、省国画院参观,并合影留念。

5月31日,陈老师由清狂兄陪同到江苏美术馆,参观江苏省美术作品展览。晚上,画院的李亚、叶矩吾、喻继高等人来旅馆拜访陈老师,并告知陈老师画展将于6月2日展出,展期三天,展出作品150幅。

6月3日,陈老师与清狂兄到傅厚岗6号,专访傅抱石先生。傅先生赠《石涛上人年谱》一册给清狂兄,傅陈二老品茗,晤谈许久。陈老师与傅先生在门口合影,由陈清狂兄摄影(图8)。为此,陈老师还作诗一首记之:

腕储坤转乾旋力,
人住龙盘虎踞城。
并辔京华犹在眼,
高斋煮茗话晴明。

("并辔京华犹在眼",说的是前不久同参加全国文代会。)

6月4日上午,陈老师在江苏省画院作一幅四尺宣整张的画。他挥笔疾书,用草钩兼写意画了《紫藤飞燕图》。清狂兄在旁磨墨,宋文治先生在下首理纸,观者还有张文俊、徐纤、傅小石等,大家见之无不啧啧称奇。

是日下午,在江苏美术馆召开"陈子奋先生画展座谈会"。

图8　傅抱石(左)与陈子奋(右)合影

座谈会由张文俊主持,清狂兄做记录。出席座谈会的画家有:俞剑华、陈大羽、宋文治、吕荷僧、徐纤、丁吉甫、李亚、黄养辉、谭勇、傅小石、叶矩吾、喻继高、黄纯尧,以及江苏省美协国画院部分画家和南京艺术学院师生等共50多人。

现将清狂兄整理的《座谈会记录》抄录如下,以便再现当时的情景:

主持人:陈老来,我们欢迎!他的作品大家都看了,现在请陈老介绍作画经验(热烈鼓掌欢迎)。

陈子奋:这次出来,主要是不远千里来请教的,务请大家多提意见,以供新创作时参考。今天在座的专家们,要不客气地尽量为我多提意见。宋钧、刻印我虽然都做了几十年,但是关在偏僻的地方,跟中原的风气不相接。老人家也需要人们帮助,老人家无论怎么样总是旧的。今天是科学时代啊!我虽然搞了几十年画,但都是摸索出来的,没有老师,多向民间学习,也谈不上什么经验。关于宋钧发展源流,俞老序文中讲得很清楚了。至于技法问题,我认为较为复杂。今天我因血压有点高,也不方便多谈,以免束缚大家提意见。

主持人:陈老自己太客气了,今天是您现身说法,多谈一些给青年们听听吧!大家欢迎。(掌声再起)

陈子奋:画,不管哪一种,总要不断地做。我自己对花卉特别有兴趣,没有一天不搞,兴趣一来,不画一两百幅,是不过瘾的。我们要养心,就像作诗的人要养诗心,要时刻养着。这样,一有生活就有画。要"积善","积善"不积不成。我们画画有时自己去画,有时是花卉赶着我们去画。比如画一个东西,自己觉得有趣,总想巩固再画,再有心得,再巩固。例如颜色对比,一试很好,就要巩固,这样自然就画得多。比如悲鸿、齐老画了那么多的画,潘老、俞老一起早就画画,他们都是喜而弥笃。我中年的时候刻印,桌子底下放一篓的石头。要把人变画,变成画人,变成诗人,满身都是诗,这样才会给我们趣味。古人说:"不可须臾离",要念兹在兹地搞,我们要献身给艺术。其次我们要精细。齐老的粗也是从细中来的。齐老的印,单刀直入,但他平生也下过不少功夫。他学过许多派别,学汉印也学得挺好。他画的虾、螃蟹前无古人,须、脚都画得非常精微。我们要好好体会精微、细节之处，必要的细节很要紧。过去有人反对细节，我是抱一而行的。画花，画眉毛，画嘴巴都不能概念化，要尽精微致广大。概括如何概括？不精微如何能搞写意？这也许是我这个画双钩人的保守见解。要记着，我们画的不是对象……线条过去最怕滑，滑就会概念化，每一条线都要有作用。有人说，国画没有光暗，没有解剖、透视，当然古人有他的幼稚之处，但是也有光暗、解剖和透视。例如琴弦描，要重的几条不是画暗是画什么？再比如画叶脉，中脉画后，小脉起线不碰中脉。笔尖方向相连，表现立体，这是以"点"表现"条"。线条遇光就要变，或出，或入，或加，或减。线不是轮廓，"颊上三毛"就是加线条。中国人物画设色，往往上浓下淡。画山水，黄鹤山樵也是前面一块山石色浓。笔条问题非常要紧，不论古今名家，都有自己的笔条，他们各人的笔条都不同。我们也要做出自己的笔条来。石涛说"一笔了法"，这是当真要紧的事情，一本万殊，万殊归一。山水画各种锋都用，双钩用中锋的多，我个人体会：这中锋表现是什么样子的呢？是圆的。什么样子是圆的呢？笔尖在划的中央。笔尖不侧就是中锋。写书家，笔划中间黑边缘灰的缺破。日本仿中国毛笔，笔尖前头长而条毛，就是为了检验写中锋。所谓"屋漏痕""锥划沙""钢在溶"……都是讲的中锋。我认为中锋很要紧，中锋见力量，但并不是剑拔弩张的，要一笔很韧很韧的。我的白描花卉册印出来了。有人写信问我，为什么会抖，抖是因为我年老手腕无力。但是战掣也很要紧呀！这可以防止太滑。吴缶老、齐白石笔都很圆，这都是因为他们做过金石的功夫。要做好笔条，第一写字，要不断学，要天天做，把金石笔条弄上去。青铜器等划都是圆的，就是秦权硬直，天发神谶方扁，其实也都是圆的。

每人性格不同，笔条风格也不同，要炼成自己的笔条，无论临画、临碑、刻印，都要有自己的一种笔条。公说公有理，婆说婆有理，不一定都有理，百花齐放嘛！我也是讲给青年人听听，作为参考，不绝对是这样的。我这个人不会谦虚，我们画人，怎么想就怎么讲，请大家当作一家人，多提意见！（掌声）

主持人：讲得太好了，大家谈谈吧！

陈清狂：请俞老带个头！

俞剑华：十几年前，我去陈老家做过客，这次又见面了，非常高兴。看了他许多画，听了陈老跟我们的讲话，收获很大。我想陈老讲的话不是所有人都听得很清爽的，我现在试着来译述一下他的话，归纳为下面几点：第一，要天天画，拳不离手，曲不离口。第二，先讲精细，后学写意，是有精微的写意，跟光搞写意不同。第三，画细不是自然主义，而是概括提高，积之越厚，力量越大。第四，用笔上钩勒白描最主要是中锋，像写小篆，要求中锋，画中央黑线，这可以看包世臣的《广艺舟双楫》。第五，要写字、要作诗、要刻印、要念书、看古物等。蒙着头画画的是画匠，中国画家比西洋画家难在不仅要画，还有许多附带条件。第六，线有两种：一种光滑、流利、漂亮，力量表现在外，这是容易做到的；另一种是沉着、顿挫，力量蕴含在内，这就较难做到。写字也是这样，要一波三折，像胡小石的笔画那样。陈先生很谦虚，过去以为陈先生主要的艺术成就是白描花卉，现在看来，这个《序言》总结得不够全面。白描是中国画的基础，白描线之所以困难就在于需要书法、金石的功夫。线条是为内容服务的，为历代书画艺术家所重视。顾恺之就说："光滑的东西，要画光滑一点；粗糙的东西，就画粗糙一点。"看过陈老的画后，我觉得很惭愧，他年纪那么大，线条还画得那么细，你们年轻人试试看能不能做到，全国专画白描的画家中还没有第二个人能做到这样。有些人画细不画粗，画粗不画细。而陈老师画细，细不容发，粗则大气磅礴、自然、传统。画家本身也就是写生、临摹、创作，三者缺一不能成家。

陈老写生功夫非常高深，传统功夫也很深。这里头最主要的就是食古而能脱古，才能独立成家。他的白描画脱得多些，而写意画脱得少些，一眼就能看出任伯年、陈老莲的影子……青年同志是学古越多越好，陈老是脱得越多越好。齐老所谓衰年变法，变法变什么，就是脱古。要完全脱掉古人，独立成家，这是我们殷切的希望。希望为自己画派着想，大胆创作，富有个人风格，至少要赶上李龙眠、陈老莲等，最好是超过他们。展出的画中，有的粗细并用，看起来不十分融洽，如上面的草桑、下面的白菜，白菜好似可以不要，有些勾花以后，石头是否可以不要。我特别感兴趣的是画戏，全国画戏的人不多，北京的叶浅予、上海的关良、南京的马得，还有

图9　陈子奋画《戏曲图》

上海的程十发。陈老画戏好就好在传神上,而不是衣衫什么的画得好(图9)。最后,希望陈老名副其实子奋,子奋就是奋起之,要奋发起来。下次到南京多住几天,欢迎再来。我自己也很想到福州去玩。

陈清狂:来吧,来福州开个展览会,我们欢迎!

丁吉甫:陈老的原作过去看得很少,这次机会难得,连人都看到了。我一看到《白描花卉册》就高兴,当时买不到,后来在古籍书店买到了。原作线条比印出来的细得多,在许多画册上虽然看到过陈老的一些作品，但从来没有见过许多写意作品。他的线条虽然像任伯年、陈老莲，但是他跟我们临摹的完全不同，我们临摹得一点也不像。我已是中年人了，自己知道基础太差，要面对现实，苦下功夫。另外要学习传统，不是追求形似。我们面对现实不够，学习古人也就不够。陈老的作品线细、有力量、古拙，作画的精神让人佩服。陈老师是个多面手，书法、篆刻、画都很有造诣。印章上他学黄牧甫一路，下了很大功夫，对赵之谦、吴昌硕等人也下过一番功夫。书法也写得特别好，小篆对联"江山如此多娇……""如此"二字写得非常活跃，我要求《印章参考资料》补充陈老师的东西，因为此书没有收入陈老的印章。

黄养辉：今天才看到陈老勾勒花卉的原作。我久闻陈老师大名，今天看了展览会，有许多体会。我们看了原作，又听到画家的讲话，非常可贵。时间虽然很短，我们仍然听到了陈老师的许多宝贵建议。在北京能买到《白描花卉册》，我非常高兴。陈老对中国画有很大的创造，而且很成功。这是一件吃力的事，陈老走了一条很吃力的路。他的画好似大乐章，不厌精细、繁复。陈老不但对技法进行研究，能深入生活，对许多普通的花都有兴趣去画，而且对经营位置、章法也非常有研究，研究得非常精妙。我们构图时，多遵循从下往上的章法，而陈老有时从上往下，有时从斜上往下，章法奇特，非常高明。我们画工笔都不容易达到空灵的境界，一般人以为陈老画就是细致，深究后发现他的画是精而有物。陈老的画有古人的传统，但技法运用得非常巧妙，他的风格在任伯年与陈老莲之间，比古人做得更精细。

陈大羽：许多话，许多同志都谈过了，我还想重复几句。首先，我感觉陈老年纪这么大，仍然充满对艺术的热爱，对生活的热爱，对同志的热心、虚心，几十年苦学钻研，这是值得我们敬佩和学习的。俞老讲齐先生衰年变法，齐先生原先画得较工，尔后经陈师曾提意见后，他做出了改变。现在有人对此还有争论，但有六十多岁时齐老作的诗为证："此翁无肝胆，轻弃一千年。"变要到一定火候，可以变，不断实践，不断打造基础，总有一天会不愿这样画的。陈老师画中有陈老莲、任渭长、任伯年画的影子，甚至有赵之谦的东西。兼工带写，从任伯年那里得来的比较多，而勾勒从二任那里来得更多。

兼工带写也受赵之谦的影响。任伯年的画的确很俗,有人说是雅俗共赏,很多上海人有他的画。任伯年的缺点是单薄,从画的笔条看,线虽然生动,但较单薄。陈老的画有任伯年的面貌,但从题字、笔条等方面看,陈老的画更厚重。俞老说陈老要变,我说他已经有变化了。陈老在篆刻方面下过不少功夫,有赵之谦、黄牧甫的感觉,特别是黄牧甫,从边款中可以看出来。赵之谦的画虽然有书法、金石功夫,但跟吴昌硕的明显不同。吴昌硕的书法从"石鼓"中来,赵之谦多偏锋,厚拙不足。陈老不仅学"石鼓",还兼攻其他技巧。他的题字很有趣,有生活味道,工写并用,我看可以的。"变"要有个过程,要探索。我看《白菜》这幅就很好,戏曲画也很好。福建的高甲戏,地方色彩很浓,不要都画京剧,要多画闽剧,表现闽剧特色,抓精神抓结构,不只是画工笔才向陈老学习。我建议陈老再画白描时,构图上是否可以变一下,可搞横方的,做成一般册页,我觉得原作窄长了一些,可以偏短些。

谭勇:福建画家的画展,我只看过蔡鹤汀、蔡鹤洲等人的,那还算是西安的。今天看到了陈老的作品,我很高兴。陈老表现线的方法相当熟练,整个展览会的作品反映出他的个人风貌,特色是白描上的功夫。变,一方面要不丢掉传统,一方面要面对生活。我特别喜爱他画的一些蔬果,观察很深入,他画自己熟悉的东西会更好。陈老的功夫不是一朝一夕所能达到的,戏曲速写,用奔放的方法去画,保持了笔墨韵味,没有败笔,这很难得,这是传统技法加生活。陈老的画展给了我们极大的启发,创新也要从对象方面发挥想象。最后提个希望,两三年后再来一次画展,并希望他能将点滴经验写成文章发表。

黄纯尧:陈老的画重在"变",用这种笔法画花卉,过去只在陈老莲的画册中见过。我极喜欢戏曲人物,那个祝光明髭生神气十足。大家画戏画得像关良,勾线的很少。陈老的画有粗细结合的特点,白描很细,但题字很粗。希望将要画的赶快画出,要印成单片,学生临摹方便些,篇幅可以大些。

宋文治:所有的话,许多同志都讲过了,我们不可以厚古薄今啊!今天,从陈老谈话中知道他的修养十分高深。任伯年笔法少了些含蓄,陈老一笔下去便有味道。今天上午他在国画院作画,出笔很快,功夫很深啊!他精力充沛,还是很年轻。齐白石七十岁时还不具备陈老这样的功夫。陈老的兴趣还很高,估计到七十、八十岁时,作品更是不得了。陈老既然到了南京,对这里就有了感情,我们相信他一定还会再来的。

主持人:陈老今天跟我们谈了许多绘画的经验,值得我们学习,大家也提了很多希望。我觉得他亲切、精神饱满、开朗、快乐、热爱社会、热爱学生,有这样的状态才有这样的成就。我觉得他的画有生气,不是衰老的,画面清新,给人以力量。今天上午他在画院讲,写生的路很宽广,这符合毛主席文艺思想的要求。我们体会生活时,每每粗枝大叶,他多下精微功夫,写意画离不开规矩,要做到能守、能放、能细、能粗。最后,希望他今后能创作出更多的作品来。人物画过去看得少,将来也要发表些给我们学习。另外,创作经验一定要整理一下,把它传下来,这是宝贵财富。我们希望不久的将来就能看到这些。我们本想多请教一些,但时间有限,欢迎将来再来!我代表大家向陈老表示感谢!

(以上这份记录稿,由陈清狂兄整理后上报到市文化局,"文革"中遗失。2011年春天,《福州晚报》社的鲍国忠先生从地摊上获得了它。他出示于我,让我鉴定。我看后喜出望外,确定是清狂兄的亲笔无误。我也曾听陈老讲过一些情况,这是一份珍贵的资料。我请鲍先生复印一份给我珍存。在此,感谢鲍国忠先生为我们保存了下来这份珍贵资料!)

6月5日,陈老师到达上海。访刘海粟、颜文樑、林风眠、王个簃等先生。

6月8日,陈老师在陈清狂兄陪同下返回福州,结束了他一生中重要的艺术活动——江浙之旅。

古语云:"木秀于林风必摧之,堆出于岸流必湍之。"当年陈老师在西湖宛在堂设画室的时候,我就预感到这会遭人妒忌和暗算。果不其然,1963年春天,福州艺术界掀起了一阵"倒陈"风波,个别别有用心的人利用陈老师生活和工作上的小缺点,极尽无事生非、造谣污蔑之能事,还以匿名信的形式散发至全国,企图搞倒搞臭陈子奋老师。人无完人,金无足赤。毋庸讳言,陈老师也有缺点,也会犯错误,关键是如何看待。是与人为善,还是幸灾乐祸,或落井下石,这是区别君子与小人的标准。结果怎么样呢?陈子奋还是陈子奋,丝毫动摇不了他的艺术地位,还照样是福建省美协副主席和福州市美协主席。只不过,他从宛在堂搬了出来,在陈清狂兄陪同下到厦门小住了一段时间,这丝毫不影响他的艺术创作,还画了不少佳作精品。

  1964年—1968年,因为我在石雕厂的工作很繁忙,就无心顾及其他事情。直到1969年春的一天,陈锡铭同学忽然对我说:"你有没有与陈子奋老师联系过,不知他'文革'有没有受冲击,近况如何?"我回答说:"我没有与陈老师联系过,只与潘主兰老师有过联系,一点儿也不知道他近况如何。'文革'这么乱,陈老师容易树大招风,估计受到冲击也是在所难免的。"我与锡铭同学约定,抽时间一起去看望陈老师。经打听后得知,陈老师已经不在道山路月香洞住了,而是搬到安泰桥桂枝里25号。于是,我和陈锡铭就到那里去看望陈老师。这是一座大院落,陈老师一家住在后厅。见我俩来访,陈老师很高兴,就招呼我们进屋。屋内摆着一张八仙桌,靠墙的位置一边放着一个柜子,另一边放一张木板床,床由五块木板铺在两张木椅上组成,四根竹竿立在四角撑起一顶蚊帐。左边的厅墙上挂着一个镜框,里面装着一张铅笔素描画,画的是陈老师身穿长衫坐在藤椅上。陈老师指着这张画像说,这是解放前徐悲鸿来福州月香洞我家时为我画的。我看着如此简陋的陈设,没想到陈老师的生活竟如此窘迫,鼻子一酸眼眶湿润了,心中十分酸楚。几年不见,陈老师头发白了,牙齿也掉了几颗,人变得很苍老。从言谈中得知,他续弦了,与董珊女士结了婚,女方还带了一男一女两个孩子,这样一来他的负担更重了。学校停课、停聘后,他就没有工资了,而省文史馆每月只给他发15元生活费,就是因为陈老师被批为"反动学术权威"和"黑画家"!陈老师问我们在石雕厂做什么工作,我俩告诉他我们在"马"组专门雕马。陈老说他的好友徐悲鸿的马画得很好,名闻天下。这时我才知道平时作蓝本用的《徐悲鸿画集》作者是他的好友,感到十分惊奇。接着,陈老师说:"以后再来时,把你们的石雕马作品带一件给我看看。"我满口答应:

"一定拿来请老师看看,给予指导,以便日后改进提高。"这时,我觉得陈老师像是一位慈祥的长者,没有了课堂上的威严形象,陈老师变了。在回去的路上,我和陈锡铭谈论着陈子奋老师的变化,他很慈祥,很平易近人,是岁月给他带来了变化(图10)。我一路上都在想,该如何帮助陈老师,除了陪他聊天说话解除他的苦闷外,我还应当在生活上帮助他。

图10 陈子奋古稀后照片

过了不久,我带了一件白色的高山石雕立马送给陈老师,他很高兴,口里称赞说很好很生动,有徐悲鸿的马的影子。他把这匹石马摆在柜子顶上显眼的位置,一直放了很长时间。后来他还为此题跋:"宝霖大弟雕马,神奇雄骏,甚似吾友悲鸿画本。乙酉初夏,出此请益,而悲鸿去世已十六年,对此益怀良友。"

几天后,我拿着一本《徐悲鸿画马集》画册,恭请陈老题词,他用宣纸题"悲鸿画马集"五个篆字,跋文用行书:"悲鸿以画马名天下,四十年前曾作《九方皋图》见赠,今不知落何所矣。宝琳(霖)吾弟出此册属题,墨彩尚新,墓草已宿,不禁泫然久之。乙酉,陈子奋并书于福州。"(图11)

我了解到"文革"初期,陈老师曾被扣上"反动艺术权威"帽子拉去游街。因为他是福建省美协副主席、福州市美协主席,在

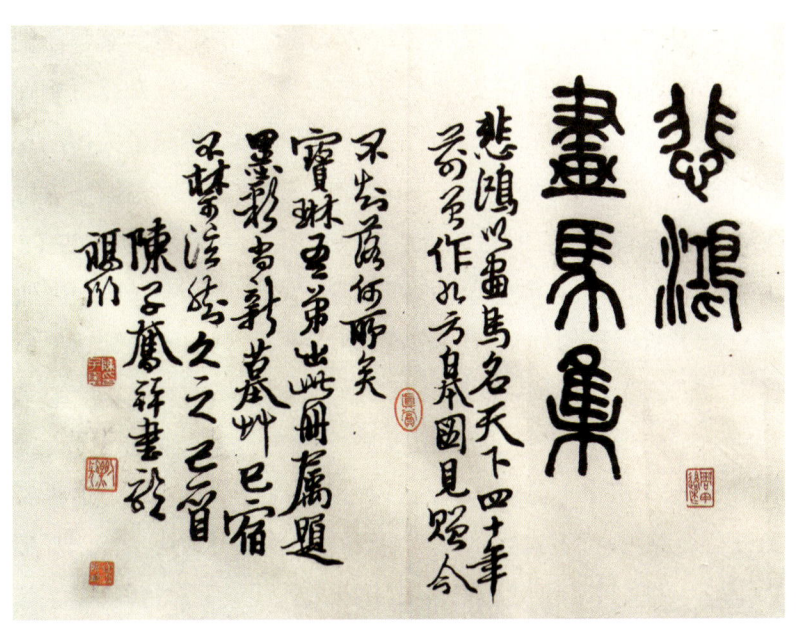

图11 陈子奋为施宝霖藏《徐悲鸿画马集》题词

艺术界难免首当其冲。为解决老师的一些困难,我不管别人说三道四,经常去他家帮忙,这是我应尽的义务。陈老师说需要一些寿山石章,不要什么高级的冻石,只要没砂格裂的一般的石头就可以。我说:"这很容易,我经常上寿山,一包牡丹牌香烟就可以弄回一箕箩高山石。而且我们那里的下脚料堆积成山,有的还被拿去填地坑呢!"于是,我每隔一段时间就给陈老师送去一二十枚寿山石印材。他特别高兴,有一天,他悄悄地跟我说:"你知道吗?你送来的石章,解决了我无米下炊的问题。这样一来,别人要我刻印时,每枚印能收入5元,它改善了我的生活。"我见陈老师高兴,便请他帮我刻一二枚印章作纪念。于是,他为我刻了两枚印章,一枚是白文"宝霖藏书";另一枚是白文"乌龙江畔牧羊人"。陈老师还在"乌龙江畔牧羊人"印的边款上刻了一首诗赠我,诗曰:"宝琳不但学悲鸿,薄意浮雕事事工。四卷雄文天天读,始知精巧在先红。"

1969年秋天的一天,我去探望陈老师,他生病躺在床上,见我到来,便叫我在床沿边坐下,拉着我的手语重心长地说:"宝霖呀,外面那么乱,你不要跟着乱跑,你还年轻,要安心地去搞艺术。你的白描勾得不错,你把白描和石雕的薄意浮雕结合得很好,石雕马也雕得不错,继续努力,集中精力搞你的艺术,将来一定会有收获的。你不是想学篆刻吗,我可以教你……"看着老师恳切而慈祥的目光,我流下了感动的泪水,少年失怙的我像是得到了父爱般的温暖。老师的一席话让我茅塞顿开,我想到了关"牛棚"和跟着"红卫兵"到处乱跑的事,于是下定决心改变现状,不管世事如何,我只想与寿山石打交道,整天与石为伴,因此给自己起了个别号"石知己",并制一印来铭记陈老师的教诲。从1969年起,我放弃了节假日的休息,用来做雕刻(包括篆刻)、绘画和读书三件事。正是陈老师的一席话改变了我的人生,后来才有浙江绍兴"可秀寿山石雕艺术馆"的建立。

1969年下半年到1975年这段时间,我经常向陈老师请教篆刻技法及篆书书写问题。他不厌其烦地为我指点,并亲自示范(图12),还为我书写了一幅篆书条幅(图13)。几年下来,我收集了陈老师近千枚篆刻拓片,把它们集订成5本印集,供临摹和构图参

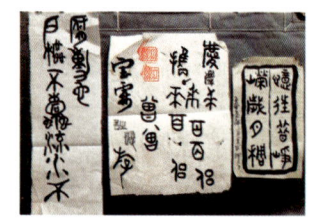

图12 陈子奋篆书示范稿

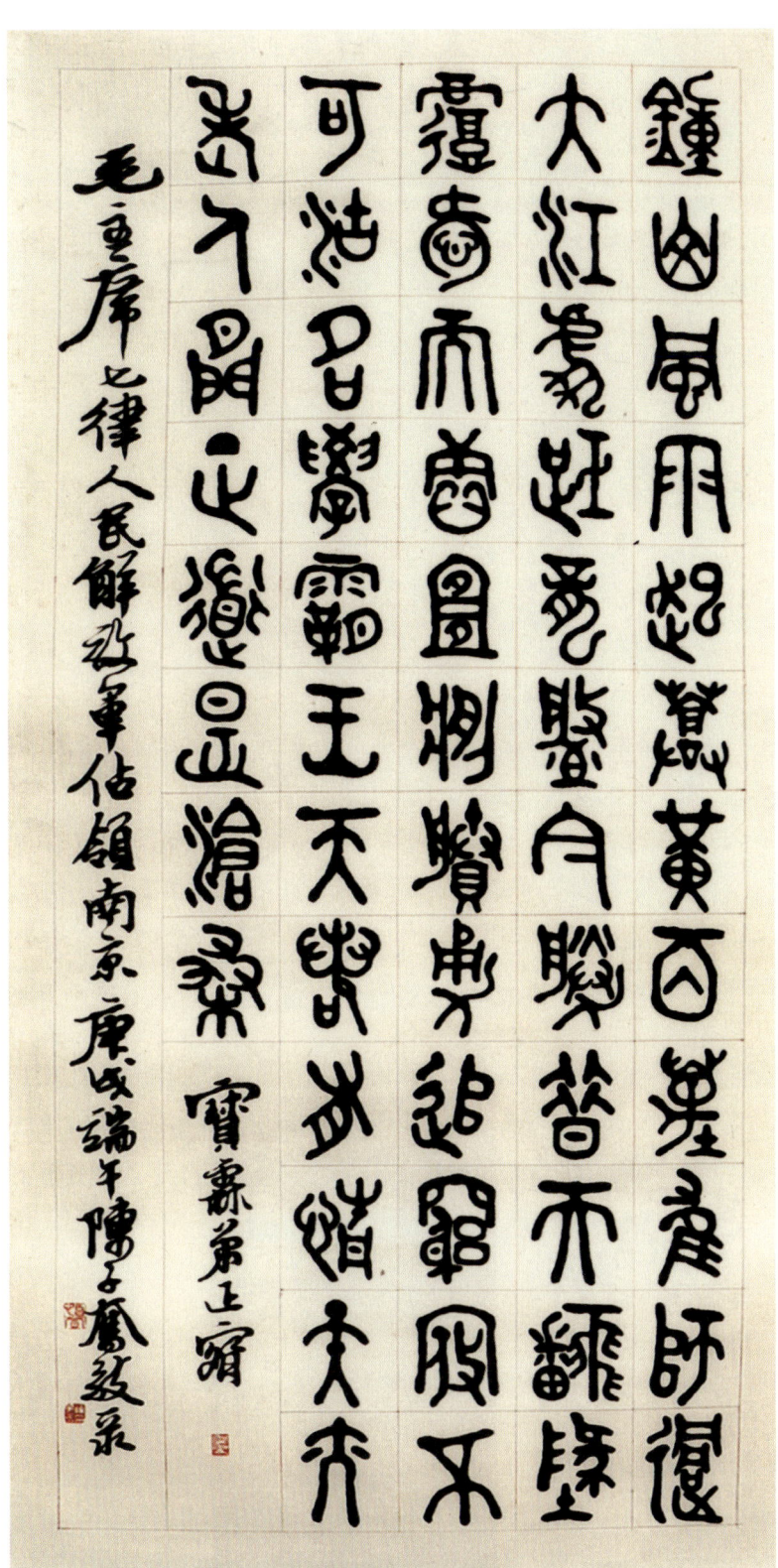

图 13　陈子奋赠施宝霖篆书作品

图14 施宝霖摹《凤翁印字》

考之用。陈老师在每本印集上都题了签,有的还在扉页上题字以资鼓励。期间,我还勾摹了一本《凤翁印字》(图14),临摹了一本《汉印文字征》,均请陈老师题了签,他还扉页上题跋:"宝霖大弟作印日渐深入,近攻汉金文,其艺大进。此其摹本,备选字入印参考,精勤更可佩也。壬子四月,陈子奋题。"(图15)这是陈老师对我的勉励和鞭策。

一天,我看见陈老师案头放着一本线装宣纸册子,那是他篆书的17首毛主席诗词,这正是我学篆字最好的范本。我便向老师借回家同样钩摹了一本。在还书时,我把钩摹本让老师指正,他看了不但为我题签,还在扉页上题跋:"毛主席诗词,余敬以篆文书之,宝琳吾弟钩摹甚肖。陈子奋识。一九六九年秋。"(图16)通过这次钩摹实践,我加深了对老师篆书结体的认识。

1971年秋天,我借来一本陈老师自己油印的《颐谖谈印》,由于老师已没有多余的本子,我就把它抄录了一遍。后来,我在还书时把抄录本拿给他看,他又在扉页上题写:"《颐谖谈印》,宝霖弟录,陈子奋自题。辛亥八月。"《颐谖谈印》是记述陈老师阅读金石文字书籍心得的书,还记录了清代及民国初期著名篆刻家及流派情况,并分析其优劣,为我们留下了研究篆刻的宝贵资料(图17)。

与陈老师相处的几年,我进一步了解到,他的篆书功底之所

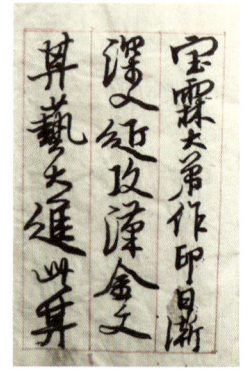

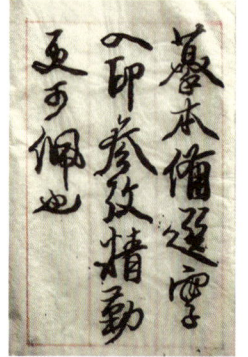

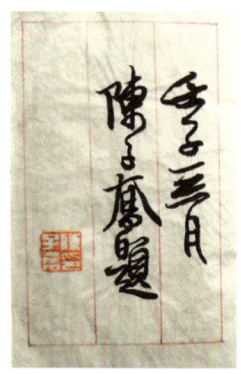

图15 陈子奋为施宝霖篆书摹本题跋

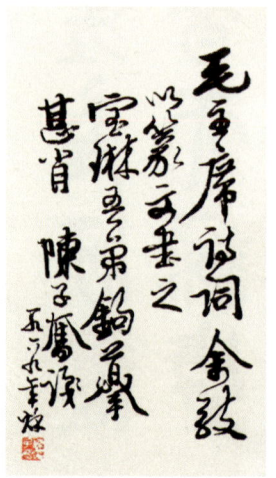

图16 陈子奋为施宝霖钩摹《毛主席诗词》篆书题跋

以如此朴茂浑厚、苍劲古拙,是他专攻《毛公鼎》《散氏盘》《盂鼎》和《齐侯罍》等三代鼎彝铭文的结果。还因为他是篆刻家,会根据石头不同的质地奏刀运力,所以常把篆刻的功夫流露于笔端。他要求写篆书笔要直,要中锋,行笔时要在二笔交叉处稍停顿一下,他说:"钟鼎文都是翻砂铸造而成的,你用手指摸一摸,字的笔划的交接处都是有弧度的,不是直角的。在二笔交叉处稍停顿一下,让墨汁'渚'在一起,这样更显浑厚。"他强调不要生搬硬套《说文解字》《缪篆分韵》之类的工具书籍,那是刻不出自己风格的印章来的。他经常说:"刻印要先学写篆字,待写出自己面貌的篆书来,再把自己的篆书入印,才能刻出有风格的印章来。"他要求做到篆书无垂不缩、无往不收的运笔效果。在构图上强调"屈曲填密",字的笔划根据构图需要可以增减的,左右上下次序可以挪移,这样一来,便能达到"密不插针""宽可走马"的效果。要做到虚处有实,实处有虚,在统一中求变化。他还说,篆刻章法是印人一辈子的事,可以从章法中区分出印人的学养高低和优劣来。

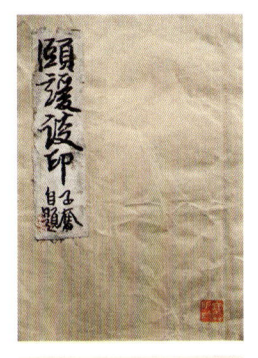

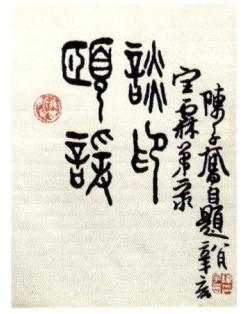

图17　陈子奋为施宝霖录《颐谖谈印》扉页题词

我了解到陈老师治印不但远追秦汉,还从皖浙二流派中汲取营养,这从他所刻的印章边款"浙所不能胜,当以皖济之"可以佐证。在他的篆刻作品中还可以看出,他从近代名家如吴昌硕、黄牧甫、赵之谦、吴让之等人的作品中汲取精髓,为己所用,从而形成了自己的独特风格。正如徐悲鸿先生称赞他的篆刻"雄奇遒劲,腕力横绝,盱衡此世,罕得其匹也"。

我也曾请陈子奋老师刻边款示范给我看。他说:"刻边款无非是刀就石或石就刀两种方法,刀就石法是从民间刻伞柄的师傅那里得到启发的。伞柄那样长,不可能倒来倒去刻字,只能用以刀代笔的方法去刻。"为了能让我更好地学习刻边款,他在一枚"宝霖学画"章日字形两面,刻了毛泽东《卜算子·咏梅》词做示范(图18)。怪我天生愚钝,怎么学也学不会这种刻法,至今仍用"石就刀"的方法刻边款,真是对不起老师啊。

跟陈老师学习篆刻期间,有两件事让我记忆犹新:第一件事是有一天,我看见他刻划白文"田"字时,使用的方法与常人不同,中间的"十"不用横直二刀刻成,而是分四刀从上下左右向中

图 18　陈子奋为施宝霖刻"宝霖学画"印拓

间交集,我感到奇怪,就问他为什么这样刻。他说:"以前教你写钟鼎文时,不是说过行笔到二笔交叉处要稍停顿一下吗?这样就能使笔划变'渚',更显得浑厚,有金石味。如果用横直二刀解决,那是刻印匠所为啊!"此时,我又见他握刀左右摇摆着慢慢行进,便问:"为何不用冲刀呢?"他回答说:"篆刻刀法通常有冲、切两种,我发明用'摆刀'法并刻之,使其线条发毛,更富金石味。这与画白描中的'战掣'是一个道理。"第二件事是有一年夏天,我去探望陈老师,发现他光着上身,只穿一条白色短裤,像弥勒佛似的坐在一张矮竹椅上,面前横着一张"骨排椅",手上拿着一方柳坪石章,印面已涂上一层墨色,没有写印稿。我去时,他已经刻好"涵养"二字,正准备用刀从胸字中间往外刻。老师刻印一般不随便示人,我则例外,老师对我的厚爱由此可见。我静静地看着,只听到刀碰到石头时沙沙作响,不到一个小时的时间,一方"涵养胸中气,慎出口边言,留心忙里错,爱惜有时泉(钱)"20字朱文印便镌刻完成。真神啊!我看得目瞪口呆,简直不敢相信自己的眼睛。当代中国还有第二个敢这样刻印的人吗?竟能达到如此高的水平!我马上把它钤拓下来。此印前年在西泠印社拍卖会上,以20万元成交,当然这是后话。(图19)

有一天,有人送来了一封陈子奋老师写给我的信:

图 19　陈子奋刻"涵养胸中气"廿字印
(4.2cm×4.2cm)

宝霖贤弟:

　　我血压还高,目病未瘳,心殊焦急,我希望买点小楷羊毫、依纹、叶筋、点梅等笔。

　　颜料方面:花青膏、藤黄、月黄。

如果有大把的狼毫（长锋）也是需要。

以上各种，越多越好，用钱多少，通知，即寄给你。费神你。心感不尽！

小兄奋叟。（图20）

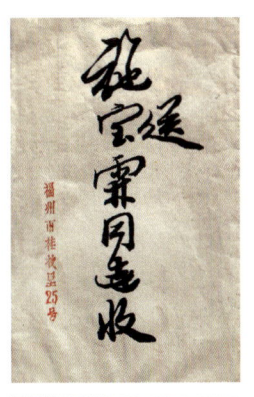

他的这封信是写在白报纸上，而且用钢笔书写，可见目力不济。从文字的排列与行间距中也可以看出陈老师内心的痛苦与无奈。我阅毕此信，心情也十分复杂，我现在也很贫穷，没有余钱先垫资。真是天无绝人之路，我突然接到了刘振秀同学打来的电话，他说他那里有一批詹斗山墨庄封存的毛笔、墨和颜料要处理，价钱极便宜，叫我快快去买。我喜出望外，向朋友借了5元钱，买了一大把毛笔，什么依纹、叶筋、白云、点梅都有，还有数十盒颜料。我把它们送给陈老师，不等老师开口，我便说："这批东西都是此前詹斗山店封存起来的，现在要处理掉，价格很便宜，花不了多少钱，老师尽管用吧！"他说："这怎么行呢？怎能让你破费，你家也很穷呀！"我说："目前老师您比我更困难呀！作为学生应当为老师分忧，更何况只有几块钱罢了。如果老师实在过意不去，为我画一小幅白描留作纪念就行了，我家还没有您画的白描哩！"他说："一定要画一幅给你呀！"

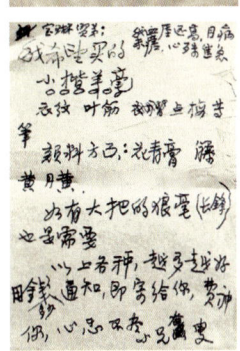

图20 陈子奋致施宝霖信件

1970年秋天的一天，我得到30把扇面，准备把它们送给陈老师。我到他家一看，他病了，躺在床上。我把这些扇面纸送给他，他高兴地接过扇面纸，指着床上的蚊帐顶，让我拿一张画下来。我伸手从蚊帐顶拿了一张册页枇杷下来，上面还有两张一样大小的《枇杷图》。他起床为我题了款（图21）。

到了1972年春节时，我与拙荆（也是他的学生）一起去老师家拜

图21 陈子奋为赠施宝霖《枇杷图》题款

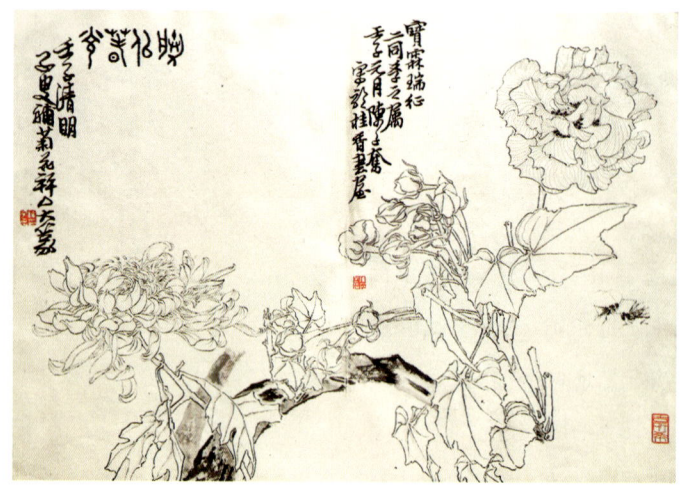

《白描花卉》

《孙悟空》

《柳燕图》

图22 陈子奋为施宝霖画的三幅画（册页）

年，同时带上一本空白册页本，请陈老师在第一页上为我画一幅白描花卉。陈老师询问拙荆情况："在学校里你语文念得不错，双钩花卉最近还有没有继续画？以后再来时拿些作品给我看看。"过了不久，老师通知我去取册页本，我一看老师除了为我画了一幅《白描花卉》外，还画了人物画《孙悟空》和写意画《柳燕图》各一幅（图22）。为答谢老师赐予的画作，我送了几枚高山石刻钮印章，还送了一枚很奇特的"奇艮晶"印石。

1972年的一天，我到陈老师家拜访时，他同我谈起了年轻时与徐悲鸿先生的交谊。我很认真地听着。同时，他还拿出一本账簿模样的本子，上面贴着徐悲鸿先生夫妇给他的24封信，他跟我一一讲起这些信的内容和来历。其中一封是徐悲鸿夫人廖静文用钢笔写的信，信中提到了画马的事。陈老师说徐先生临别时给他画了一张《九方皋图》见赠，现在这张画不在家里，你见不到，但有照相底片，现在送给你保存。这时候,他还拿出一本印集给我看,里面都是为徐先生刻的数十枚印章拓片。同时,他还给我几张照片,其中一张是徐先生给他写的对联:"一怒定天下,千秋争是非。"另一张是1962年6月,他与傅抱石在南京时的合影,他用钢笔在照片上写着"宝霖弟存念。子奋,72年"。我心里一直在想,陈老师为什么要把这些珍贵的资料主动出示给我看,同时还送我一张徐先生画的底片和两张黑白照片,难道他能预知我将来会从事地方志工作,有朝一日会为他立传?可当时的我还在工厂里天天与寿山石打交道。现在看来陈老师真是料事如神啊!

陈老师虽然在"文革"中受到冲击,但对艺术追求始终没有停止过。我在桂香书屋见过他准备再出版的第二本白描花卉册。这第二本与之前的区别在于,白描花卉结合时鲜,如螃蜞、蛤、虾等。我见过几幅,与第一本构图不同,更富于生活气息。可惜后来画稿散佚了,出不来第二本白描花卉册了,这是艺坛以及后学者的一大损失与遗憾呀!

记得1971年暮春时节,我到陈老师家里看望他,他正在为林健兄画10多幅册页(约21cm×31cm),当时这样大小的一张画只卖1元5角,条幅一张也只卖5元。我对他说:"老师能不能也为我画10幅这样大小的画,我装裱成册珍藏起来。我无现金支付给您,但我可以用石章若干枚答谢您。"老师一听,脸沉了下来,拿出一个笔记本,口里念出这样一首诗来:

> 丹青不是换钱物,
> 笔笔都应系天性。
> 怪底看逾头目重,
> 忍饥宁愿立花前。

老师还是诗人啊!真是比郑虔多一绝也。这首诗表明了老师作画的态度,虽然他一生以绘画、篆刻谋生,但不都是为钱画画的。我立即把这首诗记下来,回家转抄在笔记簿中,时常诵读。"忍饥宁愿立花前",这是何等的气概啊!

过些时日,我到陈老师家里,看到他已为我画好10张册页,同时还题了"子奋画册"四字。小跋:"宝霖弟藏,子奋自题,辛亥立夏。"前面还附有一张用蚕纸写的一首诗:"及门弟子中,宝霖性最直。时常视我病,关心到眠食。有人敬其师,彼似受大德。有人加谤毁,彼即变颜色。出纸索我画,出石索我刻。复念日衰朽,嗫嚅不敢迫。若渴窥其情,急急为加墨。所云宝霖直,此直更难得。"款署"辛亥立夏,宝霖吾弟永存。陈子奋画并题"。(图23)我高兴得不得了,如获至宝,并对老师说:"老师我愿当您画的保管员,将来有朝一日,我会一件不少地把它放在该放的地方。您老放心,我说到一定会做到的。"在回家路上,我一直琢磨着老师题写的"出纸索我画,出石索我刻"这句话的含义。老师说得一点都没有错,"文革"时老师受冲击,门可罗雀,我不怕,倚仗出身"红五类"经常去看他。我认为中国书画是中华民族优秀文化的一部分,怎么能算"四旧"呢?只要中华民族不灭,中国书画就不会消亡。陈老师书画篆刻是中华民族优秀文化的一分子,将会永世流传的,所以我尽量设法多保存一些。我想"文革"运动总有一天会结束,这样动乱的日子不会长久的。陈老师这样好的书画,总有一天会受到大家的欣赏,多留一张是一张,不然将来后悔来不及。出于这样的认知,所以才有"出纸索我画,出石索我刻"的诗句出现。

1984年春天,时任中国画研究院副院长的黄胄老师应省委项南书记邀请来到福州。一天晚上,我去温泉宾馆拜访他,他对我说:"中国画研究院要收藏一些陈子奋先生的作品,作为研究院研究资料用,你看有谁愿意出让。"因为我知道,陈老师生前留下的100幅写意花鸟斗方画在叶家珍处保管着,就去问她肯不肯

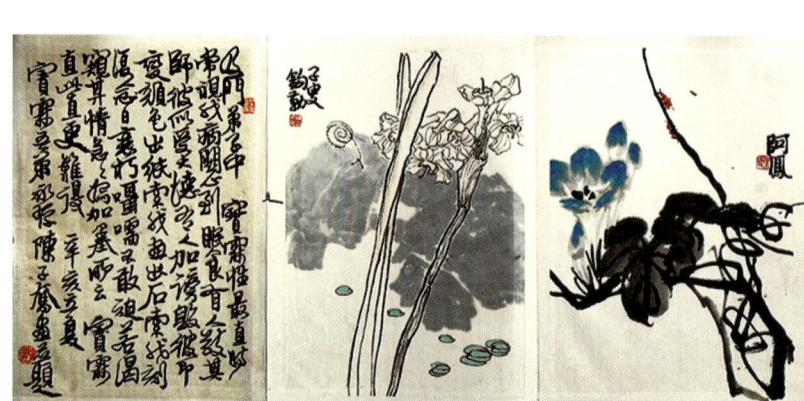

图23 陈子奋为施宝霖画《册页图》并题跋款

把画转让给中国画研究院收藏,她婉拒了。后来我向黄胄老师汇报,他说:"不要勉强人家,能不能借一些陈先生的作品供我看看。"于是,我就把自己珍藏的那一本陈老师的册页,送到温泉宾馆1号楼黄胄老师的住处。黄胄老师边翻阅边说:"画得好,有特色啊!你现在不要急着拿回去,放在我这里,待我返京前送还给你好吗?"我说:"可以,放在老师这里慢慢看。"他看完一遍,顺手把画册递给旁边师母郑闻慧,说:"闻慧你是画花鸟的,这本画册可以拿去临摹一下。"一个多月后,待我取回这本画册时,发现里面夹着同样大小的一张黄胄老师的题词:"陈子奋先生乃八闽大家,金石书画自成道路。宝霖弟憨厚,有此福缘,获先生墨迹十余幅。余反复欣赏,爱不释手,题此以表敬意。甲子年二月于榕城,黄胄题。"(图24)可惜陈老师看不见了,如果他在天有灵,一定也会感到很欣慰的。

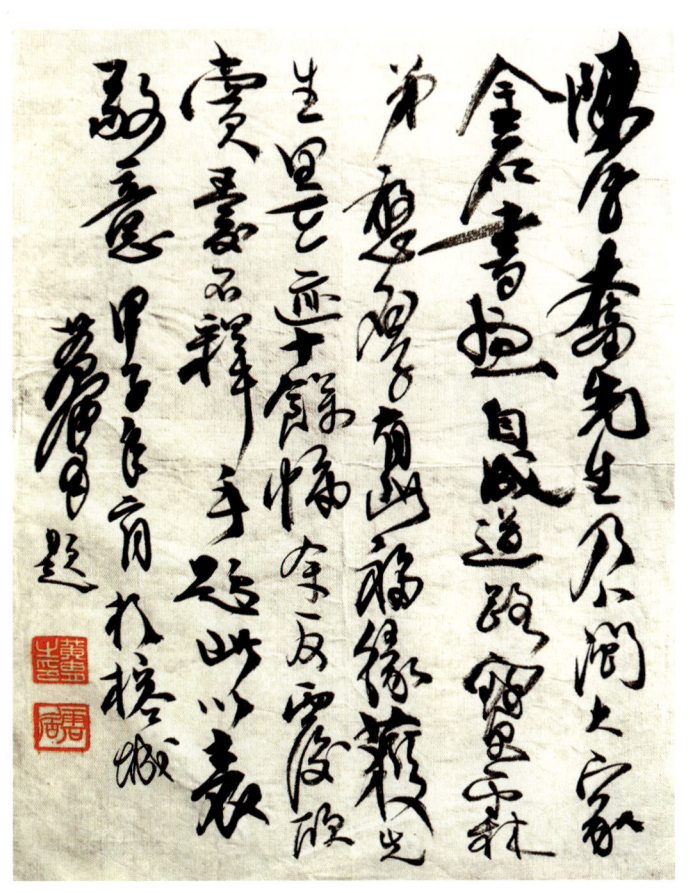

**图24** 黄胄题词

1972年夏天,我见过陈老师的100幅写意花鸟斗方(约33cm×45cm)横式的。这些画的笔墨构图,特别是草钩,达到了炉火纯青的地步。特别是草钩的成就,纵观当代中国画坛无出其右者。有一天,我斗胆向老师借画临摹,老师满口答应。于是我每次都借五幅回去临摹,临完送回去后再借,一共借了三次,共临摹了15幅画。我秉承事不过三的理念,再加上其他原因,所以再没有借画临摹了。我每次临摹完后都请他提意见,其中有一幅《荷塘蛙声图》,我临摹时不小心把墨汁滴到临摹本上,我说:"老师,这幅画作废了,我再临一张。"他说:"不必了。"只见他拿起笔在画上黑点处挥画了几下,这点墨汁居然成了一条游动的金鱼了(图25),我看呆了,真是神来之笔啊!陈老师一生为我补了五次画:第一次在一幅《白菜图》上补芋头与竹篮子(图26);第二次是在一幅《葫芦图》上补金龟子(甲虫)(图27);第三次是在我的一幅《美人蕉图》上补蟋蟀;第四次是在我的一幅白描《马蹄莲图》上补蜜蜂;第五次是在拙荆学生时代的习作《扶桑花图》上补石头与飞蜂(图28)。这是陈老师对学生的厚爱与鼓励啊!

不知为什么,我特别喜欢陈老师衰年变法——草钩作品。这可能是我的性格使然。大家都知道他的白描花卉,却很少提起他

图25　陈子奋为施宝霖补画《荷塘蛙声图》

图 26　陈子奋为施宝霖补画《白菜图》　　图 27　陈子奋为施宝霖补画《葫芦图》

图 28　陈子奋为施宝霖夫人补画《扶桑花图》

的草钩作品。他晚年的草钩花卉,是他对中国画艺术一直不断探索的结晶。他是在贫困中度过晚年的,家徒四壁,最值钱电器就是一台"华生牌"电风扇,这样的生活条件,与一位享誉海内外画坛的巨匠身份极不相称。如果不是亲眼所见,谁也不敢相信他会穷困潦倒到如此地步。他经常忍饥挨饿,有一天我去探望他,发现家中只有他一个人躺在床上,我问他吃了早饭没有,他无力地摇摇头。我心中酸楚,扭头就跑到外面买了一碗锅边糊给他吃。他很高兴,脸上露出了一丝童稚般的笑容。在这样艰难的环境中,他仍然不忘作画,常看到他运用"粗笔如屈铁般笔条作画",用其老辣苍劲而熟练的笔条,在宣纸上运转得如秋风扫落叶一样疾速,左冲右突,上下滚动翻飞,其线条显得老辣、古拙、雄浑、爽朗而流畅,极富金石韵味。他用淡润的笔墨勾出花朵,用焦渴的笔墨画出枝干,笔墨韵味对比明显,极具视觉冲击力,更凸显出了花卉迎风含露、婀娜多姿之态,给人以清新、奔放、潇洒之感。其代表作有《紫藤八哥图》《紫藤绒鸡图》《芭蕉麻雀图》《菊花小鸟图》等。是不是彼时的他有着落寞、孤郁的心境,迫使他用墨汁浇起胸中的块垒,用画笔去涤荡心中的闷气呢?或许是他终生以艺术为生命,用草钩作品向社会及画坛发出呐喊,进行抗争。陈老师送给我的最后一幅画就是用草钩法画的《紫藤八哥图》(图29)。

陈老师一生共为我刻过九枚印章(图30),其中两枚的印石还是他

图29　陈子奋画赠施宝霖《紫藤八哥图》

白描祭酒 金石巨匠——怀念陈子奋老师

陈子奋画《螺江纪游图》

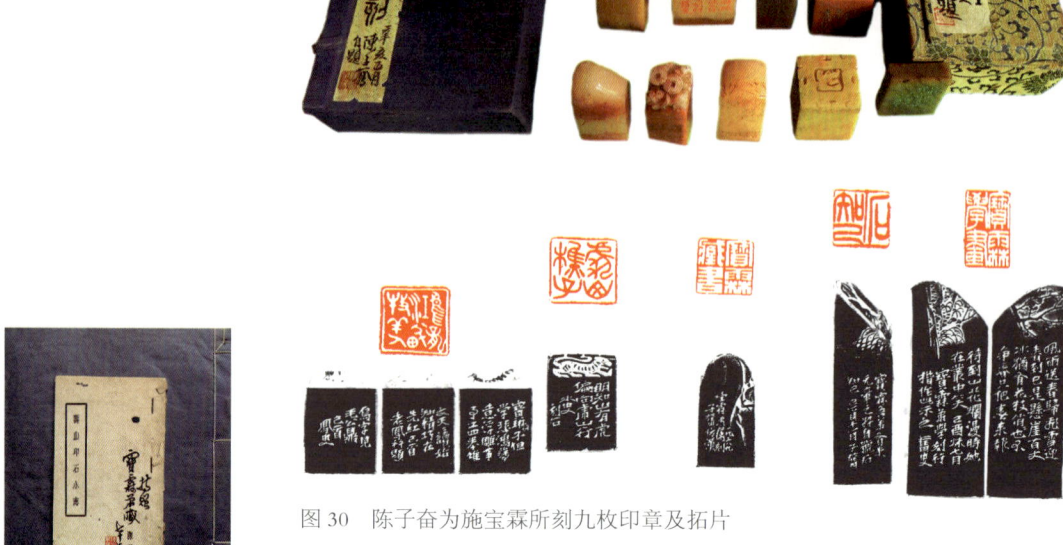

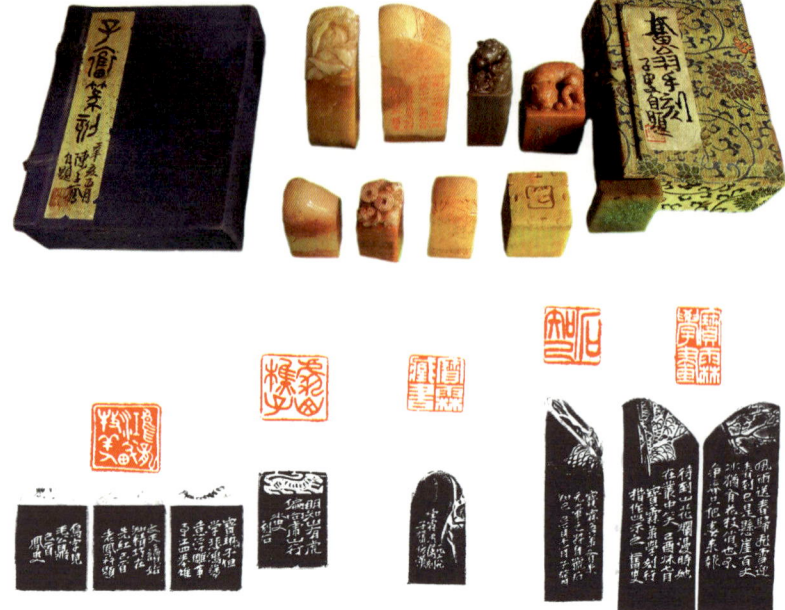

图30 陈子奋为施宝霖所刻九枚印章及拓片

图31 陈子奋赠施宝霖《寿山印石小志》

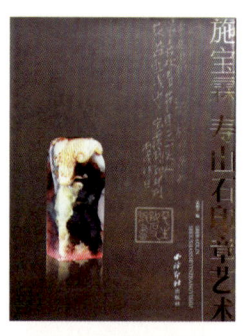

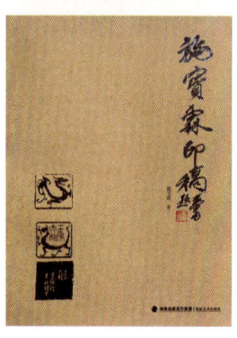

图32 《施宝霖寿山石印章艺术》《施宝霖印稿》

赠送给我的。当时,我正在收集寿山石的样品石,旧坑的品种尤其难觅。他知道后,不但赠我早年著述的《寿山印石小志》(图31),而且还赠给我两枚印石。一枚是刻有"虎山樵子"的槁黄刘岭石,另一枚是刻有"石知己"的豆耿石。我拿着石章爱不释手,久久把玩摩挲着。这小小的印章充满着老师对我深沉的爱与期望,希望我早日成才,好继承他的衣钵。今天唯一可告慰老师在天之灵的是,我的《施宝霖寿山石印章艺术》一书,已于2011年11月由西泠印社出版社出版发行;另一本《施宝霖印稿》也于2015年7月由福建美术出版社正式出版了(图32)。

1975年冬天,陈老师生病住进福建省立医院,我去医院探望他,董师母在一旁照顾他。我说:"老师我来看您了,祝您早日康复!"他微微睁开眼睛,看着我而无语。想不到1976年2月20日,陈老师病逝于该医院,中国画坛一颗巨星就这无声无息地陨落了。翌日,举行追悼会,在林健兄、陈清狂兄、林榕华医生以及老师生前好友、学生的帮助下,算是草草办完了丧事。20世纪90年代,国家文化部公布禁止作品出口的36位已故著名画家名单,陈子奋、齐白石、潘天寿、傅抱石等人的名字并列其中,福建省仅有他一人而已。由此可见,他在中国画坛的地位,称他为福建画史上五百年来第一人并不为过。

现在谈谈陈子奋老师和徐悲鸿先生的友谊。1928年夏天，徐悲鸿先生应当时的福建省教育厅厅长黄孟圭之邀，带着妻子蒋碧薇和孩子伯阳来到福州，绘制巨幅油画《蔡公时》。期间，正好遇上"福建省第一届美术展览会"在福州三牧坊一中举行，徐先生就前往参观，参观过程中他被一幅画面清新的双钩花卉吸引。一看作者是"陈子奋"，便询问工作人员陈子奋先生来了没有。得知陈先生刚走，徐先生马上打听陈先生的住址。8月21日，徐先生携夫人到道山路宿月草堂拜访陈先生。陈先生热情接待，并拿出自己的画作及印章请徐先生指教。两位画家大有相见恨晚之感，个中原因是他们两人对任伯年的艺术成就看法一致。陈先生的画曾学任伯年，早年刻有"我师任颐"一印钤在画上。在上海，任伯年的艺术地位一开始不是很高，后来由于徐先生的推崇，提出任之画"雅俗共赏"，此后任先生的画价才开始飙升。徐陈两人的艺术理念一致，有共同语言，都主张绘画应"写实"和"创新"。

这一天，徐先生还为陈先生画了一张素描坐像。陈先生身着长衫，坐于藤椅上。这幅素描后来就挂在家里的后厢房右墙壁上。第二天，陈先生刻了"游于艺""天下为公"和"长颇颔亦何伤"三枚印章赠给徐先生，作为徐先生为他画像的回报。"长颇颔亦何伤"句是徐先生给出的，它是屈原《离骚》篇里的一句话。他俩要谈的内容很多，一天也谈不完，便相约四天后再在美术展会上相见。8月25日，由于徐先生有事延误了相见时间，待赶到展厅时，陈先生刚走，徐先生雇车追赶却没有追上。于是，徐先生给陈先生写信致歉，信中写道："予今日出城，为事所误，抵会稍迟，而驾已去。急驱车追访，又以言语不通，偏不获，怅怅而返。罪甚！尚拟再造访。谨此致歉，兼颂艺祺。"此后，徐先生多次带夫人及孩子到宿月草堂造访。交谈中，徐先生见孩子睡着了，就放在陈先生的睡床上，又见孩子睡姿可爱，便打开画夹，对着孩子画了一张素描（图33）。此张素描，也就是徐悲鸿素描画集中题为"伯阳生七月半，戊辰六月于福州，悲鸿"的那幅画。这是后来陈老师亲口告诉给我的这幅画的创作过程。有一天，两人正在宿月

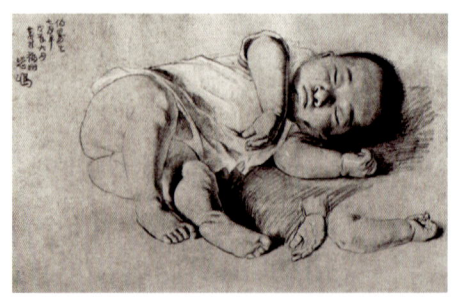

图33　徐悲鸿在陈宅画《素描图》

草堂交谈,突然徐先生心生意兴,立即取纸磨墨,当场为陈先生画了一整张宣纸的一匹《立马图》。这幅画墨韵浑润,又元气淋漓,是以写意笔法完成的。1971年,我在陈老师家见过此图,只是纸质黄了,好似绵宣,今天不知流落何所,想起来令人唏嘘。徐先生在福州完成《蔡公时》后,又为黄孟圭画了一幅孙中山油画像。1966年秋天,我在福州八中旁边的黄孟圭后人家中客厅见到过此画像。

徐悲鸿先生将要离开福州时,又画了一幅高3尺、宽7尺的巨幅水墨画《九方皋图》(图34)赠给陈子奋先生。画左有悲鸿先生的题跋:"戊辰夏尽,薄游福州,乃识陈先生意芗,年未三十,已以篆刻名其家。为予治'游于艺''长颇颔亦何伤''天下为公'诸章,雄奇遒劲,腕力横绝,盱衡此世,罕得其匹也。画宗老莲、伯年,渐欲入宋人之室。旷怀远志,品洁学醇,实平生畏友。吾国果文艺复兴,讵不如意芗者期之哉。兹将远别,怅然不释,聊奉此

图34　徐悲鸿画赠陈子奋《九方皋图》

图,愿毋相忘。悲鸿画竟并志。"从这里可以看出,徐悲鸿先生对陈子奋先生的艺术成就和人品作出了高度评价,同时对他寄予极大期望,愿共同为振兴中华民族书画艺术而努力。据说20世纪60年代中期,王铁藩先生以市文管会名义征集此图,现藏于福州市博物馆。陈老师只把此图的底片送我保存。

我当时还以为,1962年6月初,陈老师是第一次应江苏中国画院之邀赴南京,其实早在1929年第一届全国美术作品展在上海举办时,陈先生就曾代表福建省国画界前往参观。徐先生得知这个消息后,力邀陈先生赴南京一游。徐先生尽地主之谊,热情款待了陈先生,除了陪同他游览金陵名胜古迹外,还欣赏了许多名画,如明代沈周的《金陵江山图》。南京有些大收藏家藏有任伯年的画,徐先生也带着他去品赏。陈子奋先生在徐先生的画室里,看到一副对联"独持偏见,一意孤行",这对联所写就是徐先生的个性。陈子奋先生曾作"自家自有自家法,管甚人评丑与妍"的诗句,和徐先生的对联有着异曲同工之妙。

1935年夏天,徐悲鸿先生托福建籍学生,也是陈先生早年的学生潘茂勋,带着一幅对联"一怒定天下,千秋争是非"(图35),送给陈先生。

1936年,陈先生的二层房屋落成,因为老母亲祈寿,故起名为"颐萱楼",用来供其母颐养天年。他请徐悲鸿先生题写匾额。是年秋天,徐先生在六尺宣纸上用隶体书写了"颐萱楼"三字,左边用行书题了一首七言古风并跋文如下:

闽中自古多才士,
吾行福州识陈子。

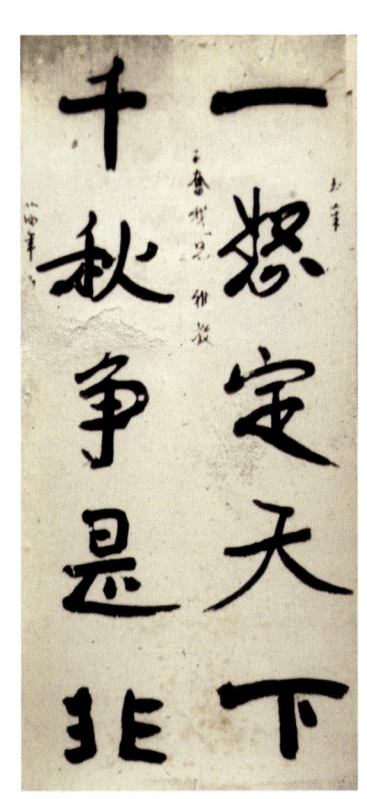

图35 徐悲鸿书赠陈子奋对联"一怒千秋"

金石书画妙入神，
秉性孝悌追古人。
自惟廿载风尘老，
损却当年颜色好。
安得避地从君游，
歌咏登临乐此楼。

子奋贤兄筑楼奉亲，坐对南山，今之高士。书以申贺。

  这件书法作品，陈先生有没有拿去制作匾额，我不得而知。1972年，我在桂枝里25号桂香书屋见到"颐萱楼"三字，硕大而浑厚苍劲。这件徐先生少见的隶书佳作，给我留下了极深的印象。

  1929年金陵一别后，两位艺坛挚友再也没有见面，只通过书信往来交流信息。从1928年至1950年的22年之间，徐悲鸿先生给陈先生的书信多达24封，均为毛笔写在毛边纸上的那种。信中多谈及篆刻艺术，还对陈先生的篆刻艺术给予极高的评价，现摘录如下：（编号三信）"兹又恳为治印，其文如下：'悲鸿'朱文，不必金文，因鸿字太涩，'力辩其非'。如'为人性癖'章同派，朱白文不拘……足下为令弟所治'易新之钵'，弟甚爱之，可否求为治一章。又'日日新'一章皆金文。"（编号四信）（图36）"弟近得石章数事，拟请足下为治印。前赐黄血两章，亦还求法镌，贪婪无厌。弟欲得兄刊百件……'荒谬绝伦'，白文须奇肆。'暂属悲鸿'，最好朱文。'悲鸿生命''秀才人情''照得等因之居'，皆如此图尺寸（并画图样）。"（编号五信）"但弟尚需一'徐悲鸿'三字之章，极难布置，迄无惬意者。白文'始知真放在精微'苏诗，大小不拘。"（编号九信）"弟拟请足下治'暂属悲鸿''悲鸿心赏'，如此大小（图样），朱文小篆，选两佳石，拜祷、拜祷。"（编号十三信）"当代印人，精巧若寿石工，奇岸若齐白石，典丽则乔大壮，文秀若钱瘦铁、丁佛言、汤临泽等，时有精作，而雄浑则无过于兄者。但务求古茂，弟最喜'齐侯罍'，此境尚未有人开辟，滋愿足下从事于此。"（编号十四信）"诵长函并览及为所治各印，喜跃忭舞，感佩无已。足下才特绝，心仪古美，

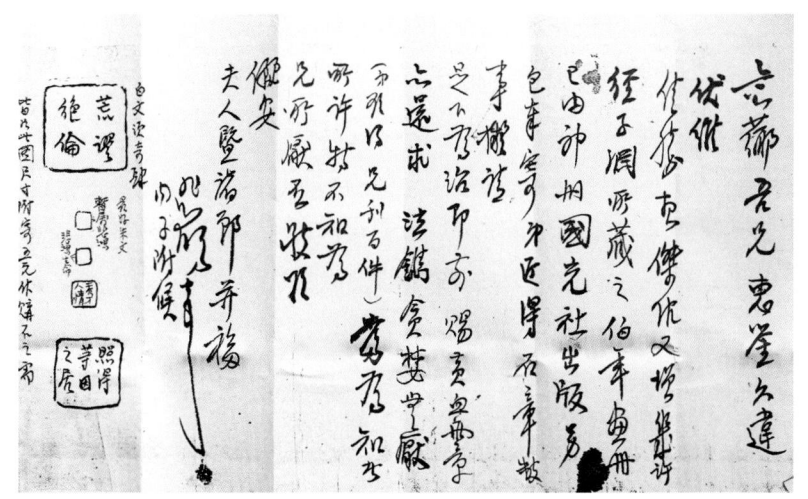

图 36　徐悲鸿致陈子奋信札

用能忧忧独造。于内则好学深思,用之精神力赴,足下虽不欲与人争衡,其艺实辟易一代矣。"为弟所治诸章,俱匠心独运。如'独与天地精神往来',实超彭汉钵先生之作(彭作已极佳)。如'为人性癖''悲鸿生命''天籁亦具纹理''空即是色''照得等因之居',皆至美尽善,均系鲜见之杰作。其余诸章,亦章法工稳刀法简练,不愧作家。犹以为令弟所治之'易新之鈢',为高浑典雅。'宅紧如意',便欲突过汉人,而'心花怒放',犹为传神。此乃弟之所冀于今之治印者,惜臻其妙者鲜也……足下至人,苟能于此致意,则其境由尊作独辟。前无古人矣……弟名章要'徐悲鸿'三字甚难,还求设法,不必金文。"(编号十七信)"附白石拓印一纸并跋语:'齐山人年七十一矣,与弟最善,于说文未致力,故屡有不救之病,但其佳(者),其率烂漫不可几及。'"对于齐印,只有徐先生才敢这样一分二地精确品评。(编号十九信)"弟尚有数章奉求,'谓我士也网极',金文,朱文,略如'欲罢不能'之工,少加奇肆,字略扁,尽靠四边,中多空地。'往来千载''新城就摄'朱文。'悲鸿'朱文。"

我在桂香书屋还见到一封廖静文女士给陈老师写的信。信中写道:"悲鸿逝世前3日,还曾向我谈及先生双钩花卉一幅参加全国国画展览,极为精妙。"陈老师还向我透露了这幅白描花卉长卷参展时一些鲜为人知的情况:初选时,陈老师的这幅画没被选上,因为是折枝花卉,有的评委认为这幅画没有画完。后来,徐悲鸿先生追问福建画家陈子奋先生有没有送画来,在徐先生的过问下,这幅画不但参加展出,而且还被中国美术馆收藏。不然的话,就不会有后来刘曦林先生的《白描的交响》赏析文章问世了! 廖静文女士来信的目的,主要是向陈老师打听,中华人民共和国成立前,徐先生在闽创作的油画巨制《蔡公时》的下落。徐先生生前一直挂念着这幅巨制。我问陈老师《蔡公时》这幅画到底在哪里,老师向我讲述了那段令人心酸的往事。他也一直在打听画的下落,但毫无结果,是否毁于抗日战火已不得而知,为挚友的油画巨制损失而扼腕叹息!

我从徐先生的信中得知,他曾两次邀请陈子奋老师去任教,一次是去南京,一次是去北京。我问陈老师为什么不去北京中央美院任教,他给我讲了三点不去的理由:"古语云:父母在,不远游。你太师母还健在,我要在身边侍奉她。二是福州人讲:'七溜八溜,不离福州。'北方冬天太冷吃不消。三是月资160块大洋,虽然可观,但我在福州刻一枚石章就可得10块大洋,并且还有画可卖,总价加起来,一个月的收入也不低于160块大洋。"但我认为,如果陈老师去北京,视野会更开阔,接触面会更广,成就会更大,艺术地位也会更高,毕竟北京的影响可辐射到全国。福州地处东南一隅,只能影响到华东地区,情况大不一样。潘主兰老师曾对我说过这样一席话:"如果意芗兄当年应徐悲鸿之邀,赴北京中央美院任教,在北京可与齐白石比肩。意芗兄的诗一点不比齐白石差,篆书比齐更佳。齐白石画虾、蟹名扬天下,意芗兄画白描花卉独步一时。"我认为潘老的评价十分中肯。齐、陈的名声差别,在于居住地方的不同,而不是艺术成就的高下。为此,我为陈老师不去北京而感到惋惜。

陈老师逝世后,董师母因生活拮据,打算把徐先生给老师的书信及书画变卖成现金。我得知这个消息后,怕这批珍贵的资料流落到海外,就先打听省博物馆是否有意收购,但因"文革"刚结束,省博物馆无意购藏。我认为这些资料最好的归宿是北京徐悲鸿纪念馆。于是,我给北京画院的万青力兄写信,请他帮忙联系此事。青力兄回信说:"因建地铁需要,徐悲鸿纪念馆被拆后尚未复建……目前更谈不上这方面的事。"我只好寻找其他办法。说来也凑巧,1978年,我去北京参观全国工艺美术展会时,遇见前不久来福州雕刻厂收购寿山石雕的天津艺术博物馆馆长崔锦,以及该馆明清部主任孙宝发两位先生,便问他们是否征购徐悲鸿先生的信札书画。他们很高兴,答应"一定会收购的"。1980年11月26日,天津艺术博物馆的孙宝发先生与张培基先生来福州雕刻厂找我,我立即同他们一起去找董师母,并向她说明了来意。他们除收购徐悲鸿颐萱楼横批、素描陈子奋老师画像、24封信外,还想收购陈老师的《任渭长画传印谱》和《水浒传人名印谱》的原印,但叶家珍不肯出让。由于董师母请了林健兄当参谋,我完成"搭桥"任务后就退出了,那以后的情况一概不知。数月后,我去信请孙宝发先生为我复印了徐悲鸿给陈老师的一封信,把它留作纪念。这件事也让我觉得有点对不起徐先生的遗孀——徐悲鸿纪念馆馆长廖静文。1983年7月和2012年9月26日,我先后在故宫皇极殿寿山石展以及西湖展览会上,碰到廖馆长时向她说明情况并致歉。因为我认为,徐先生给陈老师的信札和书画,最好的归宿地应是北京徐悲鸿纪念馆。

陈子奋老师一生勤于读书学习,其学习和创作的心得体会,大都收录在他的《寿山石小志》《三代文偏旁释例》《古泉币文字类纂》《甲骨文集联》《籀文汇联》《颐萱楼印话》《宜萱楼印存》《陈子奋白描花卉册》《陈子奋先生读画札记》《福建画人传》《无寐吟稿》《颐谖楼诗草》《任渭长画传印谱》等著作中。可惜以上著作多是油印本,只有一本《陈子奋白描花卉册》由上海人民美术出版社出版发行。

陈子奋老师生前曾刻"子翁不死"一印(图37),这不是说他不明白"人生自古谁无死"的道理。这枚印章,是他对书画艺术生命的自信。他坚信并预言百年以后,他的书、画、印、诗还将会在人们的手中、口中和心中流传,他的名字将流芳百世。

1976年9月28日,上海画院院长程十发先生给我的复信中写道:"宝霖同志如晤:来信及寄来陈子奋先生佳作皆收勿误。子奋先生遗作我已读了几日,觉得工力湛厚,堪为白描祭酒,使人学

图37 陈子奋刻"子翁不死"印

到不少技法,十分感谢!"(图38)程老在信中称赞陈子奋老师为"白描祭酒",这是对他的白描花卉的最高评价。从此,"白描祭酒"就在全国画坛传开了。

1979年2月,《陈子奋白描花卉册》由上海人民美术出版社再版,印数7万册,让更多的人学习到了白描技法。

1985年8月,徐悲鸿题签的《陈子奋先生治印》由福建美术出版社出版发行,印量1万册。

1987年春节期间,由福州市美协和福州市画院联合举办的"陈子奋画展"在福州市画院举行,并出版了由潘主兰先生题签的《纪念陈子奋文札汇编》。

1990年7月,《陈子奋画集》(图39)由福建美术出版社出版发行,潘主兰先生作序,序文题为"更觉良工心独苦"。

1994年3月,北京《荣宝斋画谱》第八、九、十期花鸟部分,是为陈子奋出版的绘画专辑(图40),林健兄作序,序文题为"智慧与心灵皆许国,中书虽老尚斑斓",介绍金石书画家陈子奋先生。

1998年10月12日,为纪念陈子奋诞辰100周年,福州工艺美术学校在建新洪塘里校本部举办"陈子奋先生画展及研讨会"。

1998年11月6日,福建省文史馆、福州市文联、福州市美协、福州市画院、福州市国画研究会联合举办"陈子奋先生画展"及纪念陈子奋诞辰100周年研讨会。

1998年11月8日,时任中共福建省委书记陈明义在时任福州市委宣传部部长张作兴、福州市副市长高翔的陪同下,参观"陈子奋先生画展"(图41),并做出口头指示:"要出版一本大型精美画册,他的故居最好能辟作纪念馆。"送走陈明义书记后,我立即陪同张作兴部长来到道山路陈老师故居(图42)察看。当时陈汉兄不在,只有一位中年妇女接待我们。我们说明来意后,她说:"如果把这个房子辟作纪念馆,要用二套套房做交换。"不知何故,陈书记口头指示的这两件事都没有得到落实。如今,陈老师的故居已变成了一片空地,这是多么可惜啊。如果把陈老师的故居改造成纪念馆,既可成为一个旅游景点,又可以在里面陈列他的金石书画作品,供人们观赏学习,这无疑是福州乃至福建文化艺术界的一

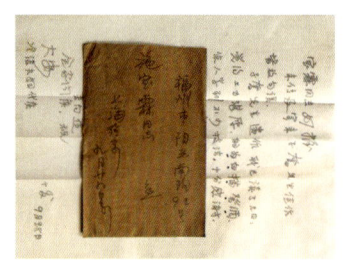

图38 程十发《致施宝霖》信札

图39 《陈子奋画集》

图40 《荣宝斋画谱》陈子奋绘花鸟部分

图41 时任中共福建省委书记陈明义(中)在时任福州市副市长高翔(右二)陪同下,参观陈子奋画展。

图42 陈子奋故居道山路月香洞

件大事!

1998年,由福建省文史研究馆主办的《福建文史》期刊第一期,刊发了已故馆员陈子奋先生百年诞辰纪念专集(图43)。同年,由福州市文联主办的《家园》期刊,也于第三期上刊出了潘主兰、俞剑华、薛永年、孙克、刘曦林、刘龙庭、朱宇南、何首巫、徐鼎一、姚舜熙、檀东铿等纪念陈子奋先生的评论文章。

2003年8月28日,由福建省画院主办的"陈子奋作品观摩研讨会"在鼓岭兰德山庄召开。我和林健兄、桂元兄等提供数十幅陈子奋先生的作品,供大家观摩学习。研讨会上,林健兄做"金石书画家陈子奋先生的篆刻"主题发言,梁桂元兄做"陈子奋艺术成果初探"主题发言,我做"怀念陈子奋老师——白描、草钩赏析及其他"主题发言。后来,我们的发言文稿被刊发在福建省画院主办的《画院、画家》2003年第二期上。抄录如下:

陈子奋先生(1898.5—1976.1)是我国书画金石名家,他祖籍长乐,生长于福州。原名起,字意芗,号无寐,别署水叟、凤叟、渚凤、奋翁、阿凤和香叟等,斋名为"宿月草堂""月香弄""月香书屋""乌石山斋""桂香书屋"和"寄枝画室"等。他父亲名吉光,字璧如,是个穷教师。他受父亲熏陶,髫龄即习国画,研篆刻,父亲让他临摹家藏《陈老莲博古叶子》和《任伯年六法大观》等画谱,所以他绘画艺术受陈、任二大家影响最大。

陈子奋老师是集诗人、篆刻家、书法家和画家于一身而成就卓

图43 《福建文史》刊发陈子奋先生百年诞辰纪念专集

著的大家。就拿绘画领域来说,他对花鸟、人物、山水无所不精,潘主兰先生生前曾多次对我谈起陈老师成就,他说:"意芗兄可惜生长在福州,如果生长、工作在北京的话,不让齐白石寸分的。首先他的诗与齐白石比如何,不差吧!他的画特别是白描比齐白石如何!不用说大家也明白。篆刻他比齐白石好,齐白石靠'胆大'而已,(徐悲鸿给陈老师信曾谈及二人篆刻奇岸若齐白石……,'而雄浑则无过于兄','齐山人年七十一,与弟最善,于《说文》未致力,故屡有不救之病'①)。其篆书齐白石根本无法与陈子奋比,陈子奋大篆(金文)书法海内罕有与之匹敌的"。陈子奋老师每一个方面的艺术成就都不可能用二三千字文章可以说明得了,更何况有许多美术评论家,如俞剑华、刘曦林、薛永年和孙克等都撰文进行过深入探研,我的水平有限,岂敢"班门弄斧"?这篇文章只是以一个学生亲历及个人理解、从另一个角度去赏析之,不妥之处请行家指正。

  首先说我是怎样与陈子奋老师结缘的:那是20世纪50年代中期有一期《热风》杂志封面上刊登陈老师一幅双钩设色《寿桃图》,那苍劲有力线条,特别那水淋淋水蜜桃,整幅画面充满生活气息,我被传神画笔所陶醉,好像进入自家桃园品赏味道甜美蜜桃似的。从此"陈子奋"三字就如刀刻一样烙印在我脑海中。1959年秋季福州工艺美术专科学校《招生简章》刊登《福建日报》上,《简章》中教师队伍就有陈子奋先生,那时我刚好初中毕业,于是即去报考,后被录取了。陈子奋老师教授的是花鸟课。

  经过数十年观察研究,我认为陈老师绘画诸多领域中成就最大的是白描与草钩,下面就这方面艺术问题实话实说。

  海内诸多美术评论家对陈子奋老师白描评论中最到位的首推俞剑华先生,陈子奋老师生前多次对我谈起,他十分满意俞先生的评说。那么俞先生是怎样评论的呢?俞剑华先生在《陈子奋白描花卉》序中写道:"陈子奋先生是福州的老画师,致力于绘画书法篆刻者五十余年,晚而不衰,老而弥健,对于白描花卉,尤为擅长。他线条既不是顾恺之,也不是李龙眠,而是含有顾恺之、李龙眠的精华而独成一格、成其所谓陈子奋的白描。流利的地方如行云流水,顿

---

① 徐悲鸿致陈子奋第13封及第17封信。

挫的地方如屋漏痕。平正温和、绝没有霸悍的习气,婉转自如,又没有生硬的缺点。描写物象恰如其分,'以形写神'独具心得,尤其在章法的剪裁,位置的经营,既无一般俗套,又无标本缺憾,迎风含露,妩媚多姿,予人以清心愉快之感。吴昌硕用金石书法作写意花卉,陈先生用金石书法作白描花卉,真所谓春兰秋菊,异曲同工。"[1]以上所录俞先生对陈老师白描艺术做精辟独到的总结,是得到海内外公认的。上海画院院长程十发先生给我来信中称"陈子奋先生白描为海内白描祭酒"。大家都赞赏陈老师的白描,但对他为什么能取得这样成就,做深入探讨者还不多见。我认为陈老师之所以能取得这样高的成就得益两个方面:一是他是金石家;二是得益于艺友徐悲鸿先生。首先得益于他是金石家,他一生篆刻石章以万计,而对三代两汉吉金文字进行长期研究摹写,"散氏盘""毛公鼎"和"齐侯罍"等字体练得烂熟,什么样金文字体都可以信手拈来,他在书写和篆刻金文时特别注重"铸"的效果。陈老师金文书法极厚重雄浑,只有画家并兼篆刻家,才能深有体会到笔条(陈老师称线条为笔条)"屋漏痕"和"折钗股"的真正含义。篆刻家以刀代笔进行篆刻时,不但受人感情控制,同时也受石质坚韧松柔影响,行刀在石质坚韧时生有受阻徐徐之感,行刀于石质松柔时有疾而驳之感,所以篆刻线条有徐疾、粗细、顿挫、似断非断、笔断而意连的效果,陈老师把篆刻线条及书写金文感受运用到白描上,其线条才能做到"流利的地方如行云流水,顿挫的地方如屋漏痕"的艺术效果。因为篆刻而书写篆书要求笔笔中锋如"铸"意,才有金石韵味,他把篆刻刀法与白描线条结合,达到融会贯通境界。如果不是画家兼篆刻家很难做到这样艺术效果的。这绝不是危言耸听的。

陈子奋老师白描成就还应当得益于艺友徐悲鸿先生,徐先生曾来信不断勉励他:"双钩为中国画本源,足下可谓知所急务,惟双钩必须对实物摹,约之以体,庶不空泛。否则仍无所得也。""足下此可以专攻双钩写生,摹闽中所产花鸟,务极精确(对实物写生作稿,然后以己意布置,另写成幅,写大幅册页,又可当小中堂用者,不拘长短)。"[2]陈老师对好友勉励牢记在心并身体力行。1953年他画的

---

[1] 陈子奋:《白描花卉册》,上海美术出版社,1959年8月版。
[2] 徐悲鸿致陈子奋第18封及第2封信。

《白描花卉长卷》参加全国美展,预选时有人认为是"未完成画稿",险些落选,是徐悲鸿力排众议把它选上展出。1954年廖静文女士来信说"悲鸿逝世前三日,还曾向我谈及先生双钩花卉参加全国国画展览,极为精妙"。(这封用钢笔书写的信连同徐悲鸿先生二十二封信札,由天津艺术博物馆于20世纪70年代末购藏,经手人是吾友孙宝发先生。)这幅《白描花卉长卷》是陈老师代表作之一,被誉为"白描的交响"①,被国家美术馆珍藏。接着于1959年出版《陈子奋白描花卉册》,后来又画数十幅与《白描花卉册》大小一样的白描花卉配以海鲜、水果等,准备结集出版,可惜"文革"开始,未能如愿。这数十幅白描作品在陈老师身后不知散失在何处,这集白描不能出版是画坛一大损失。徐悲鸿先生不但影响陈子奋作画,也影响他后来教学。这使我想起当时在福州工艺美术专科学校当学生时情景,当陈老师给我上第一课时,就叫我们同学去摘真花插在花瓶中对花写生,我是穷学生无钱买花,就将采来的空心菜花插在牙杯里,对着花写生。由于我握笔不正确,用方笔写生,结果画出的空心菜管给人不是圆的而是扁的的感觉。老师上课喜欢手执折扇在堂上走来走去巡视学生写生,看到哪位学生握笔画笔条不对,马上会坐下来接过笔给同学做示范,这时大家都围过来在旁边鸦雀无声地观看示范,陈老师握笔作白描时手指握笔管低位处,手腕着桌面上,这是为了行笔稳健,他勾线条不是一笔"拉"到底,而是在适当之处勒住,接着再往下"拉",他要求我们要做到有笔锋不见笔的痕迹,无笔处却处处有笔锋在运转,这才算好笔。他说"勾勒笔条要时刻跳动,既反对脱离实际玩弄线条,也要克服滞板轮廓线,要做到每笔有夸张,每笔有感情,而每笔又都从实际出发,他特别强调"致广大极精微"的作画思想,并又说"只有尽精微才能致广大"。他将我画空心菜管为什么画不圆而是平扁的原因指出:"除运笔方法不对外,特别在细微处没有交代清楚,如叶柄与主管连接处,花与花托之间连接处等,是这些细节地方处理不好所致的。"

同学们刚开始勾勒时画出来的笔条都是光滑无力,特别是直线。陈老师没有讲高深的理论,怕学生们不理解,比如"屋漏痕""折

---

① 刘曦林:《白描的交响——陈子奋〈白描花卉卷〉赏记》,《家园》1998年第9期。

钗股"等,而用通俗的话说:"笔条要毛,眼睛看过去好像感觉是笔直的,但实际上不是这样的,比如说同学们看到课桌桌脚是直的,但你们如果用手摸一下看,一定会发现它不是直线的,其中细微处有许多凹凸不平的地方。"我用手一摸果然正如陈老师所说那样。要做到"尽精微"才能不断提高。陈老师对学生要求严格,同时一定要学生对实物。课堂上有两件事我至今记忆犹新。上第一课时,他开宗明义地说:"同学们,画花人,一定要爱花。"其声洪亮可用声震瓦屋来形容。另一件是有一位同学不知为什么不用真花来写生,而用于非闇先生的印刷品来临摹,被他发现,他立即沉下脸说:"为什么不对真花写生呢?你赶快收起来,不然话我把它撕丢。"三年学习生涯第一次见陈老师这样动怒的。这也可说明徐悲鸿要求他对花写生,除在他身体力行外也要贯彻在他的学生身上。可见徐悲鸿先生对他影响之深。

以上主要讲白描线条问题,现在讲白描构图,也得益于他是一位金石家。一枚篆刻作品有"方寸之间,气象万千"的艺术效果,要达到这样的效果就必须在章法上下工夫,要解决疏密、均衡、匀称、虚实等问题,要做到"宽可走马,密不插针""屈曲缜密"。字与字之间挪移插穿,还有什么"短头舒足"等这些篆刻章法技法,都可以应用到白描构图中去,其气势、虚实、对比、顾盼、交接等处理,无不显现出篆刻章法的影子。这也只有身兼画家与篆刻家的陈子奋老师方能独辟蹊径,与众不同,给画坛留下一幅幅格调高雅、构图独特的画作。"其格调高雅如月下听一曲仙乐,如泉边沐一阵爽风,这是白描形式自身的特殊魅力,是纯化了线型节奏与审美心理的同构"[1],也是陈老师天才心智的流露,陈老师白描艺术也如孙克先生所总结的那样:"子奋白描艺术高妙处,在于他用一枝柔毫写出丰富的大千世界,在他充满运动和变化的线描中,交织着丰富细腻的情感和理性的选择,他令白描成为完整有生命的语言,技进而艺,乃成宗匠"[2]。

这里我要特别讲讲陈老师衰年变法——"草钩"。大家都知道陈老师白描,却很少知道他的"草钩","草钩"是他在"文革"时期极不正常的环境中探索的结晶。当时他只有15元生活费,还要养

---

[1] 刘曦林:《白描的交响——陈子奋〈白描花卉卷〉赏记》,《家园》1998年第9期。
[2] 孙克:《关于陈子奋先生》,《家园》1998年第9期。

活4口人,其艰难情景可想而知。他晚年情况是寂寞清苦、门可罗雀,也是这时候我又一次接近陈老师的。"文革"混乱中工厂制度也松弛了,所以我悄悄去探望老师,我依藉自己出身成分好,所以不怕人家说三道四。这时期老师早餐经常没有吃。有一天,我得知他还没有吃早餐,就跑到安泰楼附近饮食居买了一碗锅边糊(5分钱一碗),他很高兴,脸上露出童稚般的笑容。我还问他需要我做什么事,他要我给他弄些石章来,我利用下脚料给他侪石章送去,因为他这样为人家刻图章连石头可以收费5元,也可以缓解他手头拮据。也是这段时期我经常看他画草钩花卉,他一反过去用"细笔如游丝"笔条,而运用"大笔如屈铁"作画。其老辣熟练的笔线在宣纸上运转如秋风扫落叶一样疾速,左冲右突,上下滚动翻舞,线条充满金石韵味,显得生辣、古拙、雄浑、爽朗而流畅。画面不设色,以形写神,独具匠心,用淡润笔画花,用焦渴笔画枝干,笔墨韵味对比之强烈,更显出花卉迎风含露,婀娜多姿,给人以清新又痛快淋漓之感。是不是"文革"中抑郁的心境,迫使他用手中墨水来涤荡胸中块垒呢?还是用画笔扫去胸中闷气,或许是终生以艺术为生命的他,预感到了什么,用"草钩"向社会及画坛发出呐喊,或是生命不息、艺术探索不止的精神激励他进行衰年变法,用他的智慧与胆略,用他的才华与气魄为中国画坛留下"草钩"技法。

  我所收藏陈老师的作品都是在"文革"期间他送给我的,没有花一分钱。有一天他病了,我去看他,他指放在蚊帐顶上的一幅《枇杷图》,"这给你好好保存",又叫我坐在病床边悄悄对我说:"宝霖,现在社会上很乱,你还年轻,不要跟着跑,安心去搞艺术。你把白描用到寿山石雕'薄意'中去,结合得很好!要继续下去。听说你刻的马很好,像徐悲鸿画的马形态,日后你刻一件给我看看。"从此我用"石知己"自号,以示铭记师训。后来我刻了一匹高山石马送他,他高兴得很,并把它放在画室兼卧房橱子上,并题写了"宝霖大弟雕马,神奇雄骏,正似吾友悲鸿画本。己酉初夏,出此请益,而悲鸿去世已十六年矣,对此益怀良友。"①

  古人有"生不逢时"之说,我认为陈老师是"死不逢时",他病

---

① 罗山人:《人生得一知己足矣——谈陈子奋与徐悲鸿的情谊》,《福建文史》1998年第1期。

逝"文革"中,若假以天年,再延寿5年至10年时间,他的"草钩"画绝对会轰动全国画坛的,同时也会为我国画坛留下更多更好的作品,也能为后学者留下更多蓝本。那时他默默逝去,死无哀荣,岂不可惜哉!

我觉得陈子奋老师还有个遗憾,那就是当年没有接受徐悲鸿先生的邀请赴北京讲学,不然的话,他的画气势会更加恢宏的。

1984年春天,时任中国画研究院的黄胄先生来闽,他对我说:"研究院要购藏一些陈子奋先生的作品,作为研究资料用,你看有谁愿意出让的。"我去叶家珍处,问她肯不肯把那一百幅陈老师写意花鸟斗方(约45cm×31cm)让售给中国画研究院收藏,家珍婉言谢绝了(现不知此百幅作品去处)。后来我向黄胄老师汇报,他说:"不勉强人家,能不能借一些陈先生的作品给我看看。"我就把自己收藏的一本陈老师册页送到温泉宾馆黄胄老师处,他边翻阅边说:"画得好,有特色啊!你现在不要拿回去,放在我这里,待返京时再还给你。"他把这本册页交给师母郑闻慧时说:"闻慧,你是画花鸟的,这本册页可以拿去临摹。"待我取回这本画集时,里面夹着一张黄胄老师的题词:"陈子奋先生乃八闽大家,金石书画自成道路,宝霖弟憨厚,有此福缘,获先生墨迹十余帧。余反复欣赏,爱不释手,题此以表敬意。甲子年二月于榕城,黄胄题。"

子翁不死!①

2004年7月,张怀林主编、刘曦林作序的《陈子奋白描》画集由福建美术出版社出版发行,内收常见及未常见的白描花卉和人物速写数十幅。

2014年9月13日—10月6日,福州市画院举办陈子奋画展,为配合展览,还于9月30日召开学术研讨会。我在研讨会上应邀发言,我说:"首先要感谢福州画院为先师陈子奋举办这个展览,也要感谢邹勇兄为展览提供的多幅陈老师的精品佳作,有的我以前都没有见过。但是展出的作品还欠全面,没有展出陈老师的篆刻作品,陈老师篆刻艺术造诣可以与齐白石并驾齐驱的。

---

① 陈子奋先生自刊印。

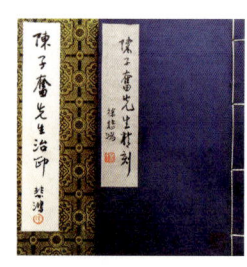
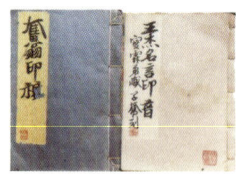

图44 陈子奋篆刻作品丛书

徐悲鸿先生早已把陈老师的篆刻与齐白石的篆刻做过比较,做过很中肯的评价,并为陈老师印集题签。希望今后再举办陈子奋艺术展时,要加入他的篆刻作品,这样才能更加全面地展示陈子奋先生的艺术风貌。"(图44)

2016年9月9日,由福建省文化厅主办、省美术馆承办的"先生之风山高水长——陈子奋诗书画印作品展",在西湖美术馆举办。福建省文化厅副厅长陈吉在开幕式上讲话,高度评价陈子奋先生诗、书、画、印的艺术成就,并指出今天还要继续发扬光大,使优秀传统文化代代相传(图45)。在举办画展的同时,还召开了陈子奋先生学术研讨会。大会由福建师范大学艺术学院院长李豫闽主持,陈吉副厅长参加会议并发言。我也应邀参加研讨会,并发言:"首先感谢省文化厅领导的重视与支持,感谢有关方面的大力支持,使本次展览得以成功举办并召开研讨会。我作为陈先生的学生,向有关各领导以及与会者表示深深的感谢!""我大声呼吁有关部门尽快建立陈子奋纪念馆,以便收藏陈列他的作品,让更多的人了解欣赏他的艺术。我表态,如果有一天陈子奋纪念馆建立起来,我愿把我珍藏的陈老师所有作品无条件地贡献给纪念馆,以完成我当保管员的义务。"这时会上响起一阵热烈的掌声,这掌声是大家对我发言观点的支持与肯定,更是大家对早日建立陈子奋先生纪念馆的期待。我也期待着这一天早点到来。

陈子奋老师生前还为我画了两幅扇面书画,一幅是白描水仙,另一幅是写意花鸟(图46、图47)。

图45 时任福建省文化厅副厅长陈吉接受媒体采访

陈子奋老师,学生深深地怀念您,大家都思念着您,您的书画篆刻艺术永垂不朽!

图46　陈子奋画赠施宝霖《白描水仙扇面》(正反两面)

图47　陈子奋画赠施宝霖《写意花鸟扇面》(正反两面)

# 洁身自守 书画名家
## ——怀念龚礼逸老师

龚礼逸先生(1902—1965年),名纶,字礼逸,以字行,号习斋,闽侯县人。其祖父龚易图,字蔼仁,号含晶,清咸丰九年(1859)进士,历任广东、湖南布政使等职。龚公易图工诗,善书画、篆刻,建三山旧馆,内筑大通楼,藏书10万余册。父桢义,早年留学法国,获法学博士学位,惜归国后受惊悸成疾,进而失智,闲居澹静斋中。礼逸老师秉承家学,自幼博闻,刻苦自励,书画艺术取得巨大成就。其书法具有"二王"风韵,领誉海内外。生前为福建省文史研究馆馆员(图1)。

图1 龚礼逸像

我与龚礼逸老师结识于福州工艺美术专科学校,他是我班的山水课的老师。他中等身材,显得清癯而儒雅,两道浓黑的眉毛给我留下深刻的印象。他讲普通话还很标准,只是略带鼻音。当时我对山水画的认识还很粗浅,犹记礼逸老师开宗明义地讲:"中国画就是用毛笔线条去勾勒轮廓,这是线条的用意。用雅笔精墨去追求精神精粹,用毛笔线条去勾勒山水,这就是山水画了。"如今我翻开已经发黄的课堂笔记,里面记载着礼逸老师第一课给我们讲的"界线":"线的种类,有直线(勒)、弧形线(勾),中国画是着手勾勒轮廓的。"关于"轮廓"的概念,他以古代铜钱做比喻:轮圆、廓方。同学们都喜欢他的这种授课方式,不仅不枯燥,而且深入人心。

礼逸老师对笔下所绘之物,有着鞭辟入里的见解。按照他讲的画树:"树分四趾,左右则易画,前后则难画。前见树叶,叶则浓;

后见枝,枝则浓而叶则淡。"他在黑板上画夹叶:❀(俯)、❀(仰)、❀(树向右边倾)、❀(树向左边倾)。同时,他讲:"画树枝,是从上而下、自左到右的,如乂(鹿角树枝)。画树干,应用长短线,以便于延展。树画定后,看树顶有无不美的地方,如有则多加几叶,这样变得可观了,这叫作'结顶'。"

礼逸老师在讲到画石时,又说:"石分三面,石头是由裂纹、肌理纹和界线组成的。肌理就是皴法,先画石头轮廓。画石第一笔叫开面;第二笔叫破笔,即裂纹,然后按肌理用皴法分出受光的部分和背光的部分。破笔不要和肌理纹混合,也不能和轮廓混合在一起。画石的方法有六个步骤:勾、皴、擦、渲、染、点,这是画山水的基本技法。"礼逸师对"用墨法"也有独到的见解,他说:"用墨法,要掌握好干、湿、浓、淡四字。第一步是用湿淡的墨来勾,越淡越好;第二步是用淡干的墨来勾勒。"为了使我们能够更加深入地了解和熟悉这个步骤技法,礼逸老师还在宣纸上一一示范给我们看。他这种把理论与实践相结合的教学方法,效果最佳,易学易会。

我至今还记得,礼逸老师为了使同学们进一步理解和熟悉石头肌理的构成,亲自当向导,带同学们到北门他的祖居地——三山旧馆(图2)(中华人民共和国成立后被政府征用,现成为西湖交际处)去参观。这里是一处园林式建筑群,园内花木扶疏,树

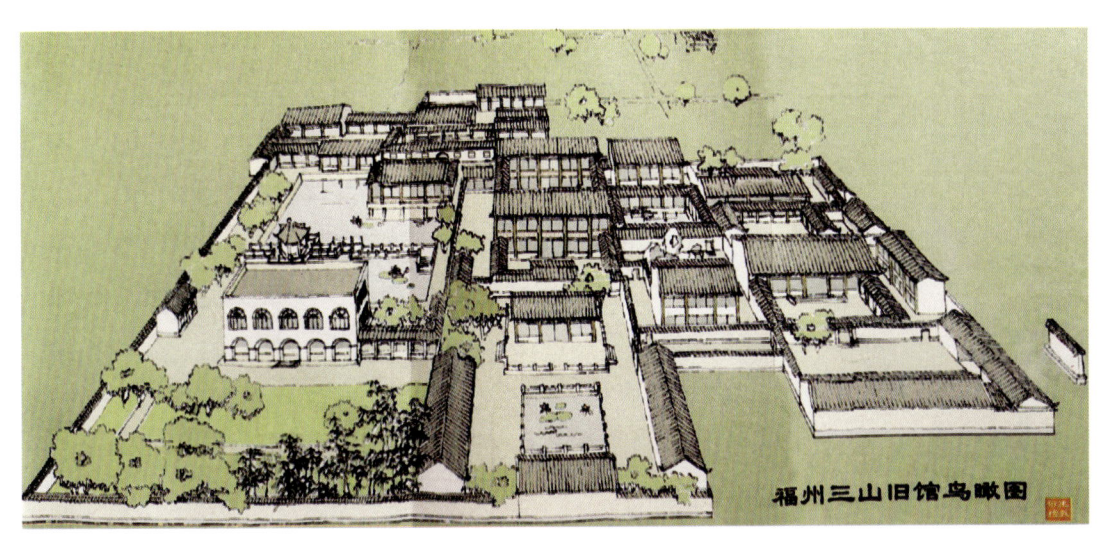

图2　三山旧馆鸟瞰图(王敦衍绘)

影婆娑,曲径通幽。花园中太湖石假山点缀其间,尤以环碧轩风景最为优美,有亭台楼榭倒映池中,荷池近处碧水涟漪,远处青山如黛,好似一幅平远山水画卷。礼逸老师在园中假山边,结合授课内容"画石六法"再次一一讲解,使我受益匪浅。礼逸老师在这优雅的环境中度过了少年时代,无怪乎在他身上总是洋溢着文人儒雅的气息。三山旧馆最后一座白洋楼于1991年拆除,龚家故园风物彻底消失,只留在人们的记忆和文献资料中。

礼逸老师在课堂上,总是有问必答,循循善诱,他多次动情地说:"同学们,你们要好好学,老师会毫无保留地把知识教给你们的,你们这班学生是我教的第一批学生啊!我恨不得砍下我的手挪到你们身上呀!"礼逸老师的殷殷教诲,数十年来一直在我的耳边回响着。

礼逸老师一向待人温和,但有一次他也许是生气了,就以委婉的方式给我们上了一堂礼教课。那天课余时间,同学和礼逸老师到走廊上去透气,我因整理笔记待在教室。忽然,有一位同学走到讲台边,去翻看老师的讲义,刚好礼逸老师走回教室看见了这一幕,只见他沉下脸大声斥道:"这是老师的私人物品,不经本人同意,怎么能随便翻看呢?"这位同学连忙缩回手,呆呆地站在那里。这时,教室外面的同学纷纷回到教室,礼逸老师便用缓和的语气继续说:"未经他人同意,随意翻看他人的东西,这是没有教养的表现,是不礼貌的。同时,到别人家去做客,也要守规矩,未经主人同意,也不能随便翻看人家的东西,不该问的不问,不该看的不看,不该听的不听。人家能讲的,自然会讲给你听,人们不便讲的,自有原因。各人都有隐私,要懂得尊重人家,懂得待人接物的礼节,这是做人的起码道理……你年龄小不懂事,人家不会怪你,老师也不会怪你,但今后一定要懂得礼貌。"礼逸老师虽然是在教育这位同学,但是我们都认真倾听了他的教诲,闻者足戒吧!礼逸老师一席话,我牢记一辈子,"才者,德之资也;德者,才之帅也"。我们不仅要学一技之长,更重要的是学会如何做人。我感谢老师给我上的这堂课,让我受用一生。

一学期后,大家逐渐了解到,礼逸老师不但是画家,而且还是诗人、书法家,他的字写得很好,在福州书法界人人皆知。于是同学们纷纷请他写字,他还特意为上次那位同学写了一幅字。新学期开学,那位同学却始终没来报到,后来才得知他因患急性胃炎而病逝了。礼逸老师闻讯,也为那位同学夭寿感到十分惋惜。

1960年10月的一天,我因无知,用道林纸请礼逸老师题写我的习作《五虎山前燕子飞》词,这是我第一次求龚老师写字(此幅书法后赠郑光中同学),他二话没说照样写了,并题上款:"宝霖同学以自制属题。"(图3)

在我发黄的笔记本上记着,礼逸老师陆续给我们讲了山(石)的体势,山(石)的构成。峦有脉系,坡为峦的脚,似断似续;山峦结体,等有大间小和小间大等形式;峭壁岩石也有脉系,而峰是孤立的等常识问题。

礼逸老师还为我们讲过山水画的皴法,他说:"南方山峦适

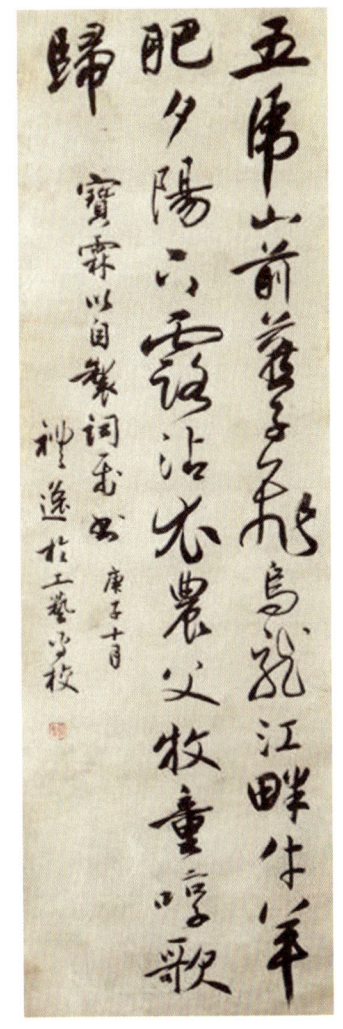

图3　龚礼逸题《五虎山前燕子飞》词

合披麻皴,尤其是福建山峦,表现多为土山馒头形的。""披麻皴由五代董源所创,'元四大家'中之一的吴镇(字仲圭,号梅花道人)常用披麻皴,并把此技法发挥到了极致。""折带皴是五代关仝创造的,元倪云林把它发扬光大。画武夷山岩石可用此法,近水用之效果更佳。解索皴,宋范宽常用之。大斧劈皴、小斧劈皴,宋马远、夏圭多沿用此法。此外,还有乱柴皴、乱麻皴、荷叶皴、雨点皴等。"在课堂上,礼逸老师都会在宣纸上把每一种皴法示范给同学看,这种直观的教学方法容易为学生所理解。整堂课我们都听得酣畅淋漓,无不过瘾,这就是大师风范吧!

礼逸老师对"点"的作用亦讲得比较透彻。他说:"山水画中的'点'是不可缺少的,点起到提示作用;在分明界线处有'点'在,界线就立即分明;在山峦上,'点'似树非树,可以起到丰富内容的作用。元吴镇用的梅花点、鼠迹点,明文征明仿得最像。山水画中的'点'极具禅意。点以用浓墨为主,但有时也可用石绿或朱砂。"

有一天上午下课后,礼逸老师悄悄地对我说:"宝霖,你跟我来。"于是我跟着他直至白马桥头,他从口袋中拿出两枚寿山石印章,递给我说:"我发现你喜欢篆刻,这两枚印章送你。潘主兰老师是个篆刻名家,你要多向他学习呀!"我接过印章说:"谢谢老师赠送石章,我会好好保存。我上课时曾听潘主兰老师说起您写过一本有关寿山石的书是吗?"他回答说:"是的,是《寿山石谱》。那是在1933年写的,不知家里还有没有。我去找找看,如能找到,我送你一本。"我向老师表示感谢。过了没多久,在上山水画课时,礼逸老师拿出一本《寿山石谱》(图4)给我。这本书我一直珍藏到今天,它对于我了解寿山石的分类和品种等,带来了极大的帮助!

礼逸老师送我的两枚石章均是高山石,一枚是白高山冻石博古钮。我请潘主兰老师刻了汉印白文"施宝霖印"名章,边款署:"礼逸赠石,主兰刻。"另一枚是高山石人物钮。我请班主任钱剑华老师刻了朱文"宝霖"名。此二印我一直珍藏着,睹物思人,每当想念他们时,我都会拿出来把玩。感谢老师们对我的厚爱,使我才得以习得一技之长。

礼逸老师还曾跟我讲起山水画构图中的"三远":一曰高远,自下而上仰其山巅,谓之高远;二曰深远,由高处观其后,谓之深远;三曰平远,由近处望及远谓之平远。高远山水之势突兀雄伟;深远山水之势重叠深厚;平远山水之势冲融平淡。若画高山大川,拟用高远与深远结合法;若画乡村山景、湖泊江河水景,则用平远法。

我翻开发黄的笔记本,上面还记录着礼逸老师讲国画山水的分类及设色:

第一,浅绛山水;第二,轻青绿山水;第三,重青绿山水;第四,

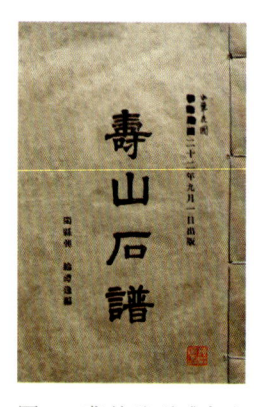

图4 龚礼逸编《寿山石谱》

白描山水；第五，没骨山水。

浅绛山水：带红的颜色（赭），是元代画家发展起来的。元黄公望画浅绛山水画得最好，因为他家在浙江富春江严滩的地方，发展到现在，不止浅绛一色了，过去把树皮、古寺、樵人、石朝日面用赭石轻轻涂一点，演变到不单用赭石，要用花青染树叶、古寺、樵人，可以用花青和赭石合用，再到后来用彩墨。国画山水用的颜料包括：赭石、花青、绿、胭脂粉、朱砂、石绿、石青等。画秋天河边露出沙汀，用赭石抹之。

轻青绿山水：用二三青绿为主底色，如山上草是绿色，用汁绿（花青和橙黄）做底色，橙青绿用皴后作底色，再用轻青绿染之。

重青绿山水：用头青绿为主，全部染过，或者把界线、轮廓线也染过后，用金线勾边，成金碧山水。

白描山水：系宋李公麟（字龙眠）发明的，是勾勒有皴后水墨染之，白描山水用勾勒无用色的。

在我的笔记本中，还记下了礼逸老师在黑板标明山水画体系与发展图（时代为隋、唐、宋）。

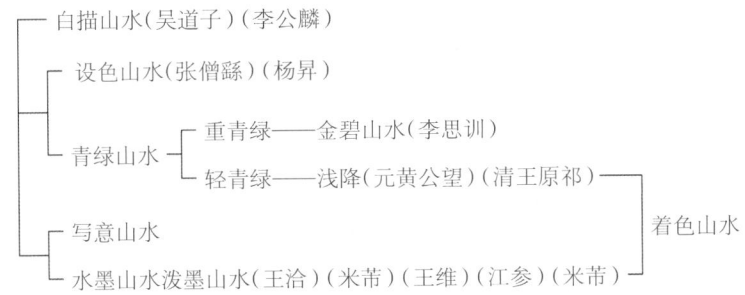

我记得印象最深的是用渴笔画山水。礼逸老师在课堂现场为我们示范，他在一张十六开的宣纸上，先用毛笔沾墨，然后在旁边的废宣纸上把墨水吸干一些，再勾勒轮廓，再皴擦之，使石头肌理、山峦走势逐渐明显起来。如果笔头干无墨色，就把笔尖放在口唇上用唾液舔湿，继续画。实在无墨色再沾墨，整幅画都重复着上述过程。这样一来，画出的渴笔山水古意盎然，别致有趣。但看到他嘴唇墨黑的样子，虽滑稽，但也佩服他的敬业精神。我说："老师，您满嘴唇都是墨，黑黑的，赶快去洗掉。"他说："不要

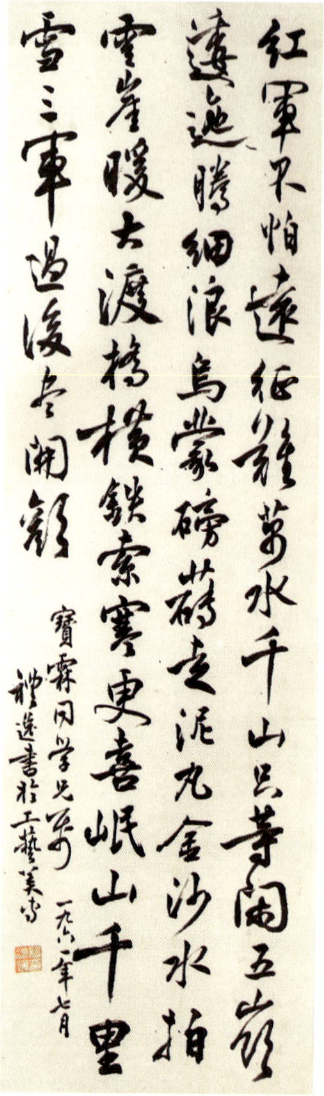

紧，画渴笔山水画总是这样的。"只见他仍是一脸认真，沉浸在刚才的绘画情绪当中。一个上午专注一小张画，足见其作画的严谨态度。回想起来，他的这种一丝不苟、精益求精的精神，着实令人肃然起敬。

礼逸老师只教了我们4个学期，我们都舍不得他。他那诲人不倦、循循善诱的教学方法，为人忠厚、谦和有礼的君子风度令人难忘。同学纷纷求他写字留念，我也向他求得一幅书法。礼逸老师为我写了毛泽东的《七律·长征》条幅（图5）。我结婚时，新房里就悬挂着这幅书法作品，还有就是潘老缪篆毛泽东主席《沁园春·雪》条幅。

到了1962年秋天，我毕业应征入伍，相继通过了陆军和海军体检。征兵的解放军同志高兴地拍着我的肩膀说："回去等待入伍通知。"我高兴地跑到龚礼逸老师家，把这一消息告诉

图5　龚礼逸赠施宝霖书法

他，并拿出随身携带的一柄折扇，请他为我绘画写字，我带去部队作为纪念，这样见扇如见师！他立即为我画了这柄扇，一面是山水画，另一面是书写毛主席诗词（图6、图7）。可惜不知何因，我始终未能拿到入伍通知（多年后才知道是所谓政审不过关），就留校当辅导员了。但这柄扇面我一直装裱珍藏着，视如珍宝。

礼逸老师在课堂上曾说："练书画的人会长寿的。"他举例："唐颜真卿（709—785），享年76岁；明文征明（1470—1559），享年89岁；明董其昌（1555—1636），享年81岁……原因是练书画的人

图6　龚礼逸为施宝霖画扇面

图7　龚礼逸为施宝霖书扇面

心静气顺,运笔犹如练气功,心正笔正,久久为功,气脉通畅啊,所以长寿。"我说:"礼逸老师您也会长寿的,您的眉毛不就是寿眉嘛!"礼逸老师笑而不语。可惜生死无常,1965年3月的一天,我接到礼逸老师病逝噩耗,犹如晴天霹雳。我赶紧跑到龚府,为他送别,他的遗体在东门地藏寺火化。我泪流满面,心中一直在想,我再也见不到他和蔼可亲的面容了,再也听不到他带鼻音的话音了,再也得不到他的谆谆教诲了。我一直不愿相信老师去世的事实,他曾相信自己能活到耄耋之年呀。唯愿老师一路走好,在天国生活愉快!

　　龚老师生前为人谦和,从不张扬,洁身自好,但是他的书画艺术成就并没有被淹没。20世纪50年代中期,他的书法作品同我国许多著名书法家的作品曾一起选送到日本展出,并获奖而誉满东瀛。

　　为了纪念龚礼逸先生逝世28周年,由福建省文史研究馆、福

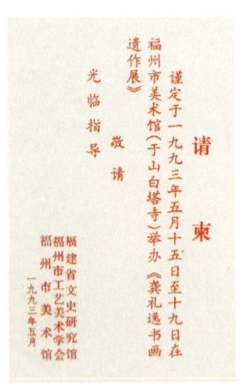

图8 龚礼逸书画遗作展请柬

图9 施宝霖(左)与王孝莹(中)、龚世润(右)摄于龚礼逸书画遗作展

州市工艺美术学会和福州市美术馆联合举办的龚礼逸书画遗作展,于1993年5月15—19日在福州市美术馆(于山白塔寺)开幕。其作品大部分由家属及学生们提供。开幕那天早晨,年届九十的王孝莹师母,在大师姐龚世润的陪同下参观展览(图8、图9)。我全场陪在师母身边。师母一边参观一边感叹:"礼逸走得太早了!"我安慰她老人家说:"我们会努力学习书画艺术,把礼逸老师所教的技艺发扬光大,创作出更多更好的作品,这算是对礼逸老师最好的纪念啊!"

潘主兰老师参观完展览曾赋诗一首:

一门风雅老逢辰,
自是潘琪史馆珍。
可念郑虔人已住,
精神所写墨犹新。

这首诗是潘老对亡友的怀念与高度评价,把礼逸老师比作唐代诗书画三绝的郑虔,"一门风雅老逢辰"指礼逸老师、孝莹师母、世润师姐三人,均为福建省文史研究馆馆员,且都精通诗书画。"一门三馆员",这也是世上罕见的书香之家。

时任福州市文联副主席、市书画研究院院长的林公武先生曾撰文,对龚礼逸老师的书画艺术进行较全面的评价:"龚礼逸的书法由帖入碑，主帖求变，集碑帖于一体。早年从临摹祖父的墨宝入手，继而上溯唐李北海《麓山寺碑》，转而专攻魏碑，后深受'右军如龙，北海如象'的启迪，乃潜心追'二王'，驰神骋思，深得三昧，入而能出，独具面目。有人往往将龚的书法划入'二王'贴学圈子，殊失其当，细品龚的书法，在形态、法度方面，可谓精微整肃，奇正有致，一笔一画都有讲究，独运匠心，与'二王'、虞永兴、褚河南相近。而运笔、结构方面，却多参入魏碑意趣韵味，尤显遒劲浑厚，纵横疏通，深得北魏《刁遵墓志铭》之奥旨。因此，其书法规矩备具而不凝滞，变化自然亦不背法度。龚礼逸学书不重临摹，更贵实践，尝长年不怠，手抄《陆剑南绝句》《陈后山诗钞》等，积成厚迭，从中悟变，融个性于习书。"

"龚礼逸书法造诣深湛，在闽堪与历史上的蔡襄、张瑞图、黄道周、伊秉绶、黄慎、郑孝胥及当代沈觐寿、潘主兰等书法大家同列。在国内可与已故沈尹默、邓散木、白蕉、高二适等著名的帖学书家齐肩。"

"龚礼逸书名远播，画名曾为书名所掩。其实他的山水画传统功底十分深厚。其披麻皴法宋元之名家，尤崇吴仲圭。用笔燥湿浑渗，设色淡雅，点染勾勒一丝不苟，画境恬静，画风高洁，给人以清新典雅之感。20世纪60年代初，为了表现火热闽北林区建设景色，曾数次深入闽北森林区体验生活并写生，补中国画传统技法中表现现实生活景色之不足。如传统山水画技法中无杉木表现蓝本，他通过写生创造杉树画法。大中堂《林区放木图》公开展出后就受到好评（图10），这样的创新精神，对于几十年习惯传统画法的人来说尤为难能可贵。从礼逸山水画代表作《五叠泉》《山居》等，可窥见山水功力，得于书法不鲜。"①

怀念龚礼逸老师，必然也会怀念师母王孝莹。王孝莹师母（1903年1月—2007年3月），福州人，字倩石，系清光绪三年（1877年）状元王仁堪之侄女，毕业福州女子师范学校，福建省美术家协会会员、福建省文史研究馆馆员。

王孝莹师母出身书香世家，为人极其善良，郭德森夫人曾对

---

① 以上摘自《福建史志》1994年第1期《霸枫自有枝头色》。

图10 龚礼逸画《林区放木图》

我说:"王孝莹是个慈善人,我家曾与她在北门(三山旧馆)是邻居。新中国成立前每年赊米节那天,她门前总是早早排着长队,她出来把米一一赊施给穷人,年年如此,直至1949年止。"

1967年夏的一天,我同陈锡铭同学一起到法海路她家去问安。我们目的是看看她老人家情况如何,想安慰问候她老人家,并想问一些情况。一进门她老人家见我们来非常高兴,又是端茶又是拿椅子叫我俩坐下。她第一句话就是:"你的老师走得太早了,去年破'四旧',红卫兵把家里的藏书抄了,拿到马路上焚烧了。这一批书恰好是他祖父大通楼藏中最精华部分。大通楼藏书除5万被日寇掠夺去了,还有5万卷捐给省图书馆外,剩下的一批孤本善本被你老师精选出,原本欲献给国家图书馆。在三年困难时期,他舍不得卖掉换米填肚子,宁可饿着肚子,可是……"她老人家说不下去了。我安慰她说:"全国各地都如此,也是没有办法躲过的,您老人家要保重身体!"在我俩将告辞时,她说:"你们等等。"她转进屋,拿了几支毛笔对锡铭说:"听你老师说,你字写得好,这是你老师的'手尾'送给你留作纪念!"说着转身又从屋子拿了一个木笔筒送给我(图11)。"这是你老师祖上留下的东西,你老师曾用的,送给你作纪念吧!"我俩一再道谢,她一直送到门口说:"欢迎你们有空常来坐坐。"

后来,孝莹师母搬到省立医院宿舍,与大女儿世润师姐、女婿魏医生住在一起。20世纪90年代中期,一年秋天,突然世润师姐来电叫我到她家里,说有事嘱托我。我立即到省立医院宿舍魏家,只见师姐正在整理东西,好像要出远门似的。她见我来就说:"宝霖弟,今天叫你来有一件事拜托你,我要去新西兰陪我的孙子(移民),我妈要住到我妹妹家浦下新村60幢401室。希望你今后有空多去看看我妈,好吗?"我说:"师姐,你尽管放心,我一定会经常去问候师母她老人家的。作为礼逸老师的学生、晚辈,应当的。"师母一直在旁边听我们说话,她老人家身体很健朗,耳朵也不背。(今天才知道世润师姐1991年10月初被聘为福建省文史研究馆馆员。)接着,师姐把一张礼逸老师所画的《武夷山水图册页》和一块墨床,送给我做纪念(图12)。我说:"这是礼逸老师佳作,此礼太重了,我一定好好珍藏。"接着,师母又拿出一把

图11 龚礼逸曾用的黄花梨笔筒

图 12　龚礼逸画《武夷山色图》（渴笔法）

扇面送给我做纪念。扇的一面是她画的墨梅图，画面充满雅逸气韵，满纸生香；另一面是她书写的龚礼逸老师的诗：

> 半幅流传北苑山，
> 苍茫画境尚人间。
> 寻踪俨向湖西路，
> 亭角桥头第几湾。
> 湖堂凭眺更虚明，
> 一过湖桥便有情。
> 我自淡妆爱西子，
> 两三株柳月初生。
> 水天一碧接平芜，
> 老笔终嫌墨太枯。
> 畦町超然唯尔最，
> 那能清境未留图。
> 墨章水晕见精神，
> 烟柳风荷色色新。
> 为恐多皴损标格，
> 一时景物付何人。

右礼逸先生旧作《苑在堂画集讨论心得摘抄》,宝麟(霖)同学留念。甲寅年夏日,王孝莹并识。

扇面书法绢秀中带着遒劲,婀娜妩媚,足见王师母书法功底之深厚,料谁也看不出这幅字会出自古稀老妪之手,这是师母给我唯一的手迹(图13、图14),多么珍贵啊!

图13　王孝莹画赠施宝霖《梅花图》扇面

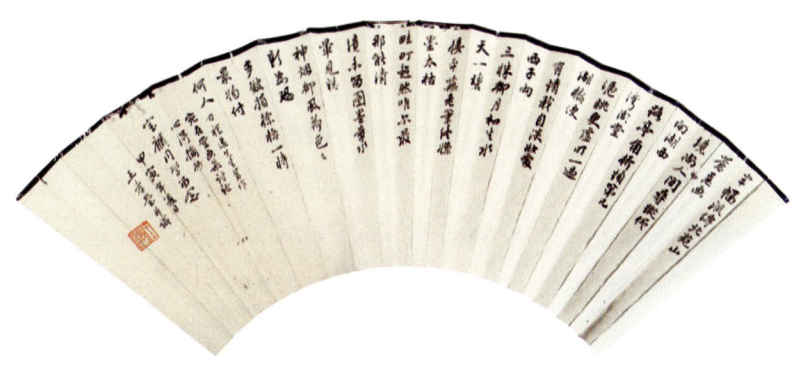

图14　王孝莹赠施宝霖书法扇面

孝莹师母跟我说:"你师姐世润生于1926年,福建师范大学中文系本科毕业,在福州八中任语文教员,已退休,是福建省书法家协会会员。1991年10月,被聘为福建省文史研究馆馆员。她现在要去新西兰了,她怕我以后寂寞,所以请你来,希望你要经常来看看我……这张扇面是在1974年时写的,本来早就想送给你了,后遗忘在箱底,今天才找出来送给你做纪念。"我说:"谢谢师母!我过去只在画展上见过您老人家画恽南田风格的没骨花卉画,还没见过您老的书法,真棒。"我想师母也许是受礼逸老师的影响吧,书法才如此精妙。

由于受世润师姐之托,我去看望师母的次数更频繁了。此后每逢中秋节、春节,我必去向师母问安。从师母的言谈中,我慢慢地了解了关于礼逸老师过去的经历。他的父亲桢义公,是易图公最小的儿子,在龚家是尾房。虽然赴法留学,获法学博士,但是他回国后命运多舛,尚未施展才华就因故而精神失常,闲居在家,不久后病逝了。所以礼逸先生从小经济困厄,全靠家学。礼逸老师书法从小受教于祖父蔼仁公,国画受教于龚永步和龚玉丹,诗文拜畅庵为师。20世纪40年代,他曾赴上海与李拔可、沈尹默、沈迈士(表亲)过从,研讨碑帖书画。他喜欢图书,也是受祖父蔼仁公的影响。抗战后,他朝夕盘桓于大通楼尚存的5万多册藏书中,研究版本,辨认真伪,也算是版本学专家了,撰有《大通楼藏书目录》等著作。哎,正如师母之悲叹,老师走得太早啊!

我每次去看望孝莹师母,总见她伏案抄写诗稿。她耄耋之年尚能作蝇头小楷,或是作没骨设色花卉,着实令人敬佩。她身体虽清癯但尚健朗,一见到我来就放下毛笔,不是问我家庭工作情况,就是小孩学习情况,对我关怀备至。在我印象中她犹如一位十分慈祥儒雅的祖母,这一形象也在我脑海中留下了深刻的烙印。

2003年10月4日,王孝莹师母100岁寿宴在旗汛口东方大酒店举办。我接到邀请,特地带上小女施冰一起去祝寿,并摄影。世润大师姐特地从新西兰赶回来为其母亲祝寿。我和大师姐世润、二师姐韵顾与师母合影留念(图15)。

图15 王孝莹百岁寿宴合影(左起:龚世润、王孝莹、施宝霖、龚韵顾)

孝莹师母晚年开始信教,每逢周日她就去教堂做礼拜,她说主要是解解闷而已。我说:"您老人家出去一定要有人陪着,不然我们都不放心呀!"

2007年春节,我去给师母拜年,见她正斜靠在床上,又一次深情地叹惜:"你老师走得太早啊!"我也只能安慰她说:"生死本是大自然的规律,是无法抗拒的,您老人家也不要想得太多。"但不管我怎么劝慰,我的话都显得苍白无力啊!

2007年3月14日,我突然接到二师姐夫魏永鑫先生的电话,告诉我师母在当天早晨仙逝。我听到噩耗忙赶去魏府,瞻仰孝莹师母遗容。她像小孩一样(身材缩小)安然入睡,师母是无疾而终的。听二师姐韵颀说,师母比较爱干净,四天前还能自己下楼去理发,但后来就不吃东西,身体慢慢衰竭了。师兄龚敷智(80岁)也专程从无锡赶了回来。

3月15日,王孝莹师母追悼会在殡仪馆举行。福建省文史研究馆领导致悼词,高度评价王孝莹师母的为人,以及杰出的诗书画艺术成就,并指出她为福建文史事业所做的贡献。

王孝莹师母享年104岁,可谓人瑞啊!

# 奇遇国画大师——怀念李可染先生

李可染(1907年3月26日—1989年12月5日),原名李永顺,别号三企,江苏徐州人。中央美术学院教授、中国美术家协会副主席、中国画研究院院长,中国当代杰出的国画大师。

1959年,我考入福州工艺美术专科学校,读书期间,我看到《美术》杂志上、报刊上刊载了李可染先生的山水画作品,感到很新奇,这是我第一次看到李可染先生国画作品的感受。平时我学的是传统山水画基础课,而李先生的山水画笔墨酣畅淋漓,作品的风格与我在课堂上学到的截然不同。在课余时间,高我一届的同学都在谈论李先生的山水画,说他的画具有"满"和"黑"的特点,"满"指的是构图上要顶天立地,很少留有空间;"黑"指的是用水墨写生,以墨为主,形似"浓墨"。当时我刚入学校不久,正在学习山水画基础课,对此不敢多做评论。后来我读了许多书籍,随着学习的不断深入,知识学养也逐渐积累了起来,这时候才对李可染的画作有了更加深刻的认识。1954年李可染先生先后到江南之苏杭、太湖、富春江、黄山等地写生,完成写生后又与张仃、罗铭在北京北海公园内举办三人联合画展,这一事件轰动一时,给中国画坛带来了深远的影响,以至于几十年后仍有不少人提及此事。1956年,他再次南下赴绍兴、杭州、天台、雁荡山、巫山、重庆、万县、成都、峨眉山等地写生,创作了二百多幅画,回到北京后再次举办画作观摩展览会,又一次轰动了整个画坛。两件事都给我留下了深刻的印象,让我对他有了新的认识。

1959年,李可染先生赴广西、桂林等地写生,返京后举办了《江山如此多娇——李可染水墨写生画展》,随后又在天津、上海、南京、武汉、广州、重庆和西安等地巡回展出,对中国画坛的影响广泛而深远。李可染先生的山水画作将传统技法与现实景物描摹相结合,画风清新,充满意趣,给人以稳健之感,他的画风与充满文人兴趣的模式化的传统山水画空灵逸宕的风格大有区别,开启了中国现代山水画创作的新时代。特别是北京人民美术出版社出版了《可染水墨山水画集》后,他画作的影响力更大了。我们学校也购得一本,同学们争相借阅,我偶尔也借过来翻阅,常常对它爱不释手。毕业后我被分配到工厂工作,工厂资料室里有《可染水墨山水画集》这部书,我常利用休息与假日时间来翻阅,并对其中的作品进行临摹。我临摹了《黄山清凉台图》《鱼米之乡图》《蜀道图》《杜甫草堂图》《乐山大佛图》等二十几幅画,从中学得了不少画作技法,也得到了一些乐趣(图1、图2、图3、图4)。

我不是专业画家,只是业余爱好者,喜欢画山水、雕山水,更

图1 施宝霖临李可染《乐山大佛图》

图2 施宝霖临李可染《杜甫草堂图》

图3 施宝霖临李可染《巫山百步天梯图》

图4　施宝霖临李可染《杏花春雨江南图》

喜欢读古诗中的山水诗。我喜欢曹操《观沧海》那气吞山河、胸怀宇宙般的壮美,喜欢李白《送孟浩然之广陵》描写的长江浩渺的美,觉得王禹偁《村行》有种空灵逸宕之美,柳宗元的《江雪》简直就是一幅优美的冬季山水画。阅读山水古诗词可以陶冶人的心性,给人美的享受,我喜爱陶渊明的"少无适俗韵,性本爱丘山",也喜爱李白的"五岳寻仙不辞远,一生好入名山游"。古人云"读万卷书,行万里路",这话真是智慧的结晶,我喜欢读山水诗,更喜欢到大自然中去赏玩,写生山水。尽管囊中羞涩,但我游赏山水的兴致有增无减,数十年来先后到过武夷山、黄山、雁荡山、太姥山、庐山、嵩山、长城,游览过三峡、桂林、漓江、西湖,后来还游览苏州、神农架、兰亭、二郎山、大渡河、娄山关、井冈山等地,凡到之处皆有写生,这些经历为我日后创作山水画奠定了基础,积累创作的素材。我嗜好山水画,闲时动笔画山水,因为山水画可以打破时空界限,让人足不出户便可遍赏祖国壮丽山河,让人暂时远离喧嚣的城市,勾起少年时在家乡赏山间明月、沐江上清风的美好回忆,不知不觉间有种从"樊笼"里复得返自然的莫大欢欣。

图5 《荣宝斋画谱》

当代中国画坛上山水画名家很多,如黄宾虹、傅抱石、贺天健、钱松嵒、宋文治、关山月、黎雄才、石鲁、李可染等,众多画家中我唯独喜爱李可染先生的,购买了他的许多画册来研读(图5、图6、图7、图8)。

图6 《李可染画集》

20世纪70年代末期,从中央美术学院毕业后回到福建,在厦门工艺美术学院任教的蔡清枝先生有一天来到雕刻厂找他的校友孙锡麟,刚好我也在旁边,他与孙锡麟谈起了"文革"期间中央美术学院的一些旧事。清枝说他出身好、人缘好,就被安排去看管"牛棚","牛棚"中关着所谓的"反动学术权威",其中就有叶浅予、李可染等老师。他平时就十分敬重这些老教授,所以和他们相处得很融洽,他们也十分信赖清枝兄,有时会请他帮忙向家属传递书信。李可染先生是忠厚的长者,他的妻子邹佩珠也是中央美术学院教雕塑的老师,听说要经过邹老师的许可才能见到李先生。从清枝兄的谈话中,我第一次得知了李可染先生的一些真实情况,这些信息对我来说十分重要。

图7 《李可染画辑》

图8 《中国当代美术家——李可染》

越翻阅李可染先生的画册就越敬佩他,梦想着有朝一日能到北京见他一面,向他当面请教画山水知识该是件多好的事啊!我很羡慕李可染先生的学生张凭、张步、黄润华等,觉得他们能得到李先生亲自传授山水画的技艺真是很幸运的,他们不成名成家才怪呢!

1977年春天,终于有了一次去北京的机会,这是我平生第一次去北京。厂里的领导让我陪包副厂长护送寿山石雕《长征组雕》到北京去,把它移交给中国军事博物馆。出发前,我为黄胄老师准备了见面礼物,也为李可染先生准备了一件水洞黄高山石雕薄意山水作品。

3月12日到达北京,办完交接手续后,我立即赶往三里河南沙沟去拜访黄胄老师,并向他打听李可染先生的家庭住址,他说不清楚具体的住址。当天晚上,我拿着郑乃珖老师的介绍信到芝麻胡同拜访许麟庐先生,听说他开和平画店时与全国许多著名画家相识,兴许从他那里能打听到李先生的情况。许老师是个豪放的人,说话很率真,他见我是郑老师介绍来的,十分热情地接待了我。我送给他两枚印章,作为回报他给我画了画。我向他打听李可染先生的住址,他说好久没有联系了,听说搬到乡下去住了。我觉得李可染先生就住在北京,会有人知道他现在的住址,只是我没有碰到而已。

3月16日,我到花园村华侨公寓去拜访吴作人院长。去年他曾与萧淑芳老师一起到福建写生,来福州时还参观了我们工厂,从那时起我便结识了他,他和蔼可亲是位可敬的长者。本以为同在一个单位工作,他应该知道李可染先生的住址,将要离开时,我向吴院长打听李先生的住址,他说:"我们北京画家平时互相不串门的,听说为了避地震他搬到乡下去住了,我也不知他现在住在哪里。"此时,我的心一下子凉了半截,心想难道这次北京之行见不到李可染先生了。虽然如此,但我心里还是抱有一线希望的。

3月20日上午,我到黄胄老师家向他拜别,因为明天一早就要乘飞机回福州了。梁老师想请我为他刻两个砚铭,此时有两位年轻人也来拜访他,从谈话中不难得知他们和梁老师很熟悉。其中一位年轻人对梁老师说:"梁老师,你不能一天到晚待在家里,这对您的身体不好,你应当像李可染先生那样,天天早上在香山卧佛寺植物园那里散步锻炼身体。"听到香山植物园时,我心中暗喜,觉得李可染先生可能就住在香山植物园附近,有这个目标找他就容易了。时近中午,我告别梁老师后就买了公交车票直奔香山去了。我在卧佛寺植物园站下了车,向摆地摊的小贩打听李可染先生的事。这时有位中年妇女指着佛寺溪边的道路说:"你沿着这条溪边小路往前走,到里面的一个小村落打听一下,好像有位从北京来的画家住在那里。"我顺着那位妇女指的方向向前走,前面确实有个小村落,在村口向另一位中年妇女打听李先生的情况,她回答说:"前段时间是有一位名叫张仃的画家住在这里,现在他回到北京去了。"我的心一下子又凉了半截,觉得不可能找到他了。我回到卧佛寺门口,心想卧佛寺是香山地区的一处名胜古迹,既然都到门口了,为什么不进去礼佛呢?于是,我就进去看了看。卧佛寺原名"兜率寺",创建于唐代,寺内有一尊卧佛,长50多米,作侧卧式,旁边有12尊塑像,是他的12位弟子,据传这尊卧佛讲述的是释迦牟尼圆寂前向弟子交代后事的情景。据《元史》记载,这尊铜佛铸成于至治元年(1321年),至今已有690多年的历史。我双手合十向佛像行三鞠躬礼。尽管这儿环境十分清幽优美,但我无心欣赏,只想尽快找到李可染先生。于是,我到香山派出所向民警询问这里有没有住着一位从北京来的大画家,他的回答也令人大失所望。已经是下午两点半了,我感觉肚子很饿,才想起来还没有吃饭。我到车站食堂里买了一碗面吃,然后继续往香山碧云寺方向走去。为了节省时间,我抄近路从收割过的田地里穿了过去,一直走到了香山脚下的一个村落。几番打听后,住在街北边的一位老年妇女告诉我:"曾经有个姓李的老画家和他的爱人想租我的房子,我没有答应他们,他们就搬到前街去了。"我又拐到前街,一连打听了好几个人,他们都说没见过这个人,这时我真的有点失望了。这时,一位干部模样打扮的少妇正在大树下的水井边挑水,我就上去问她,她告诉我说有个姓李的画家搬到东宫口去住了,还说她与那个画家的儿媳是一个单位的。终于有点线索了,我一听便高兴了起来,连忙向她道谢。

本以为东宫就是东公园口,几经打听后才知道东宫口就在卧佛寺与香山车站交叉口,东宫口是原来的地名。转了一大圈后又回到了原点,我感觉到李先生就住在附近,与他的距离越来越近了。这时一位60多岁的老太太正推着婴儿车吃力地往坡上走,我一边帮她推车一边向她打听李先生的下落,她用手指着离这儿五六米处说:"他就住在前面那个院子里,平时有很多从城里来的人找他,不知道他叫什么名字,只知道别人都叫他画家,你从石阶走上去就能到那里。"听完她的话后,我很激动,没来得及说声谢谢就三步并两步走去了。登上几级台阶后,我看见一个庭院,院子很静,没见着人影,有几个屋门是锁着的。我踮着脚朝窗口望了望,看看里面有没有挂着书画作品。透过窗口我看到一间房子里挂着一副眼熟的《山水中堂》画,屋子中间坐着一位老先生,他正在同两位青年交谈。我心想这回总算把您给找到了,却不知道怎样才能走进去。我在院子里转了大半圈,在院子后面发现了一道门,走上前去敲敲门,出来开门的是位老太太。我对她说:"请恕我冒昧,请问李可染先生住在这里吗?"她说:"是的。"这时,我想起了蔡清枝兄曾说过"想见李先生就要先过邹佩珠老师这一关"的事,就想好好把握一下机会,接着就问:"您是邹佩珠老师吗?"她睁大眼睛很惊讶地答道:"是的。"我说:"可总算找到了。"接着,我介绍了自己并出示工作证给她看。邹老师把我领到客厅,让我坐在沙发上,给我泡了茶喝。我从提包里拿出早就准备好的水洞黄高山石薄意山水作品递给李可染先生说:"这是我送给您的小礼物,不知道您喜不喜欢。"他看了一下放在桌子上说:"你拿回去。"我说:"别客气。"我又拿出一张4尺4开的宣纸说:"李先生,我从小就很喜欢您的山水画,很崇拜您,今天特地从福州赶来拜访您,因为不知道您的住址,费了很大劲才找到您,请赐几笔山水做个纪念。"他说:"最近血压有点高,很少动笔了,一张山水画要画好几天的时间,就是《春雨漓江图》那样的画(图9)也要三天时间才能画好。"我无语了,以为求画没有希望了。他接着说:"不过宝霖你真聪明,没有我的地址也能找到我,冲着这点我也要画一张画送给你,画个牛吧。"他从我手中接过宣纸往里去了,邹老师叫我跟着去看看,这时李先生摆手示意我停下来。等待的间隙,

图9 李可染画《春雨漓江图》

我同邹老师谈起了刚才寻找他们的经历,并告诉她说:"寿石山雕的雕刻方法和泥塑雕刻不一样,泥塑用的是加减法,可增可减,寿山石雕用的是减法,只能像减法一刀一刀雕去多余石头,况且寿山石色彩斑斓,雕刻时还要注意色变……"邹老师说她也是搞雕塑专业的,两年前因身体不好就不做了,对这方面的知识有所了解。接着邹老师告诉我下一次再来北京时可到城里找他们,就把家庭住址告诉了我,我把地址记在了笔记本上。这时,李先生从屋里走出来,问我要不要写上名字。我说:"把名字写上才有纪念意义呀。"不一会儿,李先生拿着水墨未干的《牧童牛图》(图10)

图10　李可染画赠施宝霖《牧童牛图》

走了出来，把它和那块高山石薄意山水作品一同交给了我。我赶紧把那块石雕送回去并说："送出去怎么能收回，我不能做失信的事，如果你们不喜欢，把它送给别人或扔掉都可以。"这时我把石雕交给邹老师，她拿在手里把玩，看来她很喜欢。我把墨迹未干的画放在沙发边上，李先生说这种宣纸画牛效果很好，就问我这种宣纸是在哪里买的。我告诉他是在重庆解放牌附近文具店里买的四川皮宣，他又说现在能不能买到漳州魏家丽华斋的"八宝印泥"，他的画用漳州八宝印泥很协调。我说："可以买到，我回去后买些给您寄点。"遗憾的是我当时没有带照相机，没能与李可染先生合影留念。临走时我说："欢迎到福州来，到我们工厂参观，我们单位是对外开放的，中央首长及外宾来福州时，都会到我们工厂参观！去年，吴作人院长和萧淑芳老师也到我们厂参观过。"时间不早了，我起身向李先生道谢，然后就离开了，邹老师把我送到门口。现在想来这一程真是一次难忘的奇遇。我想起小时候妈妈经常教导说："淋淋（我的小名），出门办事要做到'三心三勤'，'三心'就是'诚心、决心和热心'，'三勤'就是'脚勤、口勤和脑勤'。"今天能奇遇李可染先生，正是这"三心三勤"的教导发挥了功效，真的很感谢妈妈！

我回到福州后就到市美术服务部买了"八宝印泥"，及时给邹老师邮寄了过去，等了好久也没有收到他们回信，不知道李先生收到东西没有。后来我托郑乃珖老师给李可染先生带去一对桃花冻高山石章刻成的吕洞宾骑马和汉钟离骑牛印钮，他让韩天衡给他刻了两枚印章，印章上刻"所要者魂，可贵者胆"几个字。不久，万青力兄来信说李可染先生为我写了《实者慧》书法并托他送给我，他又托一位学生把东西寄给我，问我收到没有。我回信说没有收到李先生的书法。也不知道谁把这幅书法弄丢了，真是可惜！

1979年11月10日中午，我到了中央美术学院，这是第一次来这个学校，想看看中国最高美术学府到底是什么样子。我去找了万青力兄，他当时在李可染山水画研究生班当班长。这个班一共只有五个人，姜宝林来自浙江，徐义生来自西安，万青力、龙瑞和王镛三人都是北京本地人，这是青力兄告诉我的。我到班上的时候，看到徐义生在画画，他的山水画画得不错，还有几人在看书，只有王镛一个人在埋头刻印。我觉得有点奇怪，这儿是跟李可染先生学绘画的地方，他怎么在学刻印呢？我想不明白，于是就去问他："人家都在画画，你为什么在学篆刻呢？"他回答说："中央美术学院将来要开书法篆刻课，缺少书法篆刻老师，我毕业后想留校当个老师。"原来如此。我于是拿出一枚我打算刻印的印章请他刻"石知己"一印，我答应，给五个人各刻名字印一枚。本来这天晚上我要请青力兄吃饭的，巧的是他的朋友李小可也来找他，万青力兄便提出请我们几人吃饭。他在江苏菜馆请我们吃涮羊肉。他在饭桌上对我说："再过几年，在座各位（除我外）应该会是中国画坛的出色画家、领军人物。"后来，龙瑞成了中国书画研究院院长；徐义生回西安发展了；姜宝林继续搞山水画创作，只是风格与李可染先生大相径庭；王镛在中国艺术研究院工作，他的篆刻山水作品属于奔放风格的；李小可是北京画院的专业画家，又兼任黄山画院院长；万青力兄通过我联系上了黄胄老师，被分配到中国画研究院工作，不想再回到北京画院工作了，后来他去国外了，从此，我们便失去了联系（图11）。

1983年7月12日下午，我受邀参加雕刻厂与故宫博物院在皇极殿联合举办的"寿山石展览"，特地赶到李可染先生家去送请柬。小可兄开的门，他把我带到了李先生画室，邹佩珠老师刚好也在，我向她问好并说了送请柬的事。她比以前胖了一些，李先生在午休，不方便打扰他，又因为还要去别处送请柬，我就告辞

图11 李可染为山水画研究生班学生讲课（右下角戴眼镜者为班长万青力）

图12 施宝霖与邹佩珠合影　　图13 施宝霖与邹佩珠合影于炎黄艺术馆开馆庆典节

了。后来,不知道什么原因,李可染老师没有来看展览,此后我便和他断了联系,再也没有见过他。

1989年12月的一天,我从光明日报上看到了李可染先生逝世的噩耗。报纸上说他于1989年12月5日因突发心脏病医治无效而逝世,当时他正在画室与记者交谈。看到消息后,我惊呆了,觉得心中的又一个偶像离开了。我立即给邹佩珠老师发去唁电,对李先生的逝世表示沉痛哀悼!

1991年11月28日上午,我参加了炎黄艺术馆开馆庆典活动,在来宾接待签到处见到了邹佩珠老师,她是和萧淑芳老师一起来参加庆典的。我向她们问好,和她们一起参观了位于一楼展厅中央的李可染先生的遗作,这儿共展出山水画36幅、书法条幅10幅。参观完毕后,我与邹老师合影留念(图12、图13),然后就各自道别。这是我最后一次见邹佩珠老师,后来再也没有见到过她。

后来,我买了李可染先生的许多画册。我常常翻阅这些书册(图14、图15),每次研读都有新的收获。我极力赞成他的艺术创作主张——"以最大的功夫打进去,以最大的勇气打出来",也就是吸收传统技法并加以大胆创新。李可染先生不愧为山水画方面的一代宗师,把我国山水画创作推向了又一高峰。我尤其喜欢他二十世纪五六十年代创作的山水画,画中既运用了传统笔墨技法又加上了他独创的笔墨技法,其中"光"的运用独具特色,突破了传统山水画的技法。在画作中,他把"光和墨"运用得出神入化,两者相辅相成,浑然一体,又变幻莫测,让人觉得妙不可言。我觉得他不只是个画家,简直是个"画神"!

图14 《李可染》

图15 《鉴识李可染》

# 书画印全才 收藏界大家
## ——怀念钱君匋先生

钱君匋先生(1907—1998年),浙江省桐乡市屠甸镇人(祖籍海宁),原名玉堂,学名锦堂,字君匋,号豫堂,斋名无倦苦斋、抱华精舍等。曾任西泠印社副社长、上海文艺出版社编审、上海市政协委员、君匋艺术院院长、华东师范大学艺术教育系教授等职。作品有《长征印谱》《鲁迅笔名印集》《钱君匋刻长跋巨印选》《钱君匋印存》《钱君匋书籍装帧艺术选》等数十种(图1)。

初闻钱君匋先生大名,是我1960年在福州工艺美术学校学习时期,潘主兰老师编写了一部名叫《近现代印人传》的书,收录了全国各地知名篆刻家的印蜕与边款拓片,钱君匋先生的作品也名列其中。有一天,潘老师把这些篆刻家的印蜕与边款拓片拿给我看,问我有什么看法。我对比一番后毫不犹豫地说:"除钱君匋先生外,这些名家的篆刻与边款技艺都不及陈子奋老师和您。"潘老师听完我的发言,不置可否,一笑了之。但我觉得钱君匋先生所刻草书与隶书边款特别漂亮精致,别具风格,给我留下了很深的印象。

后来,我从报刊上多次看到钱君匋先生的篆刻作品及生平介绍,才知道他的启蒙老师是孙增禄和徐容两位前辈,后来又受益于丰子恺、刘质平、吴梦非三先生,而且还是鲁迅、弘一、马一浮多位先生的学生。1925年,在上海艺术师范学校读书期间,得到了吕凤子先生的提携。二十世纪三四十年代,钱君匋为鲁迅、茅盾、郭沫若、叶圣陶、巴金、郁达夫等著名作家的著作设计

图1 钱君匋60岁留影

封面，在出版界有"钱封面"之誉，他的装帧艺术之精美高超由此可见一斑。此外，他还是一位集诗文、书法、绘画、装帧、音乐和篆刻众多技艺于一身的艺术大家，在我心中他的形象一天天高大起来，他的篆刻艺术更是给我留下了深刻的印象，成为我崇拜的偶像。

1962年7月，钱君匋先生的《长征印谱》由上海人民出版社出版发行，我校图书室收藏了这本书，我常常借来阅读。书中展示的印谱各具特色："宜章"之朴茂，"道州"之劲削，"金沙江"之曼妙，"清水江"之流丽，"黎平"之朴厚，"茅台"之平正，"西昌"之古朴，"泸定"之大方，"草地"之精妙，这些印谱给我留下了不可磨灭的印象，我把他们一一钩摹下来，经常拿来参阅。钱先生的篆刻富有装饰美，在篆刻界他成了我崇拜的偶像之一，我梦想着有朝一日能当面向他求教，这该是多好的事啊！

20世纪70年代初期，我在梁桂元兄家发现一枚钱君匋先生为他刻的"江南风光"白文闲章，我钤拓下来，顺便向他打听钱先生的联系地址。他给了我一张纸条，上面写着钱先生的联系地址。过了一段时间后，我试着给钱先生写了封信，在信里面我进行了自我介绍，并说我是福州雕刻厂从事寿山石雕工作的，对先生的篆刻艺术很是仰慕，想在这方面得到指导，如果先生需要寿山石章，我很乐意提供，等等。信写好后我考虑再三，总觉得钱先生是全国著名篆刻大家，这样做是不是有点冒昧呢？最后，我还是决定把信寄出去，权当碰碰运气。想不到，我与钱先生有缘啊！没有想到的是他竟然给我这位素昧平生的毛头小伙子回信了，并愿意以朋友身份与我交往，信中还嘱我物色一些寿山石印材（图2）。

1974年国庆节前，刘敬扬兄说起他的一位熟人林维先在上海工作，还说他节后要返回上海，问我有没有什么物品要带到上海去。刚好，我把钱先生要的一些寿山石章准备好了，还打算请他刻"井冈山纪胜"和"宝霖"两枚印章。我写好了信，信里装有10枚高山石章，还有几枚印蜕，想请钱先生帮忙指正，正不知怎样把这些东西送到上海呢！于是，趁此机会，我就把这些东西托林维先兄给钱先生带了过去。

过了不久，我就收到了钱先生的回信，信中写道："宝霖同

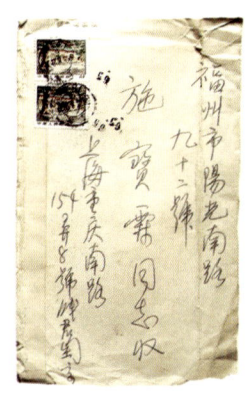

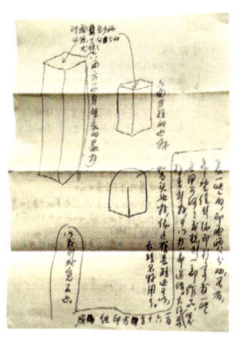

图2　钱君匋致施宝霖信札

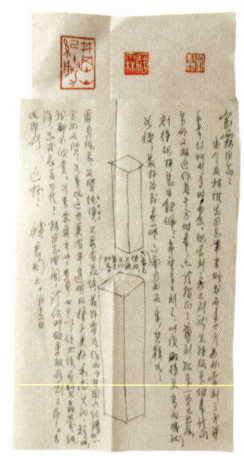

图3　钱君匋致施宝霖信札

志,由令友林维先同志带来赠给我的石章十方,另外索刻三方并手书,均收到多时,勿念。现索刻三方已刻就,先将拓本附奉请正。另外又拓近作若干方附奉,亦请指正。尊刻拓本一页已见及,刻得很好,甚为钦佩! 希望多多刻之,以便取得更高的成就! 如便,最好为我弄一些六面方的石章,其样(如图)(只要毛坯的,上海可以自己加工)。身体长,石质纯净,不要有花纹,最好要如你的'井冈山纪胜'一方的石质,如果比这方更有半透明的样子更好。和尚头的、短的,我都不欣赏。如果需要出些费用也可以,但必须石质晶莹、纯净,品式长者为佳。林同志回闽时,请你叫他来取所刻三印。专此,即颂,近好! 钱君匋上,十月十二日。"(图3)

收信后我很高兴,从他直白的语言中体会到了他率真的性格,要什么直说,互助互惠,公平合理! 钱先生要我准备的六方平印章已悉数奉赠,钱是不能要的,因为1980年以前,我向寿山石农要些石头,送他们些粮油票、香烟便可以了。1980年以后,石农开始卖石头了,这一年成了寿山石买卖的分水岭,逐渐走上了商品化的道路。

1974年,我到井冈山去体验生活,写生,收集了一些素材。回来后,我雕了一件个头较大的作品《黄洋界》,并把它拍成照片寄给钱先生请他指教。钱先生收信后便给我回复了,他说:"宝霖同志:十一月十六日手书已到,所附照片亦已收到,谢谢! 闻前所寄印三方及对联一副均已递到为慰。你所刻的《黄洋界》寿山石刻颇佳,艺术水平很高,能在北京展出,并将运往国外,这是你的努力为革命而学习的成果,非常钦佩! 他日你如来上海,请来我处谈谈,非常欢迎。我所认识在榕的人为陈子奋先生,不是刘石开。当然刘曾来过我处,但并不相熟,只是初识而已。闻将为我物色印章,非常谢谢! 希望早日见寄。其他如上次所赠之和尚头短石,亦望再寄一些,以便作为刻赠朋友之用。六面方长石,为我自己所用,所以要石质纯净也。其余再谈。即颂,近好! 君匋手启,十一月廿日。"(图4)每次钱先生来信要石头,我都悉数寄赠或托人给他带去,从不食言。

我喜欢收藏扇面画,1975年夏,我曾托人带石章若干枚及一把扇面请钱君匋先生赐墨宝。他十分爽快,不久就寄来了信

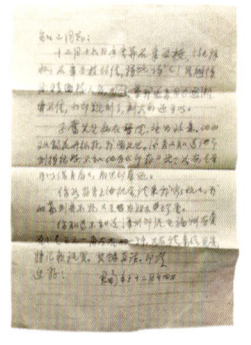

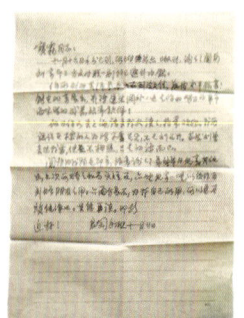

图4　钱君匋致施宝霖信札

图 5 钱君匋画赠施宝霖画枇杷扇面

图 6 钱君匋赠施宝霖书法扇面

与扇面。扇子的一面画《枇杷图》，另一面题写毛主席《咏梅》诗词（图 5、图 6）。他怕我看不懂草书，在信中特意提醒说要我与出版的毛泽东诗词一书对照一下，即可认识了。由此可见，钱先生待人很是细心周到。

听说他即将出版一部新的篆刻作品集，需要石章，作为回报，我托人给他带去了五枚石章，并在信中告诉他陈子奋先生近况。不久便收到他的来信，他说："知己同志，十二月十六日手书并石章均已拜收，石章五枚均佳，特此谢谢！如能得面积较大者尤佳。盖我近来目力逐渐不佳，小印难刻了，刻大的还可以。子奋先生病在医院,望为致意。他的双钩花卉很好,我曾见过。后来又知道他印刻得很好,不知他有《印存》否?如有,是否可以借来看看,看过即奉还。你如有来上海机会,请来我家玩玩。我的篆刻并不好,不足为朋友珍重。你知道不知道漳州印泥在福州有卖否?是三元一角左右的一种,如有,请来信见告。将汇款托买。其余再谈。即颂,近好!君匋手上,十二月廿四日。"我曾去信向钱先生索要篆刻印蜕,作为篆刻学习参考之用,并告诉他印泥制作的方法。

1975年1月下旬,我收到了钱君匋先生给我的回信,他说:"宝霖同志:你所需印存今贴好,寄奉请收并请见教,遇子奋先生代我看望他,祝他健康!你说进口德国入漆朱粉是什么东西,能弄一点试试?白茶油我也不知道是什么,上海都用晒白的芝麻油或茶油,而不用白茶油的。以后如果有较大的石头,请弄几方寄我为盼。专此,即颂,近好!君匋手上,一月十五日。"印蜕释文为:① 岁岁共婵娟(朱文);② 人比黄花瘦(白文);③ 莫釐(朱文);④ 玩火柴画的人(白文);⑤ 曾藏三万火柴画(朱文);⑥ 守素居(白文);⑦ 曲公书课(朱文);⑧ 闵庚灿印(白文);⑨ 仰雪词馆(朱文);⑩ 梅花子(朱文);⑪ 不废江河万古流(白文);⑫ 家邻三味书屋(朱

图7　钱君匋赠施宝霖印拓

文);⑬娄江(白文);⑭智耀光艺(朱文);⑮碧玉盘(白文)(图7)。

1975年夏天,方人杰兄去上海,我请他给钱先生捎去一小瓶德国进口的入漆银朱粉,用来添加印泥。不久钱先生给我来信说:"七月廿五日手书并入漆朱粉壹瓶,由方人杰同志带到,勿念。谢谢你的美意!用法由方同志面告,但上海无白茶油耳……如有寿山优质的石章,大小不拘,请惠我一些,当为你刻印如何?君匋上言,八月廿四日。"不久后,吴进老师出差到上海,我又托他给钱先生带去十几枚高山石章,钱先生刻"石知己"白文一印回赠我。

1976年夏天,钱先生为我写了一副篆书对联:"金石无俗韵,山水有知音。"(图8)我喜欢画山水画又好游名山,还喜欢篆刻艺术,这副对联与我的志趣相吻合,我格外喜欢这副对联。钱先生一共给我写过三副对联,前面提及的对联因无上款,我把它转赠给友人了。另一副隶书联:"看似寻常实奇崛,成如容易却艰

图8 钱君匋赠施宝霖篆书对联

图9 钱君匋赠施宝霖隶书对联

辛。"(图9)我于2009年把它赠给绍兴可秀寿山石雕艺术馆了。

1977年春天,我护送寿山石雕《长征组雕》进京,3月21日,任务完成后我乘飞机飞往上海,然后从上海转机后再回福州。22日上午,我特意赶到上海重庆南路154弄8号去拜访钱君匋先生,他的家离复兴公园很近,我很快便找到了。我向钱夫人做了自我介绍,并说想拜见钱老先生。她说钱先生到复兴公园散步去了,很快就会回来,让我等一下。我准备到公园去找他,刚要起身时,一位个子不高、戴眼镜的老先生走了进来,我想他可能就是钱先生了,就说:"这位就是钱老吧!"钱夫人和钱老同时说:"是的。"钱先生请我坐下,我说十分仰慕钱老的艺术造诣,尤其是他的篆刻与书法。我还告诉他因为护送《长征组雕》去北京,才有机会来上海拜访他,因为时间比较紧所以就没有带什么礼物,并请他见谅。随后,我从包中取出黄胄老师题笺的《潘主兰印谱》两本书递给他看。他看后说:"潘主兰先生的印刻得很好,边款与黄牧甫类似,就是印风有点老实。"我请求钱老拿出《长征印谱》中几枚原印让我钤拓一下,钱老十分爽快地答应了。我在事先准备好的十六开纸上钤拓,结果因为紧张,印钤倒了。钱老又拿出一张八开大小的纸给我用,又因心情过于激动把一些印钤糊了。一会儿工夫,我一共钤拓了十八枚印,钱老还跋:"《长征印谱》选拓,即奉宝霖老友正之。丁巳春,二月,豫堂君匋。"(图10)钱老还送我一张巨印及边款印拓,这枚巨印为朱文仿古玺,印文为"午斋钱唐之玺"。在上边钱老用毛笔题跋了:"丁巳春分后一日,宝霖老友自京返榕过沪,相见于抱华精舍,谈印甚洽,出此近作为贻,藉以留念并请教正。海宁钱君匋记。"(图11)同时,他还把收藏的几颗古印钤在我一本请他题签的《篆刻集珍》册子上,其中有赵之谦的"小脉望馆"(白文),易大厂的"谔士珍藏",徐星州的"杨逸画印"等(图12)。这本册子是我从北京买来请他题签的。同时,我还受厂里包仲贤副主任之请托,请求钱老写一副对联"因循误事多明月,势利论交少故人",并刻一枚印章,钱老愉快地答应了,并让我第二天下午来取。钱老还对我说起过他曾收藏80多幅福建华喦画、吴昌硕和赵之谦的画数十幅,这些画在"文革"中被没收了,好在画的上面都钤盖着他的收藏印,将来

图10 钱君匋《长征印谱》部分原拓

图12 钱君匋题签《篆刻集珍》并拓印

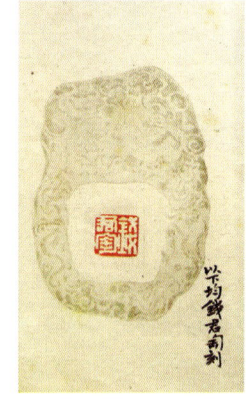

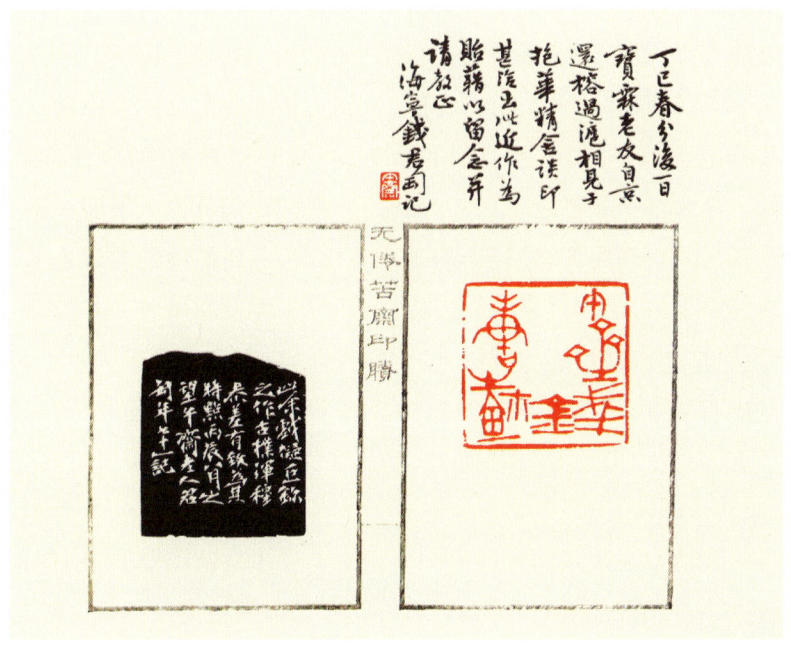

图11 钱君匋赠施宝霖印拓

凭这些收藏印可以把它们找回来（现均藏上海博物馆），另外，吴昌硕、赵之谦和黄牧甫的近200多方印章也被抄去了，现在只剩下这几枚古印了。他的讲述把我吓了一跳，原来他还是一位大收藏家呀！我邀请他在适当的时候到榕城做客，也让我尽尽地主之谊，钱老应允了。他还问及怎么用刀切开水仙花球，我向他讲了一下切法，并答应明年春节给他寄些水仙花来。我发现钱老刻《长征印谱》所用的石章全是粗石，便答应回去后再弄些石章给他。将近中午了，钱老要留我吃午饭，我婉辞了，还有同伴在衡山宾馆等我。钱老平易近人，和蔼可亲又慈祥，虽已年届72岁却很健谈，虽说这是我们初次见面，但钱老像我已经神交多年的老友，让人有一见如故的感觉。

23日下午，我如约到钱家辞别，他给包仲贤副主任的对联及印章都准备好了。我再三道谢，并说5月份将托好友陈大明带礼物相赠，然后就同他告别了。

1977年8月下旬，宋步荣兄到上海出差，我托他给钱先生带去一封信及几枚石章。9月下旬便收到了钱先生的回信，他说："宝霖同志：八月廿四日的信和雕有博古钮的石章及其他石章，均由宋步荣同志带到，拜领谢谢！博古很好，但我喜欢上次你自己刻的那种，因为那种比这种更古些，你看对吗？以后有便，请再刻赐我为幸（要上次的那种，最好是一对的）。我决定刻《郭沫若印谱》及《沈雁冰印谱》，石章方面，希望福州的几位老朋友协助，现在约需壹百多方，只要普通的石头，石身要稍为长些，以便刻边款。其大小约如下所示尺寸（图略）。希望你们各位大家凑一凑，陆续送我一些为恳。朱屺老的画一定代求，但目前他到北京去了，待其回上海，当为代求不误。他也要石章，他要质量好一点的，希望早日带来，以便连石章送去，比较好开口，而且会画得出色。漆盘如有最好，没有办法不要勉强。其余再谈。即颂，近好！君匋手上，九月廿日。你印已刻好，请宋步荣同志带上。又及。"（图13）

我从友人那里得知钱老与朱屺瞻老先生友谊深厚，福州有人通过钱老求得过朱屺老的画作，所以曾去信婉转提及想求朱屺老一幅画作的想法，想不到钱老这次来信答应代求，提出想要几枚

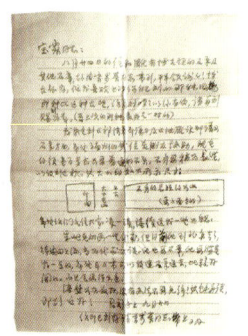

图13　钱君匋致施宝霖信札

好石章。这个好办呀，那时我已经给钱老邮寄或捎去数十方峨嵋石、柳坪石这些普通石头了。1978年国庆前夕，友人杨某带回朱屺老4尺4开的《菊石图》一幅，收到后我立即写信给钱老表示感谢。不久后，我又收到钱老用毛笔宣纸写的信（他一共给我写过25封信，这是一封唯一用宣纸写的）：“宝霖同志：十月四日信收到，知屺老《菊花》已收到为慰。拙作《红莲》日后如需要，可为你画一幅。

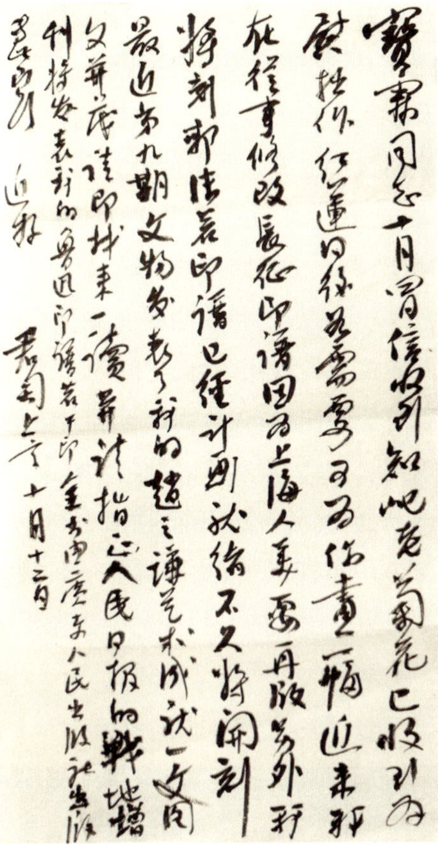
宝霖同志：十月四日信收到，知屺老菊花已收到为慰。拙作红莲日后如需要，可为你画一幅。近来在从事修改长征印谱，因为上海人美要再版。另外将刻郭沫若印谱，已经计划就绪，不久将开刻。最近第九期文物发表了我的赵之谦艺术成就一文，图文并茂，请即找来一读，并请指正。人民日报的战地增刊将发表我的鲁迅印谱若干印，全书由广东人民出版社出版。专此，即颂近好 君匋上言 十月十二日

图14　钱君匋致施宝霖信札

近来，我在从事修改《长征印谱》，因为上海人美要再版。另外，我将刻《郭沫若印谱》，已计划就绪，不久将开刻。最近，第九期《文物》发表了我的《赵之谦艺术成就》一文，图文并茂，请即找来一读，并请指正。《人民日报》的《战地增刊》，将发表我的《鲁迅印谱》若干印，全书由广东人民出版社出版。专此，即颂，近好！君匋上言，十月十二日。”（图14）

从信中不难看出来，钱老刻印谱需要大量普通石印材，我可以给他再提供数十方没有问题，也容易办到。

11月中旬，我收到钱老来信：“宝霖同志，十月廿五日信收到，金生同志之件承转为感！《战地增刊》上发表我的印章，是在第二期上，而第二期现尚未出。明年的《战地增刊》封面，是我设计的。明年的《连环画报》封面也是我设计的，以上都没有出版。《作品》上的《红莲》，香港的《大公报》副刊《大公园》上已

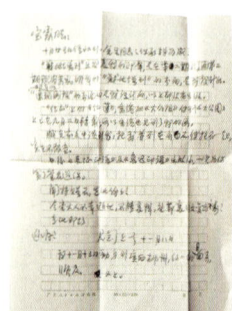

图15 钱君匋致施宝霖信札

在九月二日转载,所以香港也见到了我的画。臧克家文中谈到我,把我并列在齐白石、傅抱石一起,实在不敢当。日后《长征印谱》及《鲁迅印谱》出版后,一定为你买了签名送你。闻将赠石,先此谢谢! 令堂大人不幸逝世,不胜哀悼,望节哀顺变为祷! 专此,即颂,近好! 君匋上言,十一月八日。我十一月十三日动身到广西柳州,约一个月回来,顺及。又上。"(图15、图16)

一直以来,信中总是见到钱老对我的关爱,他还经常把作品发表情况告诉我,我们之间的友谊与日俱增。他还提到诗人臧克家对他的评价,我认为评价得很中肯,并未过誉,臧克家以诗人的审美眼光,去观察钱老的艺术作品,把他与齐、傅相提并论也不为过,更何况各有独门绝技呢!

1980年元旦,我买到了一本《钱刻鲁迅笔名印集》,是湖南美术出版社出版的。我即刻给钱先生写信向他表示祝贺,同时还谈到了阅读此书后的心得体会。有一段时间,我没有收到他的回信,

图16 钱君匋画赠施宝霖《红莲图》

心中很是想念他老人家。

1981年1月30日,我突然收到了钱老的回信,信中说:"宝霖同志,去岁你托全友带的石章拜领,谢谢!以常在外地作客辗转之间,忘记驰函道谢为歉。今接新年贺函,非常高兴,现在书此作品还贺!拙刻《钱刻鲁迅笔名印集》闻已买到,请指教。该出版社又出版了我的《钱君匋作品集》一巨册,内收彩色版画七十幅、书法三十幅、印章三十方精印,印章均为初次发表,精装非常豪华,定价为24元一册,请向长沙湖南出版社邮购。我今年也许要来福州做客,顺闻。专此,即颂,春釐!君匋,一月廿八日。"接到信后,我既高兴又忧愁,高兴的是钱老告诉我了他出版了几部作品,忧愁的是书价很贵,要花去我半个月的工资,无奈我囊中羞涩,只能望书兴叹(图17)。

图17　钱君匋印集

1982年4月5日上午,我正在上班,我原厂领导金佃(时任福建省政协副秘书长)陪同钱君匋先生和一些老人走进了车间。我一眼就认出了他,走上前去握住他的手问好。钱老说,他是同上海政协画室的画家代表团一起来闽参观访问的,团长是上海市委统战部部长、市政协副主席张承宗,副团长是市政协常委、上海画院代院长唐云,成员有朱屺老、应野平、吴青霞、黄幻吾、王个簃等十几位画家。钱老忙着向他的同行介绍我,还说我是个雕刻家,夸我技艺精湛。我连忙转移了话题,请钱老多给我介绍几位画家认识认识。接着,他把朱屺老、应野平、唐云、黄幻吾等老师介绍给我,这些都是我很仰慕的老艺术家,我同他们一一握手并聊天初识。钱老还走过来看我雕刻的山水作品,夸我雕刻很精妙;黄幻吾先生还主动把名片给我,说到上海一定要去他那里。钱老拉着我的手与几个画家合影留念,福建画报社的胡国钦给我们拍了两张合影。由于这是一次集体参观活动,所以我与钱老没有更多的交流机会,不过能让钱老了解我的工作单位与环境,我已经很知足了。他们在工厂里观看约个把小时就打算离开,钱老说他们还要到鼓山去参观,我只好与钱老挥手道别。这一次没有请他到我家做客,我向他表示歉意,欢迎他下一次再来。

1983年6月4日,钱君匋先生在给我的信中写道:"我六日将赴日本,与梅舒适先生共同举行书画篆刻展于大阪,大约二星期回国。随后再至香港,应香港大学冯平山博物馆邀请在香港举行个展,七月底回上海。"我回信表示祝贺,并祝他的展览取得圆满成功!

1984年秋天,福州雕刻界举办"咏寿山石诗词大会",征集全国书画家咏寿山石的诗词,我见到钱老用汉简书体书写了一个条幅:"万朵云霞几度攀,珠光宝气绝人寰。风靡皖浙千家刻,功在印坛是寿山。"这幅作品诗书俱美,挂在展厅里很是耀眼夺目。

1984年10月10日,我陪同潘主兰老师赴河南安阳参加殷墟笔会,临时住宿在上海虹桥机场内,不方便前往拜访钱先生,虽然近在咫尺,也只能写信向他问好。

1985年1月中旬,我收到了钱老寄来的信,他说:"宝霖同志:信悉。福州来开展览会,现尚未决定,大约短时间内不能来,因为没有准备好。你和潘主兰先生过沪,因居住过远关系,没有和我见面,非常遗憾!你的新址已见到。我已迁回旧居,在上海重庆南路166弄4号。以后如来上海,请驾临叙叙!专复,即颂,近好!钱君匋手上,一月六日。"(图18)

再后来,我在报纸上看到钱老把毕生所藏的4000多件书画、印章及其他文物全部捐献给了家乡桐乡市,桐乡市人民政府专门出资修建了一座"君匋艺术院",用来收藏陈列钱老捐赠的珍品。1986年2月21日,钱老来信告诉我:"君匋艺术院去年十一月十日开院了,今后有机会去参观,非常欢迎!"钱老真是一个大公无私的艺术家,把如此巨额的文化宝藏捐献给家乡,造福社会,这是多么伟大的举动啊!

我见信后立即回信给他,一是表示祝贺,二是表示敬佩。敬佩他的远见卓识,像钱老这样的艺术家不多,可敬的钱老先生令人感佩呀!

1986年夏秋之时,钱君匋先生应美国华盛顿大学和斯坦福大学邀请,赴美做书画、金石艺术和现代文学讲座。1987年6月,钱君匋先生受日本大阪日中友好协会邀请,赴日举办画展。1989年年底,他应邀赴新加坡参加由南洋美术专科学院举办的《钱君

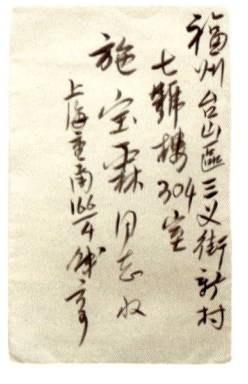

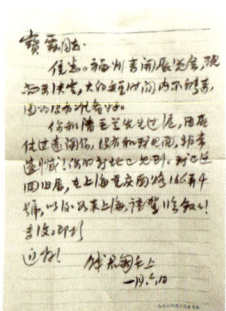

图18　钱君匋致施宝霖信札

匋书画展》。新加坡的画展刚刚结束，这位耄耋之年的艺术家又马不停蹄、风尘仆仆地赶赴香港，主持元月18日开幕的"君匋篆刻展"。这是香港大学冯平山博物馆在短短两年中，破例为他举办的第二次展览。1990年年初，我把潘主兰老师出版的新书《潘主兰印谱》寄给他，不久便收到了他的回信："宝霖同志：多时不通音信为念！今接惠潘主兰印存一册，拜领，谢谢！潘先生篆刻学黄牧甫，尤其边款是如此。专此，即颂，近好！钱君匋手上，二月九日。"

1990年4月12日，我看到了《人民日报》（海外版）对钱先生的报导，题目叫作《钱君匋艺术领誉海外》。看了这篇文章，我除了了解到他最近不给我写信的原因外，同时还知道了他的艺术在世界上的巨大影响力。

近几年，我到了新的工作单位从事地方志编纂工作，在业务方面要从头学起，学习、工作任务繁重，顾不上篆刻和书画艺术了，因此与省外书画家极少联系了。钱老也由于年事已高，目力渐差，篆刻也少了，所以我们的书信来往也少了，不过我心中一直想着他。

1992年9月11日下午，我到上海看上海书店出版社出版我的作品《印钮艺术》一书清样，特地抽时间登门拜访了钱老。我送了两枚平台博古印钮石章给他，他很喜欢这种钮式。接着，他拿出一本由他题签的日本篆刻家印集《山紫楼中集四集》，签名后赠给了我（图19）。我向钱老请教"无闷苦斋"的来历，他说他很敬仰前辈篆刻家赵之谦、黄牧甫和吴昌硕，并收藏了他们的许多印章。赵之谦号无闷，黄牧甫号倦叟，吴昌硕号苦铁，因此各取他们别号中的一个字作为斋名，就组成"无倦苦斋"了，以表示对他们的敬慕之意。他又说"抱华精舍"的来历：他曾收藏福建人华嵒等人的80多幅画，因此给斋名取"抱华精舍"来纪念这件事。钱老还谈到他近来目力渐差，很少刻印，书画还有新作，有时会参加些社会活动。钱老已经八十多岁了，他的身体还很硬朗，我祝他健康长寿。我随身带了照相机，准备和钱老合影留念，就请他的一位学生帮忙拍了照片，一共拍了两张，这是我唯一留存的两张与钱老的合影照片（图20、图21）。临别之前，钱老拿出半

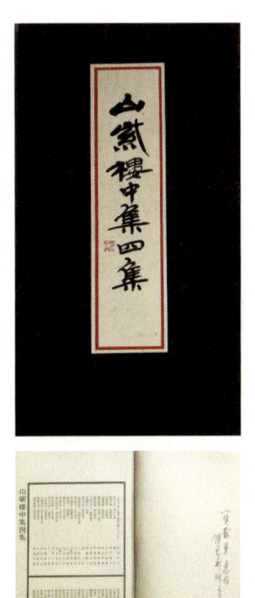

图19　钱君匋赠书

图 20　钱君匋与施宝霖合影　　图 21　钱君匋与施宝霖合影

张白纸,在背面写了"钱君匋从艺七十年研讨会 10 月 10 日下午二时在上海银河宾馆三楼宴会厅举行"几个字,他把纸递给我并请我参加。国庆节期间,我收到了钱老寄来的"钱君匋从艺七十年研讨会"请柬,但因为冗事缠身,无法前往。9 日下午,我特意赶到东街邮电大楼给钱老发电报表示祝贺。10 月 11 日,我看到《文汇报》刊登了"钱君匋从艺 70 年研讨会,本市各界知名人士聚会庆贺"的消息。

1992 年 10 月 28 日,我收到了钱老寄来的信,他通知我在哪里可以购买他的作品集,包括《钱君匋精品印选》《君匋艺术院藏印集》《钱君匋藏明清书画精品选》等。我立即回信表示感谢,并购买了《君匋艺术院藏印集》等书。

1998 年 8 月上旬,我从报纸看到了钱君匋先生已于 8 月 2 日病逝于上海的消息,感到很突然。此前在信中,他没有告诉我他的身体情况,怎么一下子就走了呢,我忍不住流下了眼泪。回忆和他 20 多年的交往经历,钱老给了我很大的帮助,他的逝世是中国艺坛的一大损失,我也失去了一位好老师、好朋友。

2014 年 3 月 22 日,我在好友陪同下参观了桐乡君匋艺术院。在庭院中,我向君匋先生的雕像三鞠躬,来表达对他的追思与敬仰(图 22、图 23)。随后,我观看了吴昌硕、赵之谦和黄牧甫的数十枚篆刻印章,在赵之谦的"二金蝶堂"这枚名印前伫立良久,金晓春兄为我拍下了这个珍贵瞬间(图 24、图 25)。作为一

图22 施宝霖瞻仰君匋艺术院

图23 君匋艺术院前合影（左起：洪冠敏、孟柏干、池晓明、施宝霖、金晓春）

图24 施宝霖欣赏赵之谦刻"二金蝶堂"印

图25 赵之谦刻"二金蝶堂"印

名篆刻爱好者，能亲眼目睹并亲手摩挲吴昌硕、赵之谦和黄牧甫等篆刻大家的这么多印章，真是三生有幸！听孟柏干兄介绍，池晓明先生是钱老捐献4000多件藏品的牵线人，他还参与了君匋艺术院的筹建和领导工作，他做了一件了不起的文化大事。由此我想到君匋艺术院像一座艺术丰碑一样立在了钱老家乡的土地上，让后世永远敬仰。我又想起陈子奋、潘主兰、郑乃珖三位老师，他们都是与钱先生齐名的艺术大家，可是他们却身后寂寞。

临别时，池晓明先生代表院方赠我《钱君匋隶书千字文》《桐乡市馆藏篆刻精品集》《钱君匋墨迹》《桐乡馆藏书画精品集》和三本钱君匋藏《吴昌硕印谱》《赵之谦印谱》和《黄牧甫印谱》（图26、图27、图28），这些赠品让我大饱眼福又满载而归。返回福州后，我立即钤拓钱老生前为我刻的"乐石斋""井冈山纪胜""庐山游草""石知己""宝霖"和"江山如此多娇"六枚

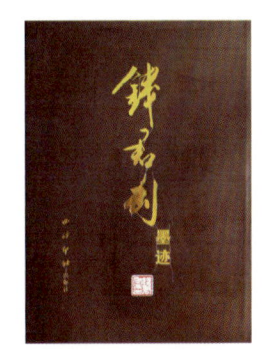
图26 《钱君匋墨迹》

图27 《钱君匋隶书千字文》

图28 《吴昌硕印谱》

图30 收藏证书

印章,将拓片寄赠给桐乡君匋艺术院收藏(图29)。2014年3月底,我还收到君匋艺术院寄来的收藏证书,这正是钱君匋先生的恩泽啊!(图30)

图29 钱君匋为施宝霖刻六枚印章及印拓

## 雍容豁达 大师风范——怀念吴作人院长

吴作人先生(1908年11月3日—1997年4月9日),祖籍安徽泾县,生于苏州,父吴调元。先生原名吴之寿,号作人,以号行。曾任中央美术学院院长、中国美术家协会主席、全国文联副主席、第六届全国人大常委会委员和第七届全国政协常委,是我国著名的画家、教育家。

我认识吴作人先生的名字和作品,是在福州工艺美术学校学习期间的一次偶然的机会,我看到一本《美术》杂志刊登了他的作品,这些作品构思精巧,想象丰富,具有很强的艺术魅力,不由得让我产生赞叹和仰慕之情。后来,通过阅读有关介绍吴作人先生事略和作品的书籍,对他有了更加深入的了解。20世纪30年代,他曾先后到法国巴黎国立高等美术学院和比利时布鲁塞尔皇家美术学院学习,是徐悲鸿先生的学生。抗战时期,他曾到西北地区去写生,创作了许多速写稿,后来这些作品在报刊上发表,其中表现藏区风情的油画《负水女》尤负盛名。20世纪50年代,他创作的油画《齐白石像》给我留下极深刻的印象,一点儿也不比欧洲郎布伦油画逊色。说实话,当时我只是尊敬他,还说不上崇拜,可能是因为其油画作品与我学习的国画属于不同的画种吧。直到20世纪60年代初,《美术》杂志及其他刊物,陆续发表吴先生的国画作品《金鱼》《牦牛》《黑天鹅》《熊猫》《骆驼》后,我才知道原来吴先生不仅精通西学,还学贯中西,是继徐悲鸿先生之后的又一位大师。在他笔下,这些动物十分生动可爱,无论是笔墨还是造型都别具风格,令人拍案叫绝。此时吴先生的形象逐渐变得高大起来,我开始对他产生崇拜之情,渴望有朝一日能见到他,兴许还能求得他的一小帧《金鱼图》做留念。但转念一想,这几乎是不可能的事,人家是中国美术最高学府的院长,又是全国美协的主席,公务繁忙,想见他的人很多,哪能随便见得着呢。而且福州与北京相距2300多公里,想见他是件根本不可能的事。因此,我只能靠翻阅已出版的吴先生的作品来一慰仰慕之情。

世事就是这样,有些看似不可能的事,有时会因某种机缘巧合而变成可能。1975年11月,我厂用寿山石雕刻而成的《长征组雕》中的《遵义会议》《巧渡金沙江》《飞夺泸定桥》《爬雪山》《延安》《突破腊子口》六件作品在五一广场大楼前展出时受到广大观众的好评。其中,有些人认为《长征组雕》里缺少"过草地"是不完整的,是个大缺憾,呼吁要补上这一组。厂领导决定把补雕"过草地"这个任务交给我完成,我不好推辞,就把任务接了下来。用绘画表现"过草地"要容易些,效果也明显,而雕塑是立体的艺术,如何用它表现"过草地"却成了难题。过去我没有做过这样的作品,也没有见别人做过,没有现成经验可以借鉴,一切都要从头开始。前面六件作品都是以摹仿山水画为主要表现手法,"过草地"这件也得在风格上与前面六件作品大体一致,不能变成军事上作战用的"沙盘"。真难呀!我苦思冥想,已经做出的两件泥塑草稿自己都不满意,不知该如何是好,心里很是着急。18日上午,我正对着"过草地"泥塑稿发呆,突然抬头看见一张既熟悉又陌生的面孔,他戴着一副黑边眼镜,显得既儒雅又慈祥,旁边还站着一位女士,这不是吴作人院长和他的夫人萧淑芳老师吗?原来,周哲文先生与部队杜俊首长陪同他们到雕刻厂来参观了。周哲文先生与吴院长是老相识,吴院长还给他画过画。周先生就把我介绍给吴院长,我说:"吴院长您好,我对您仰慕已久了。"吴院长伸手和我握手,我说:"对不起,我满手都是泥巴,很脏。"接着,我简单地向他介绍了"过草地"泥塑稿的构思经过和表现手法,以及要表现景物的特点等,并向他请教好的创作方法。我恳切地说:"吴院长,您以前曾到过西北地区写过生,体验过生活,对那边地理环境较为熟悉,请给我多提提意见,指导指导。"他稍停顿一会儿后说:"我对寿山石雕艺术不太熟悉,也没有参加过二万五千里长征,所以没去过草地,虽然去过西北,但各地环境还是千差万别的,不尽相同,所以我不敢提什么意见。最有发言权的应该是参加过长征的部队老首长和老红军战士,应该请他们来看看,提提意见,听听他们的建议。当然,表现长征这个题材是好的,方向也是对的。你最好向上级反映一下,争取去草地那里体验一下生活,搜集点素材,这对创作会有极大帮助的。我这次也是来福建体验生活收集创作素材的,接受了一个要表现古田会议画作的任务,正要去古田会议旧址写生。"此时,叶敬攸同学在我与吴院长交谈时按下了相机快门,帮我留下唯一一张弥足珍贵的与吴院长的合影(图1)。随后,吴院长一行又到阮宝光师傅那里交谈。整个上午我都在回味刚才与偶像吴先生相见的情景,开心了大半天,他对我的教诲更是让人终生难忘。

1977年春天,我护送寿山石雕《长征组雕》去北京,这也是我生平第一次进京。3月16日上午,在中国人民革命军事博物馆办完移交手续后我买了水果,先到黄胄老师处拜访,这是我第一次见到梁老师,虽然已神交多年。3月16日上午,我特地赶往花园村吴作人院长家,专程去看望他。我敲了下门,来开门的是萧淑芳老师。我说:"萧老师,您还认得我吗?"她说:"认得认得。"我说:"我是福州雕刻厂的施宝霖,前年年底您和吴院长到我们单

图1  吴作人(左三)、萧淑芳(左五)观看施宝霖泥塑《过草地》泥稿

位参观时我们见过面的。这次因护送《长征组雕》到'军博',趁此机会特地来拜访您和吴院长。"她把我带到吴院长画室里,并请我坐下。画室设在楼下,墙壁上挂着一幅国画山水图《古田会议会址》,这幅画很大。这时候,萧老师取来一张相片给我看,并说:"这是吴院长画的一幅山水画《武夷山下》的照片,原作已经流传到日本,在国内不容易看到了。"同时她还给我看了两幅草稿图小样。我看后很是感慨,觉得创作这么大的画真不简单!接着,她又拿出吴院长去福建和江西瑞金时创作的速写簿给我看,我说:"吴院长画杉树画得真好,把杉树的特征给表现活了,一眼望过去就可以认出哪些树是杉树。过去,许多山水画家都画不好杉树,描摹不出杉树的特征。"她说:"吴院长有较好的写生基础啊!可惜他今天开会去了,这几天很忙。"我认为吴院长不在,此时打扰萧老师多有不便,就把林海兄托我给吴院长捎带的题字和我为他们刻的几枚印章交给她,还送上了向吴院长和萧老师求画的纸,并说:"请吴院长赐笔'金鱼',萧老师您自己画什么由您自己决定好了。"她说:"好,我随便画什么就算什么吧!"交谈中她告诉我,从福建返京后一直病着,老毛病盆腔炎复发,不敢多坐。交谈时间快到40分钟,我怕影响萧老师休息,就与她辞别了。

3月19日晚上,我再次去吴院长家时,他和家人正在吃晚饭。他的儿子把我引领到画室里,并拿出一本吴院长出版的画集给我看。我看到画室墙上挂着一幅《花猫图》,画得生动极了,仔细看过落款才知道这是徐悲鸿先生送给萧淑芳老师的画,原来萧老师也是徐悲鸿先生的弟子啊!不一会儿,吴院长拿着他给我画的《金鱼图》和萧老师为我画的《红杜鹃图》给我看,这两幅画画得太精彩了,我连声表示感谢(图2、图3)。同时,他还拿出一幅《黑天鹅图》和一封信,信中装着《舞鹤图》,分别让我带回福州交给陈大明和周哲文。这时萧老师问吴院长给某某的画画了没有,我没听清楚是谁的名字。吴院长回答:"我谁的画都可以欠,但福建朋友的画可不敢欠啊!"吴院长对福建朋友的尊重与友善可见一斑。随后,他打开橱窗门,从中拿了几枚章给我,并说:"印钮上头不要镂得太空,那不实用。一位福州朋友送过我一枚长方形印章,上刻一匹马,石质也佳,由于我盖章时用力过猛,结果马就断了,

图2　吴作人画赠施宝霖《金鱼图》　　　　图3　萧淑芳画赠施宝霖《红杜鹃图》

印章也残了,多可惜啊！你要去陕西咸阳看看茂陵霍去病墓的西汉石雕,特别是那尊马踏匈奴石刻,雕刻得那样古朴、大气和厚重,一定对你的寿山石雕会大有帮助的。"他还拿出我送给他的高山冻巧色鲤鱼钮印章对我说:"鲤鱼刻得不错,其实鳞片不必统统都刻得很清楚,中间部位可以模糊一些,或不刻。因为鱼在水中游动时,受光线折射,人不可能把每片鱼鳞都看得清,所以不用都刻,这样才能表现出鱼的动感来……印钮还是刻得古朴厚重些好。"我一直点头称是,觉得吴院长不愧为教育家,他能抓住每一次机会因材施教。"闻君一席话,胜读十年书",吴院长的教诲让人如沐春风,受益良多,他平易近人、诲人不倦的精神令我感动。临别时,他还托我代他向林一心书记及福州的各位朋友问好,并要我为他锯制一枚长三寸、宽一寸半的印材,准备请齐燕铭先生刻印。回到福州后,把吴院长托付的事办妥后就给他写了回信,告知他事情都已办妥,只有那枚印材要过些时日才能完成。

1978年4月的一天,一位戴眼镜的自称北京画院的青年人拿着吴院长的介绍信来厂里找我。他叫万青力,是吴院长的学生。吴院长要他来找我,有事要请我帮忙。他递上一封吴院长的亲笔

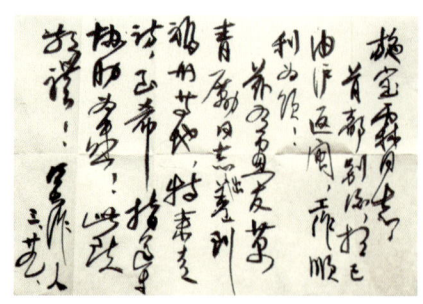

图4 吴作人致施宝霖信札

信,信中写道:"施宝霖同志,首都别后,想已到沪返闽,工作顺利为颂。兹有画友万青励(力)同志,出差到福州等地,特来走访,至希指导协助为感!以致,敬礼!吴作人,三. 廿九."(图4)。

万青力是吴院长介绍来的,我不敢有丝毫怠慢,热情地接待了他。交谈中得知他是安徽泾县人,自幼失去父母,与吴院长算是老乡,吴院长收留了他并以义子待之。此时,吴先生的那枚印章已经做好,正不知如何寄去,便请他帮忙转交。万青力兄也很喜欢印章,我送给他几枚印章和几块高山石坯料,并请他带去几枚给吴院长的石章。从这一天起,我和万青力兄开始了长达十几年的友谊,一直到他出国后才断了联系。

吴、萧二老不但艺术造诣高深,而且宽厚慈祥,给我留下了不可磨灭的印象。同事孙锡麟毕业于中央美院雕塑系,与吴院长相识,1978年7月他去北京出差,我托他给吴院长带去一封信和几枚石章。锡麟兄回来时给我带回了吴院长为我绘制的中堂《熊猫图》和萧老师画的《紫鸢花图》册页(图5、图6),他说吴院长对我印象很深刻,夸我印钮刻得好,为人诚实。我立即去信向吴院长和萧老师表达感激之情,并说今后需要我办的事尽管开口,我会尽力而为。到现在为止,吴院长和萧淑芳老师各赠送我两幅画,他们的厚爱让我没齿难忘。

1983年7月上旬,我们雕刻厂与故宫博物院在皇极殿联合举办寿山石刻展览,我受邀赴京参加展览活动。7月13日上午,我专程赶到吴作人院长家去送请柬,在门口传达室办理登记手续时,刚好遇见了他。他来传达室寄信,萧老师亦在旁边。我向他俩问好,并说明来意。萧老师说:"吴院长腿脚不好,刚出院不久,还不利索,我的腿也骨折了。"我一听就说:"哎呀,您二老腿都不方便,为什么还走出来了呢?"萧老师说:"刚才吴院长去寄信,我怕他走不好,所以就陪他一起来了。"生活中,二老相濡以沫,相

图 5　吴作人画赠施宝霖《熊猫图》

图 6　萧淑芳画赠施宝霖《紫鸢花图》

图7　吴作人与萧淑芳合影

敬如宾,是艺术界的模范夫妻。在会客室聊了一会儿,我就把请柬和一枚刻有夔龙螭薄意的石章送给吴院长,他向我表达了谢意。交谈中吴院长还说起福州某某某从美国回来时,到处寄打印信的趣事。萧老师谈到了谷牧副总理很爱艺术,对艺术家给予了很大的关怀与支持的事。我怕影响二老休息,就起身辞别了。这时天下起雨来,萧老师怕我被雨淋,一定要我戴上草帽,此景此情让我深受感动,至今难以忘怀。(图7)

从那以后,因冗事繁杂,我也怕打扰吴院长,就没有再直接和他们联系,一些有关吴、萧二老的信息,都是从万青力兄那里得到的。

1984年3月12日,我从报纸上得知法国驻华大使代表法国政府和文化部,授予吴作人文学艺术界最高勋章。1986年2月15日,比利时驻华大使韦郎斯·巴克兰特代表比利时国王博安多一世,授予吴作人王冠级荣誉勋章。看到这两条消息,我为吴院长感到骄傲与自豪。后来,万青力兄出国了,我再也得不到有关吴、萧二老的消息了。

1997年4月10日晚,我从新闻联播中突然看到了吴作人先生于9日病逝的消息,眼泪一下子就流了下来,满脑子呈现的都是吴院长的音容笑貌,我的心情很沉痛。第二天中午,我赶到东街口邮电大楼给萧淑芳老师发去了唁电,深切悼念吴作人院长。

吴院长的逝世,是中国画坛的巨大损失。斯人已逝,难抑想念和悲痛之情,唯愿吴院长一路走好!

## 诗书画印精 还专甲骨文——怀念潘主兰老师

潘主兰先生(1909年8月21日—2001年2月20日),名鼎,字芸孙,号主兰,以号行世。笔名有子兰、空谷生、素心、干净客、王者香、汗、老汗、老瓜、迂和尚、劳人、诗癯、天涯三客、江南龟父等。斋名有素心斋、读说文馆、寿山石室、千泉室等,祖籍福建省长乐。父潘信庚,号茂三(1866—1940年)。母甘银官(1873—1926年)(图1、图2)。

我第一次见到潘主兰老师,是在1959年8月24日。那年我考入福州工艺美术专科学校,入学报到的第一天,我看到一位手臂上套着沾满油墨的蓝布袖套的先生,提着开水瓶到食堂打开水,开始我以为是学校工友,他那不修边幅、衣着朴素的样子给我留下了深刻印象。他在教师花名册中的名字是潘鼎,但外界喜欢称他的号——主兰,我们习惯叫他潘老师。渐渐

图1　潘信庚公怀抱潘主兰照片

图2　潘主兰像

地,我从别的教师和上一年级的同学那里得知,潘老师是个很有学问的人。他的篆刻、书法造诣很深,还擅长写诗,古诗词信手拈来,在福州诗坛也很有名望。由于他的外貌与内在学识反差很大,令人难以置信,因此我特别注意观察并接近他。

我班共有十二位学生学雕塑专业。报志愿时只有一两个同学报木雕,其他都选择寿山石雕专业,后来学校干脆把我们这一届称为"寿山石雕班"。

第一学期,潘老师给我们讲授的是"寿山石及寿山石雕艺术"课。讲义教材是他编写的,他还亲手刻蜡板油印,字刻得特别端庄秀丽,如他毛笔小楷一样漂亮(当时我不知道他是位著名书法家哩)。潘老师不善言辞,讲话略带福州腔。他讲课深入浅出,言简意赅,多是启发式或提示式的,意在让学生多动脑筋去领悟。他还特别注重学生对教材的认知,例如在讲到寿山石品种时,他从口袋中拿出自己珍存的寿山石印章供大家学习观摩;他会拿出装在丝绸缝制的小袋子里的其他品种的石章与书本对照。有了参照实物,识记效率更高了。我生平第一次见到的"红田",便是课堂上潘老师展示的那块样品。它那艳丽如炉膛观火、灼人眼球的视觉冲击感。他为我打开了石雕艺术世界的大门,石雕艺术,深邃而优美。不得不说,潘老师独到的授课方式效果极佳。

后来我慢慢地发现,他与教我们山水课的龚礼逸老师往来较多。龚老师称呼他为"主兰兄",潘老师脸上的笑容也多了起来。有一次,礼逸师(我们习惯这样称呼他)对我讲:"主兰师学问高,对古文字研究很深,书法篆刻在全省乃至全国都是有名的。尤其是他的诗,十几岁时就在福州诗坛出名了,你要多向他请教,要尊敬他……"后来我得知:1958年潘老师被美术局补划成"右派分子"。

小时候,母亲经常对我说:"做人要诚信、勤俭,对老师长辈要敬重。俗语说'一日为师,终身为父'。要见义勇为,济困扶危。"母亲的教诲让我从小就对向我"传道授业解惑"的老师萌生感恩之心。自从知悉潘老师的遭遇后,我对潘老师更加敬重了。被错划"右派分子"后,他不仅工资被降级,还要接受劳动改造,学校中许多杂七杂八的事都叫他去做,我之前误认他为校工友就是这个原因。除了不公正的待遇,他也遭受到了学校某些老师的恶意排挤,一位姓唐的教师,对潘老师颐指气使的样子,至今仍令我厌恶至极。俗话说:虎落平阳遭犬欺!每当看到潘老师忍气吞声的样子,我心里都很难过,只希望他能顺利渡过难关。

潘老师给我们上的寿山石雕理论课,为我后来寿山石雕艺术创作以及我国第一部《印钮艺术》的出版打下坚实的基础。潘老师上课用的自编自刻油印稿《寿山石雕讲授提纲》,后来几经修改增补,形成《寿山石雕史话》一书。为此他与龚礼逸师、陈子奋师一样成为现代寿山石文化倡导者之一,为寿山石文化史写下了浓墨重彩的一笔。

学校刚开始尚未开设篆刻课,但我从小就喜欢刻印,在小学时,因无印材,便把寿山石砚锯成印材。之后,潘老师为我们讲授篆刻课,我想自己终于可以圆梦篆刻了。上课的老师有了,石材也有了,寿山石天天都能见到,一百斤仅需 11 元钱。一板车运回来,我班同学到毕业时还未用光。潘老师除给我们班上寿山石雕理论课外,还教别的班级语文课,同时兼任学校图书室管理员。平时除上课外,他均在图书室办公与休息。在课余,我会经常跑到图书室向他请教篆刻技法。他的教学方法是循序渐进式的,对于文字的学习也遵循这一思路。他常说:"言印莫先于识字。"此字当然是篆字,篆刻篆刻,当然要熟悉篆字,大篆、小篆、缪篆、甲骨文、钟鼎文等,都需要深入学习。初学者手边起码必备《说文解字》《汉印分韵合编》和《金文编》这三本书,不但要熟读它,还要动手练习书写篆字。文字要从小篆学起,然后是缪篆和金文等。熟悉字体结构,以及小篆与缪篆的特征和不同之处,同时要多看各家印谱,比如《吴昌硕印谱》《赵之谦二金蝶堂印谱》《黄牧甫印谱》,等等。他一再强调打好基础的重要性。学习篆刻要从秦汉印入手,要多临摹、多研究,首先要临摹得像,慢慢从中领悟汉印艺术特征与风韵。他说:"汉印方正端庄,是主流。刻汉印好比演戏,演戏主角生旦,总是站在舞台中间,端庄而靓丽。刻其他所谓创新的印风,好比丑角,只是搞笑的,老是站在舞台旁边的。"刻印除经常练习外还要提高文化修养,提高审美能力和鉴赏能力,这点很重要。总之,这些是他对我讲得最多的道理。他还常对我说:"无论绘画、篆刻、写字等,都应向最高水平学习。古人云'取法乎上,仅得其中;取法乎中,故为其下;取法乎下,无所得矣'。"这些都是真理,他的话我终生铭记。做学问也好,学手艺也罢,都要先夯实基础,积累经验,然后再创新,这是规律,如果违反规律将一事无成。

篆刻是一门枯燥而又深奥的学问,要耐得住寂寞。而我偏对篆刻情有独钟,总是时不时地打扰潘老师。有一次,我向他去请教刀法问题,他说:"篆刻书籍上讲的刀法,有的讲得太玄乎了,什么十八刀法,不要去理会它。篆刻刀法无非就是两种:一是冲刀,二是切刀。什么补刀、留刀等,均是废话,奏刀时运刀不到位,自然而然就要补一刀,补刀时不是冲就是切吧!"说完他微微一笑,显得自信而轻松。

潘老师还经常强调说:"刻印时千万不要把字弄错了,这是常识问题。要时刻记住古文字'六书',即'象形、指事、会意、形声、转注、假借'的原理,弄懂它,弄通它和记住它,不然会出问题,弄成笑话的。字弄错是不可饶恕的错误,还说什么篆刻。至于刀法和章法,要慢慢积累经验。随着岁月增长和学问知识的增加,它们自然而然就会成熟起来的。篆刻中,刀法、篆法和章法这三法中,章法是一辈子的事,也是最难的,要靠读书,增加学养见识,慢慢加以解决,不是一朝一夕的事,急不得。"现在想想,潘老师话虽不多,但句句都说到点子上,让我获益匪浅。

潘老师在教学上注重因材施教,这一点在我篆刻学习方面尤为突出。有一次,我去找他请教,他拿出一批篆刻名家边款拓片,考查我对边款的认识,这些边款中有齐白石、黄牧甫、吴昌硕、赵之谦、钱君匋、方介堪、陈子奋和潘主兰老师的,林林总总有几十家之多,我把自己的见解说与他听:"外省篆刻家中除了黄牧甫、赵之谦和钱君匋外,都没有我省陈子奋老师和您老的好看、耐看,既端庄又秀丽。省外有许多篆刻大家,有的是开宗立派的人物,但他们刻边款太散漫不秀丽……"潘老师看我对边款有了一定认识,就接着说:"他们刻边款时,可能用的刀口太厚,且行刀方向不统一，抑或是用力太重。刻边款无非两种方法，一种是刀就石，另一种是石就刀。"于是我请他示范一下，就在纸条上写了"风月长"三字请他刻。他就用石就刀法，即右手握刀不动，左手握石转动，结果行刀方向统一与不统一刻出的效果确实是截然不同的。我说："潘老师您的刻法与黄牧甫的有点像呀！"他说："是的，我刚开始用几种刻刀试着刻黄牧甫，起初边款效果都不理想，最后我用洋伞柄骨中扁方那种钢条，将其两边用竹片夹起来，扎上细绳，制成一把新刻刀，我就用它刻黄牧甫风格的边款，这样效果最好，现在一直沿用呢！"说着他从抽屉中拿出自制刻边款的薄口刻刀给我看，我拿着刻刀一边看一边想，潘老师不愧为大家，连刻边款的刀具也不放过。这种持之以恒、不断探索的精神值得吾辈学习啊！我虽也跟陈子奋老师学习篆刻及边款，但他那种刀就石法难以掌握，所以我还是习用潘老师的石就刀法刻边款。他一再教导我："刻边款一定要多练习六朝小楷书，这样有好处。刻边款是书法的另一种表现形式，不可马虎，要认真对待，它亦是印章艺术不可或缺的一部分。"他的这些教诲，对我篆刻学习起到至关重要的作用，他一步步指导我从篆刻认识到边款学习，根据我学习的不同阶段给我相应指导，使我的篆刻艺术得到不断进步。

福州工艺美术专科学校虽学制是三年，但是时运不济，遇到"三年困难时期"，时不时又是义务劳动什么的，我们学校又与市美术局连在一起，把我们学生当全劳力使用，什么挖晋安河、修五一路、新店猫头山垦荒种地瓜、上鼓山造林、到农村支持夏种与秋收、抗洪救灾，等等，都让学校学生去干。这时再加上学校要扩招学生，需要课桌椅，我们班同学又当搬运工去了。我们在李洪万校长亲自带领下，上闽侯太湖洋里大队去搬课桌椅。李校长是军人出身，文化程度不太高，对艺术也不怎么在行，但党性很强，亲自当"牛头"拉板车，与同学们一起流汗，为人也不错。但有一点，他对潘老师的态度不太好，老是直呼潘老师的名字"潘鼎……"对于这一点我很反感。就这样，在学校的一小半时间，我们都是在各种义务劳动中度过的，对于专业知识学习得还很不够。所以我只好利用空余时间，跑到潘老师那间图书室、办公室兼卧室三位一体的小房子里请教，他都能一一解答，并示范着，从不厌烦，我一直心存感激之情。

1961年秋天，我们班同学由陈敬祥老师带队到当时尚在"三坊七巷"的小水流"福州工艺石雕厂"实习，具体是跟周则斌师傅学习寿山石雕技艺。则斌师傅的父亲周宝庭是名艺人，按辈分周宝庭则是我的太老师了。刚下厂时，我很不习惯工厂生活，不安心。周师傅则开导我说："不管你将来干什么，当下你是干石雕的，一定要把它学会，技不压身，多学一种本领，多一种技艺有什么不好呢！古语云'一技在身，不饿本身'。"周师傅的这番话虽过去了数十年，可我至今记忆犹新啊！至理名言啊！我十分感谢他在工厂实习三个月中对我的帮助。那时共刻了大小14件作品，其中比较满意的作品有巧色《荔枝盘》和《双鹿》，我把14件习作连同一篇心得体会上交给学校。我十分感谢潘老师，他把我这篇3400多字的学习心得，以及两件作品用白描方法刻蜡板油印收集在他1962年编写的《寿山石雕讲授提纲》里，使我这篇也是我第一篇关于寿山石雕的文章，经过近半个世纪尚能保留下来啊！现将拙文抄录如下：

谈学习体会
——第一届雕塑班施宝霖

我刚下工厂的时候，思想上很不安定，认为石雕那么多东西，自己没有一点基础，从何下手？三个月时间恐怕学不了什么，使用工具、操作方法等都要从头学起。学校对我们要求是，三个月后要独立操作，自己打坯。当时我就有些畏缩不前的思想。

头一天，师傅打坯我修光，打的是只兔子坯，我在修光时感到束手无策。不知应从什么地方搞起，什么地方该修，什么地方不该修，什么地方应多修，都不明白。修光时刀子不听使唤，为什么会产生这种现象呢？主要原因平时观察兔子不够，对兔子的生活习性动作不够熟悉，所以才出现这样无从下手的僵局。

这样高深的技术，怎么办呢？几天后师傅帮我解决了这个问题。师傅问我最喜欢刻什么，我选了兔子。师傅说："要从一种东西着手，学好这一件，再搞另一件，这样有秩序地学习，不会紊乱，不至于得这个失那个,这样能一会百会了。"经师傅一解释,我的思想稍微安定下来,认为这是对的。这时兴趣来了,信心也强了,努力学吧!师傅又教我如何拿刀、用刀、打坯、看石头(相石)。因此,我雕了两件兔子后比以前顺利了,手法比较熟了,什么地方该修或不该修,自己心中也有数了。但是遇到新的问题也不少,比如打坯的时候容易破裂,这是什么原因呢?心里着急,好想马上就解决这个问题,使自己能更快更好地做出产品来。请教了师傅后才明白:打坯的时候首先要看石头上是否有"格",有地方如果与作品构图关系不大,那就去掉不要了;如果有很大关系的,在打坯时要小心翼翼,用力要轻,这样作品不易破裂。这个问题解决了又来了新一个问题,在修光快好的时候,不小心一下就把作品弄断了,真是心痛。经过师傅帮助、讲解、分析才懂得,我把作品做得太悬空了,这样容易断掉,包装也不好包装。应在悬空地方留些石扶持(支撑),就不容易断了,包装也好包装了。

在下厂三个月中,我共做了十四件作品:兔子六件,马三件,果盘五件。这些作品中,最满意的是巧(肖)色《荔枝盘》和《拉车马》。在刻巧色荔枝时很有意思,起先拿起石头,本来不是打荔枝坯的,在打坯过程中,根据色彩变化,形象也跟着慢慢改变了,后来就变成荔枝了。在刻巧(肖)色作品时要有极丰富的想象力和细致的观察力,才能使一块石头从色彩到构图调和完美。我喜欢刻这样的作品是有原因的,就是因为这样能启发我对巧色作品的兴趣,启发我如何对石头进行处理。当然,这件作品还存在不少问题,比如构图还嫌零散,盘座太薄,盘的做工还不够细。另一件就是马拉车,我比较满意,马的形象较生动,虽然单单一匹马排在那里,可是从外表形态看起来,好像背后有一辆很重的车套在它的脖子上,要用很大的力气才能拉得动的样子,马的比例与结构上刻得比较好。不够妥当的地方也有,比如马脚刻得松懈一些,马鬃毛概括性差……

下厂实习当中,我学到的东西比以前多得多了,如在理论上、在实践上,也懂得如何取舍,新旧有机结合。但因我水平有限,接受东西,只是沧海一粟。在厂里,我学习了些民间口诀:啼狮、笑凤、落颌龙等。在实践过程中,用刀用力方面也学会了一些。还学会了在什么地方才用什么刀,比如在凹下去的地方用窝刀法(弧形刀口),

在凿坯时应带韧劲,这样使凿刀不致无止境滑动,损害其他地方(部位);凿较厚的石,刀要左右摆动,这样做,石性容易掌握。在石雕技法表现上也有认识,比如表现鸡或鸟的羽毛,最早那个很像鱼鳞◊,第二个视觉上好一些◊,最后采用的手法效果就更好些,羽毛真实性就明显了◊。但是否还有其他方法可以更好地来表现出来呢?那还需要我们去努力探索。还有刻兔子毛的时候,考虑到一个问题,就是按照传统上刻毛方法搬来,恐怕效果不好。传统刻兔子是首先修光后用尖刀在兔子身上刻划出来的,这样看起来好像兔子刚刚掉在水里拿出来一样很难看。我和师傅研究后结合一些西洋方法去表现,就是在兔子修光时注意交接处,及肌肉丰满的地方留多一些石(皮肤有起伏感)。然后在兔子身上进行刻毛,这样看起来,效果就好得多,不像以前那贴在身上没有毛与肌肉的感觉。

寿山石雕大部分作品看起来很笨重的感觉,这不是我个人意见。主要原因是通透的地方很少,多连接在一起,或附贴在其他东西上。我习作时特别喜欢挖通,结果把作品弄断了。不通透吧,又不美观。通透又容易弄坏,成了问题。今后要解决这个问题应从各方面着手,尤其是在构图方面着手,这样使作品既美观,又不容易弄断,就两全其美了。雕马时要学会了解一些常识,对于前后而言,马本身基本是平的,但在前面应加以夸张,使(马)作品看起来很健康、雄壮、有气魄,过去雕马都是修得光光的,没有肌肉,瘦得讨厌。自李仁章先生来榕(讲学)以来,马的形态改变了许多,但是仍存在若干缺点还没有解决。我在刻马时,由于我本人水平有限,所以在马的作品上,就出现许多缺点。比如像肌肉位置不准确等,在实习中通过师傅对作品评说,学得许多知识和操作方法。另外,在观察他们的操作过程中也给我很大帮助,不能解决的问题也能解决一些,也学会了石的分类,识别石质优劣,比如奇艮、都成坑、高山、虎冈、柳坪、福清石等的性能、色彩。奇艮色彩新鲜美观,石质韧,色有蛋白、红、黄。还有一种石性脆、砂粒多的。都成坑在目前来说算是最好一种石头了,质坚,打(敲)起来有铿锵之声。白色带有肉糕地,红色是像金鱼红,用来刻金鱼则最合适。高山石有一种萝卜丝纹非常美丽,还有一种天蓝色的。高山石缺点在格多,质松脆。寿山石雕就风格而言,是利用巧(肖)色方面来创作的。本来柳坪紫石不太好,经过周则斌师傅细心研究,雕出的茄子、菱角等很逼真,经过磨光上蜡以后,显得光亮润泽,如同真水果,使人们垂涎三尺。

在实习中我深深地体会到艺人们知识渊博,技术高明。从口诀上就可以看出他们经验丰富:比如口诀"啼狮""笑凤""落颌龙",真是名副其实,形象极了。口诀是根据这三种动物脸部特征而概括出来的。为什么"狮子"用"啼"去描绘它呢?我的看法是这样的:因为在人们头脑中狮子是凶猛的,脸部皱纹线条多,眼暴,给人们以恐惧之感,不惹人喜欢,所以用"啼"去描绘狮子脸部,实在再突出不过了。"笑凤"呢?民间流传的故事都是对凤凰的热爱。凤鸟是吉祥的象征,人们用凤凰做图案装饰,其眼睛慈祥(丹凤眼),令人喜爱。用"笑"去形容凤,恰如其分。至于"落颌龙",我的见解是这样的:动物史上,并没有此类动物,或是我们祖先臆造出来的(图腾),它代表我国人民不畏困难,气吞山河的魄力,表达出龙的威武,张着口,所以用"落颌龙"来表达之。我国大部分龙的构图是画落颌龙张着大嘴,是有其历史根源与传统的。

艺人们的思想大大解放了,在我的印象中,一生也不能忘怀的是艺人们非常热心帮助我们,发现我实习作品中有不对的就热情地提出自己的看法,告诉我这些地方的处理方法,并耐心地一再讲解。我感到只有在党的文艺方针正确领导下,才能出现这样的好现象。

我们这次下厂实习,虽然学到东西不少,但和师傅艺人们比起来,就好像万里长征才迈开第一步,前面有很好的"宝物"须我们今后不畏困难努力去学才能获得的。

我感到学习传统技法掌握很不够,技法不熟练,很容易动摇,被其他风格影响,见异思迁。我雕马传统技法的构图造型是这样的,有时候会推开传统方法,所以作品不够传统,成为别人的东西,这样是不利于我们。那么如何看待传统东西,进一步学习传统技法呢?今后要多请教老艺人,多提出(供)典范作品来评述总结优缺点,这样才能更快更好地进一步对待传统技法。还应该多看古代雕塑名作和民间优秀作品。在理论上多学习历史优秀雕塑技法,从而充实我们的雕塑知识,这样才能对传统技法更好地掌握,为使我们石雕事业发展在传统技法巩固的基础上,批判吸收西洋的东西,做到洋为中用,古为今用,古今中外有机结合,取名家之特长,跳出古人窠白,别具风格,自成一家,这样才能使石雕事业不断发展,使寿山石雕推陈出新,大放异彩。

现在看起来此篇拙文很幼稚,但是真实的,它印记着岁月痕迹,所以我很珍视它,感谢潘老师的良苦用心。

1962年秋天,我毕业留校任教,其他四位同学分配到离学校不远的福州工艺石雕厂工作了(我们班12位同学到毕业时只剩下5位了)。因此,表面上我与潘老师成同事,但实际上我们的师生关系不但没变,反而更牢固了。我始终执弟子之礼以待之,与潘老师接触的机会也更多了。一天傍晚,我去找他,见他正在饮一小杯"地瓜烧"酒,他看见我,笑一笑说:"在作画前饮些小酒,下笔会更加酣畅有力,今晚我准备画几幅《兰花图》。"我怕影响他作画,就离开了。这次邂逅,让我得知他有画前饮酒的习惯,这样正好说明为何他的兰花极具气势。古往今来,文人多好饮者,现代画家傅抱石就是有名的饮者,潘老师也不例外。只是他工资低还要养家糊口,只能饮最低价的酒,这或许也是他借酒消愁,排遣胸中郁闷罢了。在他晚年,我去拜访时,一直不忘携一瓶好酒而去,他则是唯酒不拒,这是后话了。

我第一次见到潘老师的书法作品是在1962年,学校承担了装饰林祥谦纪念馆"祥庐"的任务,校领导请潘老师书写四条屏。通过三年来在学校耳濡目染,我略知一些书法基础知识,但当第一次面对这质朴豪迈,又充满淡雅清逸的楷书字体时,我眼前一亮,半天说不出话来。他平时不显山不露水,一出手就不同凡响啊!可惜当时全国上下最关心的是解决温饱问题,对于书法此类高雅艺术还排不上日程,不然潘老师的大名早就远播海内外了。

我自觉对寿山石雕技法掌握得还很浅薄,难为人师,所以请求到工厂锻炼。1963年春夏之交,我离开学校到福州工艺石雕厂工作。离校时,潘老师赠我两本书:一是线装上下两册光绪版《说文解字》,上钤盖"茂三藏书"印,另有白文"主兰"印;二是《张黑女墓志》碑帖,亦是光绪版,上钤盖"茂三审定"和"主兰"两枚朱文印。这两本书都是太老师及潘老师用过的,到我手上已是第三代,我珍藏之,并时常阅读及"心临"之(图3)。

1962年初,因石雕厂迁址,与学校近在咫尺,步行不到10分钟就到了,所以我经常带着篆刻习作到学校请教潘老师。他总是一遍遍地为我指出问题所在,我还拿出新石与其共享,我们论石谈艺,在苦中竟品出一丝惬意。偶尔在节假日也会跑到车弩巷他家中,请他评点篆刻习作。记得有一次路经白马桥,刚好遇见他,我上前问候他老人家,他似有疑惑,对我说:"大多向我学习篆刻的人,几个月或最多一年半载就放弃了。还有些人把石章放在我这里不到半个月,见我未刻他们就拿回去了。而你却丝毫不厌倦,一直跟着我学,石章放我这里好几年都不见你问一声,奇怪了……"我笑着答道:"我喜欢篆刻,也许是缘分吧!"他微笑不语,匆匆赶路去了。我望着他清癯的背影,在白马桥上伫立许久,心中一直回味着潘老师说的那番话。时至今天五十多年过去了,我仍在琢磨着这些话的含义哩!

图3 潘主兰赠施宝霖《张黑女墓志》碑帖

有一件事我终生难忘,那是1966年秋天,全国上下批"三家村"。潘老师也被游斗,恰好经过我们厂,被我看到了,我怕他精神压力太大,中午就去学校拜访他,想安慰他老人家,给他减压。没料到见面时他显得很平静,好像什么事情都没有发生过似的,我心也放松了下来。寒暄几句后,他就从即将封存的图书堆里,随手递给我一本《燕山夜话》,说:"这是报纸上批判的'大毒草'。你看看有没有毒,毒在哪里。"我拿过书一看,作者是马南邨,潘老师见我眼神疑惑,接着说:"马南邨是邓拓的笔名。邓拓是我们福州东门外邓家人,年轻时名邓子建,英华学校学生,出身于书香门第……"我翻看条目,发现里面有许多历史知识,这是我从未读到过的,我向潘老师借阅,他同意了。我用两天时间偷偷读完了,掩卷而思,不但不觉得是"大毒草",反而敬佩作者渊博的知识及对社会问题的真知灼见。特别是开卷第一篇《生命的三分之一》,给我印象最深刻,它教我们如何珍惜时间,特别是如何利用夜晚的时间。也就是从那时起,我十分珍惜时间,抓紧利用八小时以外的时间来学习,搞艺术创作。因为从事寿山石雕,要花很多时间,光靠白天是不够用的。珍惜时间创作,也才有了后来在绍兴建立的"可秀寿山石雕艺术馆"。因为读了《燕山夜话》，我对文史知识更加感兴趣了，后来我成为一名地方志工作者与其不无关系。我十分感谢潘老师，在那种黑云压城城欲摧的环境中，冒着极大风险借给我这么"开智"的一本书，真恩师也！

借书不久，我就听说红卫兵到他家把藏书抄了。他家藏书不乏善本，其中有宋版的书，在荒年无奈卖给省图书馆，接济生活。还有许多明版的书，清代的更不在话下，现在都将要付之一炬，对他老人家来说，打击实在太大了。他平时意志再坚强，此刻也要崩溃了，古代名仕焚琴煮鹤也不过如此了！所幸，当时学校红卫兵北上串联去，抄来的书籍封存起来，尚未烧掉。次年秋天，学校通知他领回被抄书籍，这批书籍终于"完璧归赵"，潘老师又见到了心爱的书籍，这次他又哭了，不过是喜极而泣。

"文革"不久学校停办了，潘老师被下放到角梳厂，离我所在的地方远了，我只能待节假日到他家去请教了，见面机会也相对少了许多。当时还没有装电话，所以联系就用书信。潘老师20多年时间内给我写了近60封信，有谈艺的、托办事的，还有两封荐信呢！其中一封是给杭州林乾良先生的，因为我去杭州因时间紧，来不及拜访林先生，所以便一直保存着。

1966年12月中旬，因我结婚布置新房，特请求潘老师赐墨宝。几天后他写了一条幅毛主席的《沁园春·雪》直接送到我家来。我打开一看，绝妙之笔，美哉！我一再鞠躬道谢（后来只奉上一包喜糖回谢他）。此幅书法作品，他用缪篆写就，书写线条工整劲削又雅逸，仔细一看，既无上款又无下款，打破常规格式，只见右下角"莽莽"旁钤一白文印"潘"字而已。我仔细一想，"文革"之火烧正烈，潘老师谨慎。虽然无上下款，只有"潘"字印信，但已是很宝贵了。但我坚信"书画"仍是中华民族瑰宝精粹。只要中华民族存在，书画绝不会灭绝的，我视同拱璧珍爱之，直到1994年12月（甲戌年）重裱后请潘老师补款。他用小楷写着"丙午腊月，为宝霖学弟书；甲戌年十二月，主兰补款。"（图4）这时我感叹时隔二十八年，潘老师早已被平反，恢复政治名誉，时逢改革开放大好形势，他精神焕发，虽已届八十六岁高龄尚能书蝇头小楷，不得不令人佩服他书法功底之深厚啊！

潘老师为我作的第一幅画是在1972年秋天。我的一本册页,请他为我画一幅《墨兰图》。他落款除用"主兰"外,还用了"劳人"二字。我揣摩着这二字意思,难道是"劳动人民"的缩写,或是"老人"的谐音呢?但后来在读到《诗经》时才恍然大悟,原来"劳人"典出《诗经·巷伯》:"骄人好好,劳人草草。""劳人"即"劳苦的人"的意思。这也正是他当时处境的真实写照啊(图5)! 5年后,也就是1977年(丁巳)11月他突然问我:"以前我为你画的兰花那本册页画完没有?"我说:"请海内许多画家画完了。"他说:"哪天有空到城里顺便带给我看看好吗?"我说:"老师要看,当然可以了。"于是,几天过后我把这本册页送到他家。又过了几天,他把这本册页用报纸包着送到我家。我打开一看,发现扉页有一张用毛边纸写的一篇跋文:

是册有梁黄胄画《舞蹈女》,笑容可掬。又一帧画《驴》,一驴俯首翘蹄作驱虫状;一驴正面身大半被首所掩。三蹄挺立,一蹄曲,笔墨老练。叶尚青指画《红菡萏》,写诚斋诗意,虽简率亦甚佳。卢坤峰《芦汀水鸟》,大似木人风格。洪世清《松树大熊猫》、魏紫熙《云山》,纯用浅黛,晴岚吞吐,苍翠欲流。陈子奋《疏柳飞燕》,当是随意点染。又有《孙悟空舞梻》,一为菊花佛桑用白描法,近人罕有其匹。宋文治《洞庭帆影》,叫人想起王摩诘"风波下洞庭"之句,益见水天空旷。李硕卿写《暮山》,夕阳返照。程十发画《少数民族》,二女子藉地手弄小鸡对坐,大母鸡无比夸张,味饶装饰。龚礼逸以干皴作《武夷山色》,则书卷气盎然。周昌谷大写

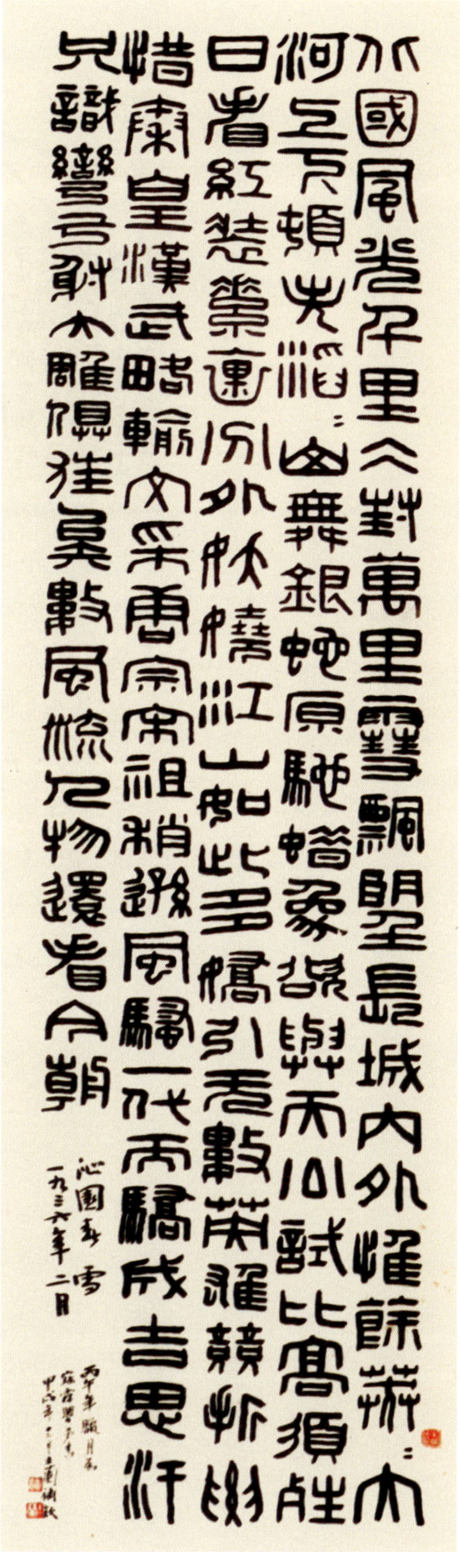

图4 潘主兰书赠施宝霖缪篆书法作品

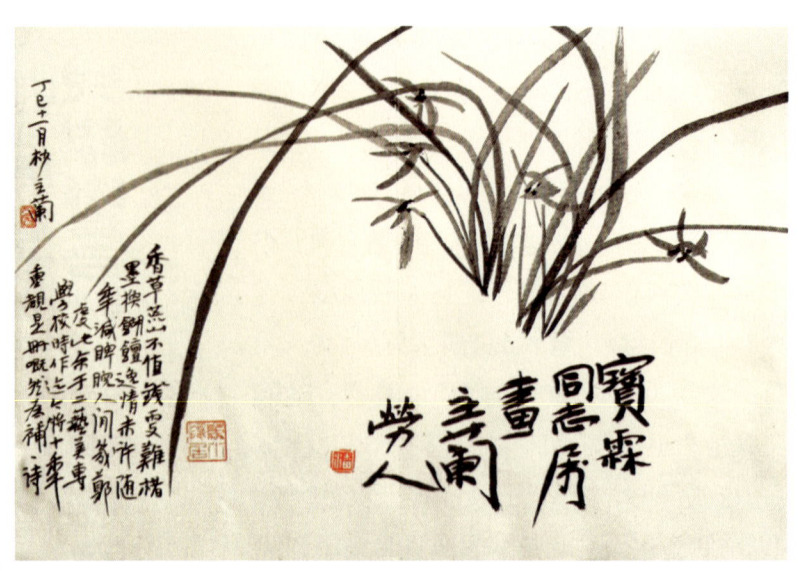

图5　潘主兰画赠施宝霖《墨兰图》册页

意红芙蕖,题曰《秋艳》,意甚洒脱。又指墨《荷花》《芍药》,酣纵有气韵,又画《牧羊女》,自题《墨戏》,非经意之作也。潘韵写《漓江舟中》,所见层嶂浮云,帆片荡漾,而逸笔绝群,设非生而与清湘气息冥合者,未易窥见堂奥。姚耕云写《石壁过云》,以秃颖出之,其下犇滩触浪,如闻澎湃。郑乃珖《花卉》,勾勒填采,衬以写意石头,别开生面。余写兰就中,以陈子奋《白描花卉》,匪但以法度胜其佳处,不可谓无散逸之妙。龚礼逸山水与余墨兰,倬有士气。

宝霖弟嗜画得聚所好,出以眎余欣赏之。余惜册中无一诗,因补一绝于余画,不无感喟系之。

丁巳十一月抄,潘主兰跋书明版套纸。

在册页中见他在《墨兰图》中补起七绝一首:"香草荒山不值钱,更难楮墨换餬饘。逸情未许随年减,脾睨人间几郑虔。"跋语:"此于工艺美专学校时作,迄今将十年,重覩是册,嘅然为补一诗。丁巳十一月抄,主兰。"无怪潘老师发这样感叹矣!纵观当今海内画坛,能有几人像郑虔那样诗书画三绝者(图6)?

因我喜欢收藏扇面,1971年秋天,我请求潘老师为我作一柄扇面。他一面画《梅竹图》,另一面用甲骨文书写毛主席的《沁园春·长沙》:"独立寒秋,湘江北去。橘子洲头,看万山红遍,层林

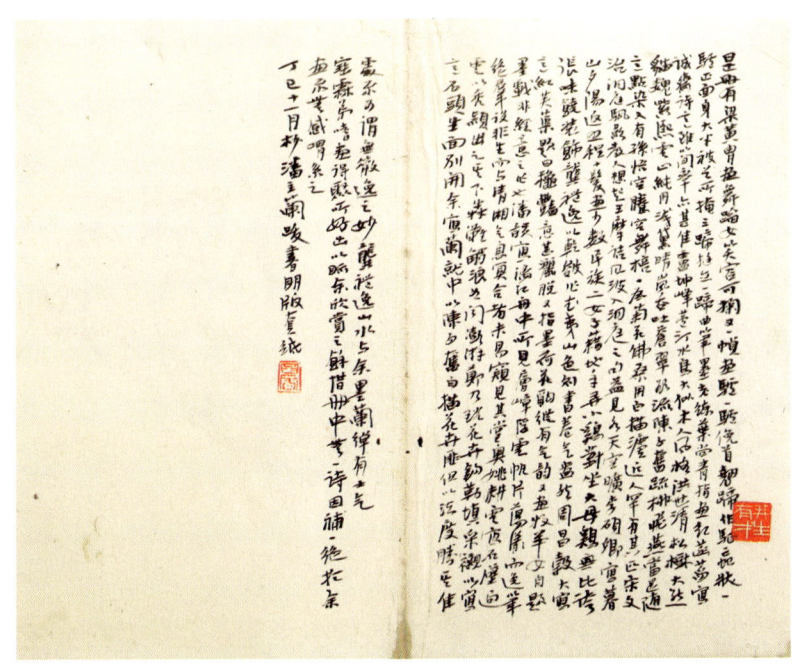

图6 潘主兰跋册页

尽染。漫江碧透,百舸争流。鹰击长空,鱼翔浅底,万类霜天竞自由。怅寥廓,问苍茫大地,谁主沉浮？携来百侣曾游,忆往昔峥嵘岁月稠。恰同学少年,风华正茂;书生意气,挥斥方遒。指点江山,激扬文字,粪土当年万户侯。曾记否,到中流击水,浪遏飞舟？"其中用小楷跋了"甲骨文字少,集书不易,此中有以偏旁或通假充之,若有不尽妥者,随人议论而已。一九七一年七夕,潘主兰。"(图7、图8)这114个字,一般写篆字都很困难了,但是潘老师偏偏用甲骨文书写,可见其胆识与学识多么与众不同啊!

  关于潘老师,还有一件事令我终生难忘且终生受益。那是1970年的夏天,潘老师怕我荒废篆刻艺术,并且过去几年只是零星讲解,不够系统全面,于是他利用书信形式继续为我讲授篆刻艺术。虽是书信形式,但书信中无上下款和日期,完全是以文稿形式分八次邮寄来,他嘱咐我千万要保存好,说将来会有用的。我明白这25张信纸,其实就是《谈刻印艺术》一书的底稿,将来有机会将其充实完善并加以插图,就是一本完整的《谈刻印艺术》书稿(图9、图10)。果不其然,是年秋天,由郑光中同学负责打印的《谈印艺术》油印本刊发,共八章,并在福州艺术界流行起

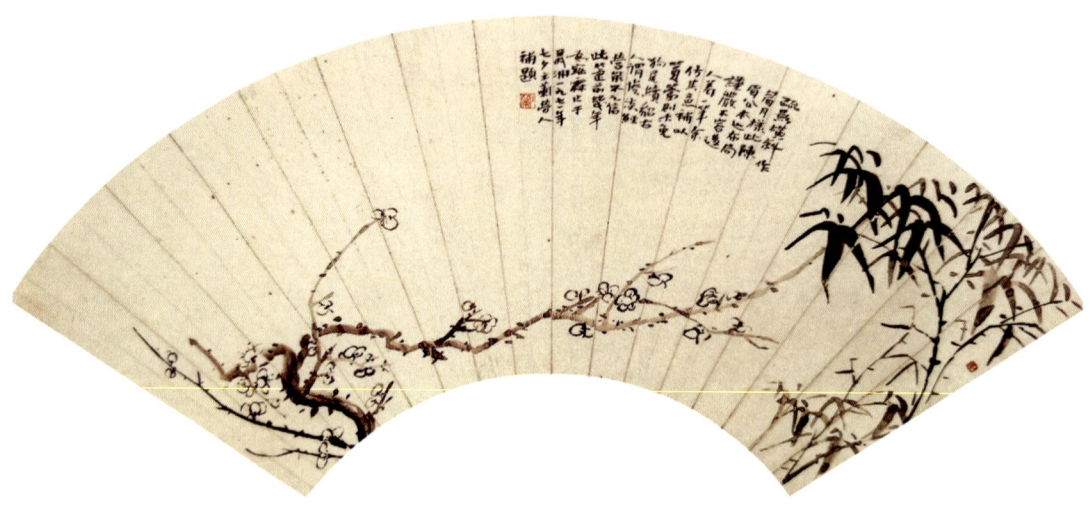

图 7　潘主兰赠施宝霖扇面画

图 8　潘主兰赠施宝霖扇面书法

来。后来由潘老师重新补充修改,由陈蔚石同学打印,有彩色印章插图的油印本再次刊行。潘老师将准备出版的书稿都能直接邮寄来先供我学习,毫不计较个人得失,他对我真是厚爱有加啊,我深深铭记他的款款师恩!

虽然我已到工厂工作,但仍喜欢研究寿山石与篆刻艺术,所以有事没事就到潘老师家中去,向他请教篆刻中遇到的难题,还有新出来的石品种等话题,偶尔也聆听他幽默而睿智的谈话,讲述着我所不知道的福州书画诗坛上的许多轶闻趣事。他见我这样痴迷于寿山石章,于是亲自写荐信给何敦仁先生,请他出示藏石让我见识见识。他给我简单介绍何氏情况:何氏出生于书香门第,其父何振岱先生是个大诗人,门生遍天下,而他本人也遍览各地。他要我说话不要太直率,要客气些,说话声音要小等。于是我顺利地见到了何先生,还得以欣赏到十几枚石章,这其中有许多是陈子奋老师刻的印章哩!

"文革"后期,有一天潘老师突然来到我家中,要我陪同他一起去仓山贺子畏先生家。于是我俩从三保三捷透乘渡船过江,登岸后经过一条窄小的石阶小路,七拐八转地终于到达贺子畏先生家。潘老师必定来过很多次了,两位老友相见甚欢,潘老师把我介绍给他,并说明来意,这时我才明白,原来他带我来是见识贺先生家里收藏的石章的。不一会儿贺老就捧托一盘几十枚石章供我观赏,他则同潘老师到另一间房子里去攀谈了。我仔细把玩那几十枚石章,发现这一盘印章几乎都是潘老师手刻,其中的一枚"鸡苏佛龛"朱文印,还是为畏老而刻的。我仍记得刻这枚印章的往事。有一天我看到潘老师在刻印章,很是吃力,满身石粉,他对我说:"不知这块石头是何品种,石质坚脆极不容易奏刀,下刀太重石崩碎,下刀太轻又刻不动,已经磨去三次了。"我说:"这是大山石,又经过打蜡过火,所以石质变得又坚又脆了。"想不到数年后又见到此枚印章,畏老当然不知潘老师为刻此印所付辛劳。这盘中石章几乎都是无钮的光头章,多是峨嵋、月尾等石质,无名贵品种。这件事让我领会到潘老师的心意,他为了让我增加对寿山石章及篆刻艺术的见识,开阔我的眼界,可谓不遗余力,甚至是身体力行啊!

1977 年 10 月下旬的一天,我带着十几块外地新出产的样品石章到潘老师家,其中有福清磨石、东际石、长泰石、罗源石、大田石、松政石、长乐石等。这些石头都能刻印,石质松柔与寿山石差不多,但不如寿山新出的峨嵋质优。在交谈中,我忽然问他:"老师您去过寿山村没有?"他回答说:"还没去过呀!"我说:"您老应该去一下。"征得他同意后,我们决定一起去,时间选定在 10 月 28 日。这天一早我同胞弟施宝忠一起,由他驾车接上潘老师到寿山去。我已经多次上过寿山了,一路上由我充当向导,哪里是岭头,哪里是下寮,哪条路去芹石,哪条路去日溪,哪里是四明寺,一一指给潘老师看。我们经过一个多小时的颠簸,抵达寺坪,

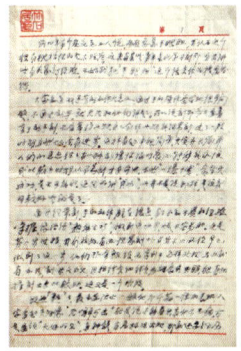

图 9　潘主兰《谈刻印艺术》信札

图 10　潘主兰著《谈刻印艺术》

便是寿山村村口了,车子往右沿着一条简易公路直接开到高山洞口平台上。平台地上停放着一台机器和几辆斗车,几经风雨,已是锈迹斑斑。矿工也不知去向,偌大的一座山头,只有我们三个人,空寂得很。山风习习,山头光秃,带着秋天一阵阵凉意。潘老师一路沉寂,表情严肃,若有所思的样子。他不时地望着山脚下的水田(产田黄石的地方),好像在寻觅什么。时近中午,我们一行三人来到好友光益兄家用餐。他特地杀了一只鸡招待我们,饭后稍事休息,我们品着寿山绿茶。这时潘老师表情略微开朗起来,后到寺坪一转,寺坪已辟为菜园,地里种植的蕃薯还没有收成。这次寿山之行虽寸石未得,但潘老师总算实现了一个金石家多年的夙愿。在返城路上,我对潘老师说:"古代诗人在寿山留下不少诗作,老师您是个诗人,此次寿山之行不可无诗以志纪游呀!"过了不久,他就在为我篆刻的"平生好石又好画"石章上,以边款形式留下了如下这首《寿山纪行》诗:

山家一饭独开襟,
闲话田黄值比金。
已分断珉无处拾,
寺坪延伫发清吟。(图11)

图11 潘主兰为施宝霖石章篆刻及边款拓片

1978年春天的一天,潘老师突然问我:"过去我给你的那本《说文解字》还在吗?"我回答说:"当然还在,太宝贵了,我都舍不得翻用它,生怕弄坏,书内还有太老师茂三公和您老的钤印哩!而且是光绪版,我珍存着哩!我平时用的是中华书局出版的《说文解字》!"他说:"好!那么你有空把它带来,我连同书法作品一起赠送给河南晏城许慎纪念馆。"我说:"这好呀!更有意义呀!"这让我想起1975年春天,游成都杜甫草堂时,见到一间专门陈列各种版本杜诗的藏书室,其中有一本明版《杜工部诗集》,赫然盖着"主兰"白文印章,一看正是潘老师捐赠给杜甫草堂的藏书,所以今天潘老师提起这件事时,我一点也不感到意外。不日,我即把这本光绪版《说文解字》奉还于他。如今想必这本书已经静静地陈列在晏城许慎纪念馆内,多有意义呀!

1982年夏天某日,我拿着一册我30岁至40岁时的篆刻习作印稿集,去请潘老师点评,欲做一个阶段性小结。过了数天,他便用报纸包裹着印集(他爱护书籍,习惯用报纸包着,怕弄脏书)亲自送到我家来。我一眼看到封面上潘老师亲自题签"宝霖自选印"。翻开里面一看,数十印都有他用毛笔写的评点,既肯定成绩,又指出不足之处和应注意的问题,同时又在扉页上题了跋:"此宝霖自选印若干方,大印极浑古可观,他作亦甚佳,艺进乎道,幸勉旃之。壬戌午节后兼旬阴雨,主兰志。"潘老师一如既往地对我关爱备至啊!我感动得热泪盈眶,不知如何报答他才好。此印选我一直珍藏着(图12)。

1983年春天某日,我带了两盒石章到潘老家,请他批评指正,并请他在锦盒上题签。他看得很仔细,脸上不时露出一丝笑意。然后对我说:"这两盒石章先放这里,我慢慢看好吗?"我说:"当然可以,请老师不吝赐教呀!"过了数天我再去他家,他把锦盒还给我,盒上题了"施宝霖薄意十章"签条。与此同时,他还送我一幅书法横批,并有长跋。横批"意匠惨淡经营中"七字,显得雄健遒劲,力透纸背。并跋:"宝霖攻石自出新意,尝历走名山,又

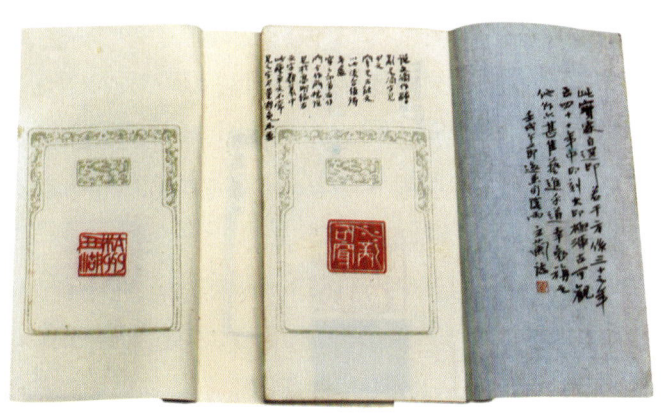

图12　潘主兰跋施宝霖印谱

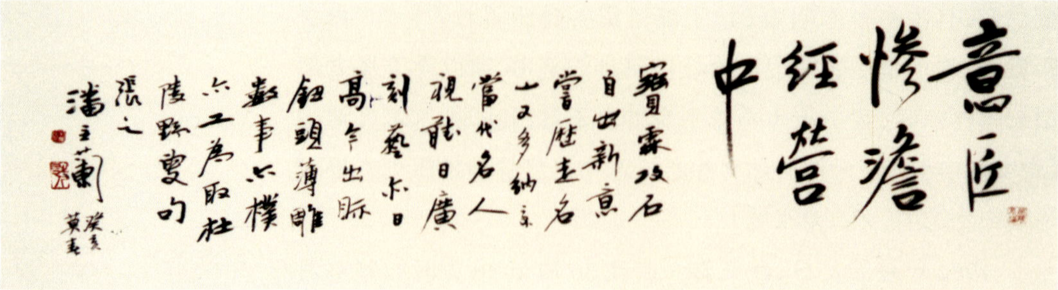

图 13　潘主兰赠施宝霖书法横批

多纳交当代名人,视听日广,刻艺亦日高,今出眎钮头薄雕数事,亦朴亦工,为取杜陵野叟句张之。潘主兰,癸亥莫春。"(图 13)

潘老师的"意匠惨淡经营中"这七个字,我以前曾见到过。那是 1982 年 1 月 16 日上午,我到于山大士殿去参观浙江温州人叶其龙与其子费时八年制作的一座"大观园建筑工艺模型"展览。偌大的大士殿除了陈列这座模型外,四周墙上挂满了华东各地书画名家的书法作品,有一二百幅之多,琳琅满目,可谓一次华东地区书法作品展呀!我环视四周后发现,好像感觉有许多作品挂不住似的,再仔细一看感觉又多了几幅,再看感觉几乎所有作品都要掉下来似的,唯一只有潘老师的"意匠惨淡经营中"条幅一直坚挺地挂着,其线条如铁铸一般,好似敲之铿锵作响,我想这就是书画理论中"力透纸背"的效果吧!于是,我看完展览就去找潘老师,同他谈起刚才的观感:"我很喜欢您那样的题词,富有诗意又贴切,人家都说您老甲骨文书法好,我认为您老行楷比甲骨文更胜一筹,不知您是否同意我的看法?"他听完我的话,第一次在我肩膀上拍拍说:"这是内行人的话。"停了一会儿他继续说:"这是我小时候练习魏碑字帖的结果,也叫童子功吧!"我接着说:"老师,历史上的书法有颜体、柳体……您的书法既不是柳体,又不是颜体,更不是褚体……是独树一帜的,我们今后就叫您的行书为'兰体'吧!很贴切呀!"

想不到两年后潘老师还记得这次谈话,并赠我这幅"意匠惨淡经营中"横批,我感动得一时语塞,不知说什么好,心中明白这是他对我的鼓励与鞭策。

在我与潘老师的接触中,有一场重要的学术活动,令我终身难忘。那就是1984年10月13—19日,河南安阳市举办的"殷墟笔会"(国际)。由于大会规定,凡年龄在70岁以上者,可由一位年轻人陪同参加,不知何因,在潘老师的众多学生中,竟选中我陪他赴会。

1984年10月11日,我陪同潘老师前往赴会。先从福州到上海,然后再坐飞机赴郑州。由于义序机场一位年轻友人苏兄的帮忙,我们到达上海后,直接住进了虹桥机场边上一位杨姓朋友的工作间兼卧室。刚好这天德国总理科尔访问中国抵达虹桥机场,我远远看到他在夕阳的余晖中从飞机云梯上下来。当天晚上,是我生平第一次在一张床上同潘老师抵足而眠。潘老师平时不爱说话,不知为什么那天晚上他话特别多,主动跟我说起许多他童年、少年和青年时鲜为人知的往事(这些故事容我在后面分别记述)。第二天,我们便从虹桥机场登机飞抵郑州。

10月13日晚上,我陪同潘老师到达安阳宾馆门口,受到热烈欢迎。安阳市委宣传部部长及大会领导亲自在门口抱拳拱手欢迎潘老师的到来,热情之语不绝于耳,我也倍感荣幸。

10月14日,大会安排我们观看安阳地区500人书法比赛,比赛安排在一所学校的操场上,一个人一张课桌。来参加的群体众多,有小学生,有女性代表,还有裤管上沾满泥土的农民等,场面蔚为壮观,这是我生平第一次见到如此规模的场面。晚上《书法报》记者杨白匋先生和铸公兄等来访。

10月15日上午,我们参加"殷墟笔会"开幕式,潘老被安排在主席台前排中间靠左边的位置就坐,大会上许多人宣读论文或讲话。出席会议的有国内甲骨文研究专家,如胡考宣、于安澜、游寿,还有日本的欧阳可亮,以及美国的周策纵教授等。几乎海内外研究甲骨文的专家学者都到会了,有数百人之多。

10月15日下午,参观"殷墟笔会书法作品展览",潘老师的甲骨文书法"洹上纪事"(殷墟笔会献词)六尺宣整张张挂在展览会最显眼的位置(图14)。这幅作品引起了众多参观者的注目,大家不约而同地发出赞叹声,尊称他为海内甲骨文书法泰斗。无怪乎许多年轻人都围着他转,把他当作奇人看待。众所周知,甲骨文被人识别的总共不过1000多字,潘老师能集用200多字甲

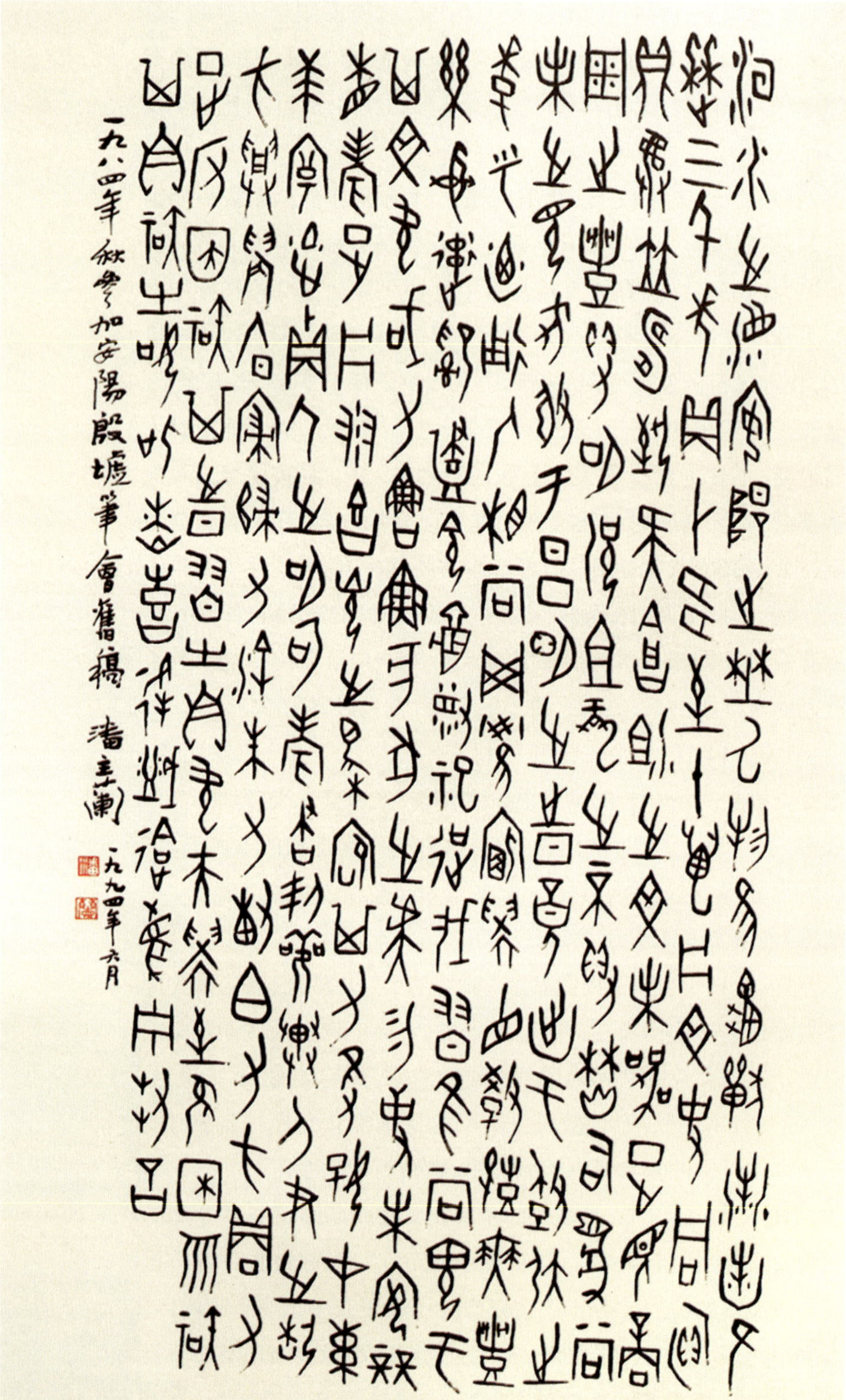

图 14　潘主兰甲骨文《殷墟笔会献词》（"洹上纪事"）

骨文写成文章，其难度可想而知！而且潘老师的甲骨文书法用笔如刀刻一般遒劲，但又不失笔墨韵味，不像其他人写的甲骨文书法，虽结构像甲骨文，但毫无甲骨文的风韵，只停留在一般的篆书上。俗语说："不怕不识货，只怕货比货。"偌大的展厅，高低优劣，一望便见分晓。在展厅中还遇见刘江、沙曼翁、杨鲁安，他们都向潘老打招呼，特别是内蒙古的杨鲁安先生，见到潘老很高兴，一直拉着潘老的手。最后还遇见了廖静文先生，她也有作品参展。

晚上在宾馆，我目睹了潘老师书写甲骨文的整个过程。他用羊毫笔起笔轻入，行笔过程中按笔，最后提笔，这样一来头尾笔条都是尖的，呈现出如刀刻划一样的效果，其中三味只有潘老师真正品味得到。这里还有个小插曲，那是在 10 月 16 日下午，大会秘书处魏峰突然来找潘老师，请他为徐悲鸿夫人廖静文女士刻印章。突然要刻印章，就得有石章和刻刀，还好我来安阳时带上了几枚巧色峨嵋石印章，此时正好派上用场，但却没带刻刀，情急之下，我想起《书法报》记者铸公兄了，与他同来的杨白匋先生带有一把刻刀，所以我就借杨老的刻刀给潘老师用了。虽然刻刀不顺手，但凭潘老的功力，也能"钝刀利手"，最终顺利完成"静文"白文章，我把它钤盖了下来，刚好在旁的铸公兄也钤了一枚（图15）。魏峰带走"静文"印章后不久，又返回来，亲自向潘老求刻一印。潘老应允，即刻动刀，不一会儿，"殷人魏峰"白文急就章就刻好了，魏峰先生很高兴，潘老谦和的形象给大家留下了很深的印象。这时，铸公兄乘势取出手边的册页要我请潘老师代为题写甲骨文书法，潘老听后，立即题写"多行好事"四字甲骨文，并跋"铸公同志属正。一九八四年十月，同客安阳潘主兰"。无论潘老师在刻印还是写字，身边总是围着许多人观看。潘老师一生淡泊名利，从不张扬，极低调做人，为什么外地这么多年轻人都敬佩他，犹如追星一般围着他呢？我想是因为书法展上的那幅六尺宣"洹上纪事"题词，这正是甲骨文书法的影响力啊！这幅甲骨文书法已成为当今海内独一无二的作品了。

10 月 17 日，大会安排参观安阳博物馆及妇好墓考古现场，我们看了"司（后）母戊"大鼎（1960 年李芝娜老师曾用脱胎漆器制作一模一样"司母戊"鼎），又看了殷墟出土的甲骨文甲片，这

图 15　潘主兰刻"静文"白文印

些甲骨文片不正是殷商时代的国家"档案馆"嘛。我把这个想法告诉潘老师,他点头表示同意。这次不仅开拓了视野,还增长不少历史知识。另外,我们还参观了一座正在考古发掘的古墓,大墓呈现上宽下窄的斗形,已经快挖到墓底了。过去我只在《文物》杂志上看过发掘的报导,今天亲临现场,感觉大不一样,我请铸公兄为我和潘老师拍照留念,遗憾的是,不知何故,时至今日未见照片寄来。

在安阳,每晚都有年轻人到我俩房间来拜访潘老,求签名、题字等,一直到深夜12点我们才能休息。17日晚上送走客人后,我俩都无睡意,我见潘老精神尚佳,就对他说:"老师是诗人,这次殷墟盛会,不能无诗呀!他听毕微微一笑,就走到桌前铺上一张4尺4开宣,挥笔即书诗一首并跋:

车尘混混入安阳,
县梦多年甲骨乡。
自笑不疲文字役,
岂因山水始徜徉。

甲子秋九月,与宝霖同客洹上,有诗纪之。潘主兰午夜书。

潘主兰老师把这幅书作送给了我,我欣喜万分,见桌上尚有一张弄脏的宣纸,就在上面画了一块石头,请他补上竹子,并题字以做纪念(图16、图17)。

10月18日上午,我们参观浚县浮丘山碧霞宫。该县博物馆工作人员早早在大殿庭院中摆好了八张桌,桌上放着笔墨纸砚,请这次笔会的书法家们赐墨宝。我看见两张桌子已经围着许多人,是上海青年书法家们在那里挥毫表演。我看尚有一张桌空着,就提议潘老师在此留下墨迹。我刚言毕潘老即在那张四尺宣纸上挥毫写下"林泉毓秀、河岳钟灵"八字。他是从"秀"开始写起,所以叫逆写,我帮着理纸,当他写完"潘主兰"刚要搁笔时,我说老师应补上"福州"二字,他听后立即补写。当摄影记者及观众赶到时,他已掷笔扬长而去,尤如隐逸归去山林一般。找不到潘老的身影,摄影记者无奈,只好把镜头对准桌上那劲削又雅逸的书法作品按快门。这一幕虽已过30多年,但在我脑海中还十分清晰地记着。接着,我们又来到大伓山瞻仰大佛像。这尊佛像高达27米,据说是我国第三大佛像,建造于北魏时期。在佛像边,我们邂逅了上海篆刻家高式熊先生。

18日下午,我们参观了汤阴县岳飞故里,瞻仰了岳飞庙,岳庙由岳飞故居改建而成,门前立有一块碑刻,上刻"岳飞故里"四字。庙宇不大,但香火鼎盛,庙壁内间嵌刻着岳飞《出师表》书法,我买了一本《出师表》字帖做纪念。尔后,我们又拐到羑里城遗址去参观。遗址是圆形土台,是我国第一座监狱,因囚禁周文王之故,遗址上还有一座文王庙和一块乾隆帝御书诗碑。我们走过路边田野,发现当中还竖立一块文字古怪且看不懂的古石碑,我问潘老师这是什么文字,他也摇摇头,说没有见过。眼前这块很不起眼又略带荒凉的地方,曾经是中国文化的巨著《周易》的诞生地,使人不得不肃然起敬。我们顺路还看了袁林,袁项城墓在洹水边的一块坡上,据说毛主席视察河南停留安阳时曾有过指示,要保护袁林,所以才躲过"文革"一劫。袁林不大,由照壁、甬道、封顶三部分组成,一眼望过去一目了然,是中西合璧的建筑。

10月19日上午,召开殷墟笔会闭幕式和安阳地方书法大赛颁奖仪式。潘老师依然就坐主席台,他兼作书法大赛颁奖嘉宾之一,为此次大赛的优胜者颁奖。会后我们与众与会者合影留念并发证书(图18)。

10月20日上午,我提议去洛阳龙门石窟景区参观,因为该景区离安阳很近,潘老师同意了。龙门石窟景区位于洛阳市南13公里伊阙处,据史料记载,石窟始凿于北魏孝文帝前后,历经北

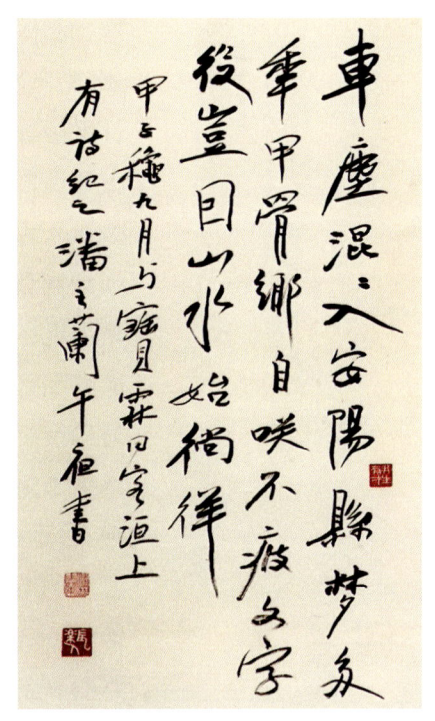

图16　潘主兰书赠施宝霖《客安阳》条幅

图17　潘主兰与施宝霖合画《竹石图》

图 18　安阳殷墟笔会纪念证书

魏、北齐、北周、隋、唐 400 多年。远远望去，两山有 2100 多个窟龛，密密麻麻如蜂窝，大小佛像有 9 万多尊。一路看去，龛中佛头几乎都没有了，残破不堪，惨不忍睹，这点给我留下极深印象。我走在前面探路，当看到"古阳洞"时，高兴得跳了起来，叫着"老师快来看，字帖'龙门廿品'十九品在这里啊！"潘老神情凝重，细细观看着。我用手轻轻摸了摸壁上的题刻，心中揣测着老师是否也在想：原来临写了一辈子的"龙门廿品"是刻在这壁上的。能够零距离、面对面地与"龙门廿品"接触很难得，我特意为潘老师拍照纪念。我们最后来到奉先寺观看卢舍那大佛像。据说这尊大佛像是以武则天为模型凿成的，高达 17 米多，从各个方向去观看，她都带着慈祥的笑容，精美绝伦。我不喜欢把她比作"东方维纳斯"，觉得这个比喻很别扭。奉先寺原有建筑物遮盖着佛像，后来毁坏了，石壁上留有柱孔洞。卢舍那大佛像旁边，还有完好的天王、力士等雕像也极为生动传神，充分展示了大唐雕塑艺术的风采。我们在佛像前留了影（图 19），为这巧夺天工的艺术精品所折服。接着，我陪潘老师凭吊关林，并互相拍照。20 日下午，我们去白马寺礼佛。据史料记载，白马寺建于东汉永平十一年（公元 68 年），为佛教传入我国后建造的第一座寺院（第一祖庭）。相传蔡愔和秦景二人去西域取经，用白马驮回佛经，所以该寺以白马命名。寺内有元代半堂罗汉塑像，脸部表情刻划丰富，栩栩如生，衣纹圆润流畅。过去我只在书本上见到过宋元雕塑，今天近距离面对着这些雕像，仿佛看不够，想把所有细节全部印在脑海中，不舍得离开。潘老也一直注视着这些罗汉像，对其雕塑

图 19　施宝霖与潘主兰在龙门奉先寺合影

艺术赞叹不已。观后我对他说："看来福州寿山石雕人物继承了清代传统,而这一时期的雕刻艺术已走向衰落,即将面临变革。"他同意我的观点。这次的白马寺之行,让我决定放弃之前寿山石雕人物的传统造型与技法,选择自刻简笔人物造型与技法。

10月21日,我陪同潘老师来到嵩山少林寺,在寺前遥望五乳峰达摩洞,达摩洞深邃悠远。潘老在中岳庙《嵩高灵庙碑》前盘桓许久,任何一位书法家站在自己心仪的碑刻前都会心潮澎湃,潘老自然也不例外。走出中岳庙,见前面不远处(约300米左右)的田野中,有一座像庙一样的建筑物,我对潘老说:"您老先不要过去,在这里等,我先过去看一下,这样您可以省体力。"我大步流星地跑到这个建筑前,一看牌上写着太室阙,我兴奋地想回头去叫潘老,结果刚一转身,他已在我面前了。我吓了一跳,一个年届76岁的老人,怎么能与少他30多岁的人一样健步如飞呢?我不解地问他:"老师,您的行走速度怎么这么快呀?"他笑笑说:"我早年在税务部门工作时,要去收税,为了节约车马费补贴家用,都是徒步跋山涉水,练就了脚力。"眼前这位文质彬彬的学者,年轻时也有这样的经历,这点我还未曾听说。接着,他边看太室阙,边说:"这就是与少室阙、启母阙一起并称的嵩山'汉三阙'也。"我们能亲眼目睹汉代建筑,是何其幸运啊!

10月22日,我俩从洛阳乘车经上海回福州。在火车上,我对潘老师说:"感谢您老这次带我出来,让我开阔了眼界,增长了见识。古人云:'读万卷书,行万里路。'读万卷书我做不到,但行万里路我是做到了。"一路上,我与他谈感想谈见闻,可他只是偶尔插话,可能脑中仍在回想这几天的经历吧!而我考虑最多的是今晚的住宿问题,口中也一直叨念着,不知下火车后,能否找到旅社。也许是有缘吧,一位好心的大姐收留了我们,暂住她家。在上海站下车后,我们跟随她走进一座两层木屋中,她用门板在厅中铺搭一张床,又从楼上拿下被子与草席,晚上我与潘老师再一次抵足同眠。可能是由于旅途劳顿,我早早入睡,一觉醒来时,这位大姐已把粥煮好了,请我俩用早餐。用餐后,我找大姐结算住宿及早餐费,被她拒绝了,她说:"出门在外,经常会碰到这种事,我也有过这种经历。"我一再道谢,并请她留下姓名与地址,以便日后联系她,她写下:朱雪芝,上海闸北曲阜西路 25 号。我把它记在小日记本上。辞别她后,我们就坐火车返回福州。1992 年 9 月,我趁去上海出差之机,特意带上茶叶和桂圆干等礼物,到闸北曲阜西路 25 号拜访朱大姐,可惜时过境迁,这里已经高楼林立。我不知朱大姐的新址,无法报答她的恩情,只能默默地祝她一生平安!这算是安阳之行的一次奇遇与插曲,但朱大姐的热心助人令我毕生铭记。

　　这次殷墟之行,我与潘老师聊了很多有关他的往事。他小时候很调皮,在家读书时,举行拜师礼,他却不好好拜。理应行礼如仪,但当他拜完最后一下却翻了个跟斗,被其父狠狠地打了一顿。我用怀疑的眼光看着眼前这位斯文的老师,没想到他童年时也如此顽皮。他见我不相信,接着说:"这是真的,但父亲对我要求非常严格,九岁至十一岁时,每天早饭前,都要站在庭院边在斗底砖上练字一个多小时,一点儿也不能马虎,天天如此,从不间断。"我说:"原来老师也是练的童子功,怪不得您的书法功力这样深厚啊!"他继续说:"我年轻时也很狂呀! 1919 年春天,我还从福州坐轮船到上海跟人家赛诗去。"我说:"这不叫狂,这叫自信,我曾经听礼逸师、义耕师说过,您老的诗在福州诗坛很早就成名了,十几岁时就与诗坛耆宿一起作诗唱和。"他说年青时曾习过武,练过宗鹤拳。我哎呀一声说:"宗鹤拳的抖手很利害,真看不出来,像您老这样的读书人也会武术?"不过我相信练武术对书法、篆刻有一定帮助,练过武术的人会将全身的气力运到手臂上,再由手臂传递到手指,这样握笔握刀,就能更好地掌握轻重缓急的力道。他还说他读过许多佛经,研究过佛学。其实佛教的书也是修身劝善的,念经亦可修身养性。我说:"从您老充满禅意的山水画中,就可以看出您研究过佛学。"他接着说:"年轻时我曾说过,作诗者如不知潘某,那就不是诗人;作画者如不知潘某山水画的,那就不是画家……很狂吧!"我说:"这也是老师自信的体现啊!如果没有学富五车,没有深厚的文化修养,也不可能说出这样的话来。"我曾听马端伯说过这样的话,潘老年轻时,每年正月初一必画一幅山水画做纪念,他说潘老画中山水是第一的。从马端伯的言谈中,可见潘老很早就重视山水画。他曾主张:"老子作山水,不知什么为廓,为皴法。'笔欲其峭,景欲其奇'八字常在怀抱中,虽生今日,终未肯后尘于四王也。"老师的山水画纯粹属于文人画范畴,而且有倪云林风貌,虽逸笔草草,但内涵深邃,恬淡冷逸,好似不食人间烟火,不同凡俗。总之,像我这一辈人,读的书真是不及潘老的万分之一啊,所以没有像他这样高深的学问。再加上所处时代环境不同,审美差异较大,所以我们有时不能准确理解潘老山水画中的意蕴。过去见到他的山水画比较少,他教拙荆山水画课时,我已离开学校到工厂去了,后来只在林榕华医生处见到过他画的数十帧山水册页,多是用水墨,无设色(图20)。我们这一辈人一接触山水画都是提倡风景写生的,特别是李可染、张仃、罗铭三人的写生山水画展,曾在全国报刊上宣传,影响极大。我们身处批"四王山水"的时代,因此喜欢李可染和宋文治等人既有传统又有创新的新版山水画。在这样的时代背景下,潘老的山水画就显得有点曲高和寡了。当我真正意义上认识到潘老山水画的精妙之处时,我不敢再向他求画了,我已有他的字画十数幅之多,都是分文不收的。我想,这次殷墟之行,他的声誉一定日隆,身价也高了,影响之大与以往已不可同日而语了,求字画者肯定更多,而且潘老年事已高,精力不如以前旺盛,为了他能健康长寿,创作出更多的书画作品,我带头有偿请老师写字作画。

　　潘老师还跟我讲起了甲骨文研究的故事,他说国内研究甲骨文有"四堂"之说。所谓四堂,即郭沫若字鼎堂,董作宾字颜堂,罗振玉号雪堂,王国维号观堂。这次来安阳,那位行动不便的日

图20　潘主兰画《山水图》

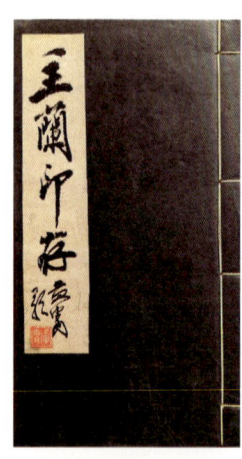

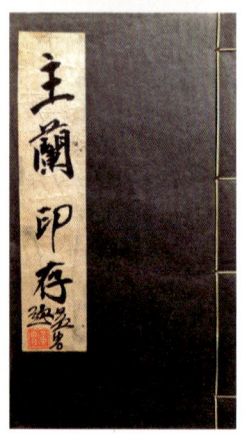

图21　黄胄题签《主兰印存》剪影

本欧阳可亮先生就是董作宾的入室弟子。老师的话让我对甲骨文有了新的认识,我开始对甲骨文产生兴趣。

我心底尚存一个问题,过去想问但又不好启齿,趁这次旅途老师谈兴正浓就向他请教。我说:"老师,我曾见过您使用'天涯三客'一印,三客者是何人也,一定有三人吧? 除您老外尚有二人是谁?"他回答说:"那是解放前的事,'天涯三客'除我之外,还有一位是我校同学张本的父亲张虚我,名昇,字虚我,号烟波钓客,品极孤高。另一位是长乐琴江(洋屿)人李鹤山,名莹,号鹤山、琴江散客。"我终于明白,潘老所谓"天涯三客"的内涵了。

1984年春天,著名画家黄胄先生应项南书记之邀来闽做客。4月15日晚,省政协举办黄胄先生书画观摩会,会上,潘老师应黄胄先生之邀,在他画的一幅《钟馗图》上题诗,只见潘老在画上写下"画师笔下生形象,魑魅见之尽辟易"之句。刚要搁笔,黄胄先生又请他题写篆字。他谦让不过,就写了缪篆"驱邪"二字。黄胄先生笑眯眯地说:"写得好,写得好呀!"我所知能在黄胄先生画中题字的只有五人,除潘老师外,尚有叶剑英、赵朴初、刘海粟和启功。黄胄先生之所以了解潘老的书画篆刻艺术,是我去北京拜访他请题签时他谈起的(图21),所以,这次他来福州特意请潘老师题字。这次他又请潘老师刻了七枚九印(二枚是连珠印),印钮由我刻,潘老为黄胄先生夫妇刻的印章是:"黄胄之印"白文,"雨石居"朱文。此连珠印是黄胄先生最喜欢的,他晚年经常使用。还有"闻慧画印"白文、"梁郑氏"(朱文)(联珠印)等九印。后来黄胄先生即将离开榕城时,特地赠画给潘老师,并携夫人登潘门告别。可见黄胄先生对潘老师之敬重,或许是两书画大家之间的惺惺相惜吧(图22)!

潘老师第一次在黄胄先生画上题诗塘是在1982年,我因私事要送礼,只好写信请黄胄师为我作画。于是梁老师请师兄杨列章先生带来一幅无上款的《五驴图》交给我。我一看此图精美绝伦,是梁老师的画中精品,担心送人会明珠投暗,遂自己珍藏之。装裱后我即请潘老师题诗塘。他跋:"画一驴易,画群驴不易。画各具形态易,画偎依荡倚亦不易。尤以水墨挥洒,大笔出之,能不混、不乱,愈见功力之深之不易也。倪与古人《八骏图》较其优劣,

当自瞭然,非吾之阿好也。宝霖出际斯图,为书观感归之。潘主兰,甲子识。"(图23)

我又于1986年春天,拿着黄胄师的《拜石图》诗塘请潘老师题跋,他跋:"宝霖与寿山石结缘历二十几年,爱之、藏之、刻之,号石知己,真无负也。我家藏寿山石尚不乏名品,惜荒年散尽,今箧中有者,多是宝霖所赠,可念也。黄胄先生为作《拜石图》,意味深长,宝霖当善藏之。丙寅三月,潘主兰题。"(图24)这幅图也是我最喜欢的藏品之一。1986年春天,他第三次在黄胄师为我画的《面壁图》诗塘上题跋:"黄胄先生画笔传神,人多心折。岁甲子十月,宝霖与我同赴河南安阳参加殷墟笔会,顺道入登封,观太室、少室、开母三石阙,上山游少林寺,寺右有达摩面壁石,因低徊久之。今宝霖出际此图属题,为记前游归之。丙寅三月,潘主兰病翳中。"(图25)写到此,我搁笔沉思,心发感叹。我何其幸得此两位大师抬爱,接二连三珠联璧合为我创作书画佳作,师恩深情无以为报啊!

图23 潘主兰在黄胄画《五驴图》诗塘题跋

图24 潘主兰在黄胄画《拜石图》诗塘题跋

图22 潘主兰为黄胄师夫妇刻印

图 25　潘主兰在黄胄画《面壁图》诗塘题跋

1986年端午节,我去拜访潘老师,他从书柜中拿出一本徐中舒编写、四川辞书出版社出版的《汉语古文字字形表》送给我,并在扉页题:"宝霖弟阅,主兰持赠。丙寅端午节。"(图26)后来我才知道,这本书是潘老托林勋兄从北京购买的,一共两本,一本自用,另一本赠我,他对我的关爱真是无微不至啊!他还曾引荐我加入省书法家协会。我申请表交给他后,他不但为我修改表格,还在表尾写下批语:"申请表已换,改稿代抄送,理事会昨天已通过。现带下登记表,可按表格填,工艺美术方面不必填,免得人们认为要在工艺协会去申请。篆刻作为重点写前面,工艺品作为次要,附带即可。登记表填好,等待通知。要贴相片(大约四张),又要交入会费,全年会费。二印不送去。"虽然经过30多年,时至今日重读此稿,仍热泪盈眶。一日为师,终生为父,他对我的照顾不正是父亲对一位孩子的深切厚望吗?多好的一位老师啊!

1987年秋天,我欲在京举办我的个人展——"寿山石雕艺术与篆刻艺术展览",前去与潘老商量,他不但大力支持,还亲自为我在一张四尺整张宣纸上书写《简介》:"简介。福建闽侯人施宝霖,一九四零年生于农民家。乡之秀丽山水,童年已刻其性灵深处,从小滋长对绘画艺术之癖好。一九五九年,入福州工艺美专,攻雕塑专业,遂与温润斑斓寿山石结缘,因自号石知己。其创作多不同流俗,原由善于因材施艺之所致。略举大者,则有《海鲜盘》石雕,获全国工艺美术百花奖优秀创作设计奖。又《长征组雕》:《过草地》并《突破腊子口》二件,为中国军事博物馆选入馆藏。斐然有成者,当不能忘梁黄胄老师等谆谆指教也。间亦作山水画,藉以丰富艺术素养。今将以二十几年来八小时工作以外手刻百有余品,公开展览,以艺会友,而求提高,图名牟利,非宝霖意也。一九八七年,潘主兰撰并书。"(图27)这幅手书《简介》书法作品,是他对我最高的褒奖与鞭策,时刻催我奋进。

1999年12月,为了庆祝澳门回归祖国,我在福州市画院展厅举办个人艺术展览。展标由福建省人大主任袁启彤题写。潘老亦为我艺展题词:

施宝霖艺展题辞:

寄傲多年此石头,

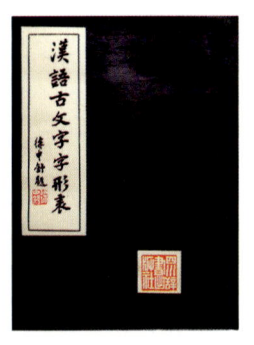

图26 潘主兰为赠施宝霖《汉语古文字字形表》扉页题字

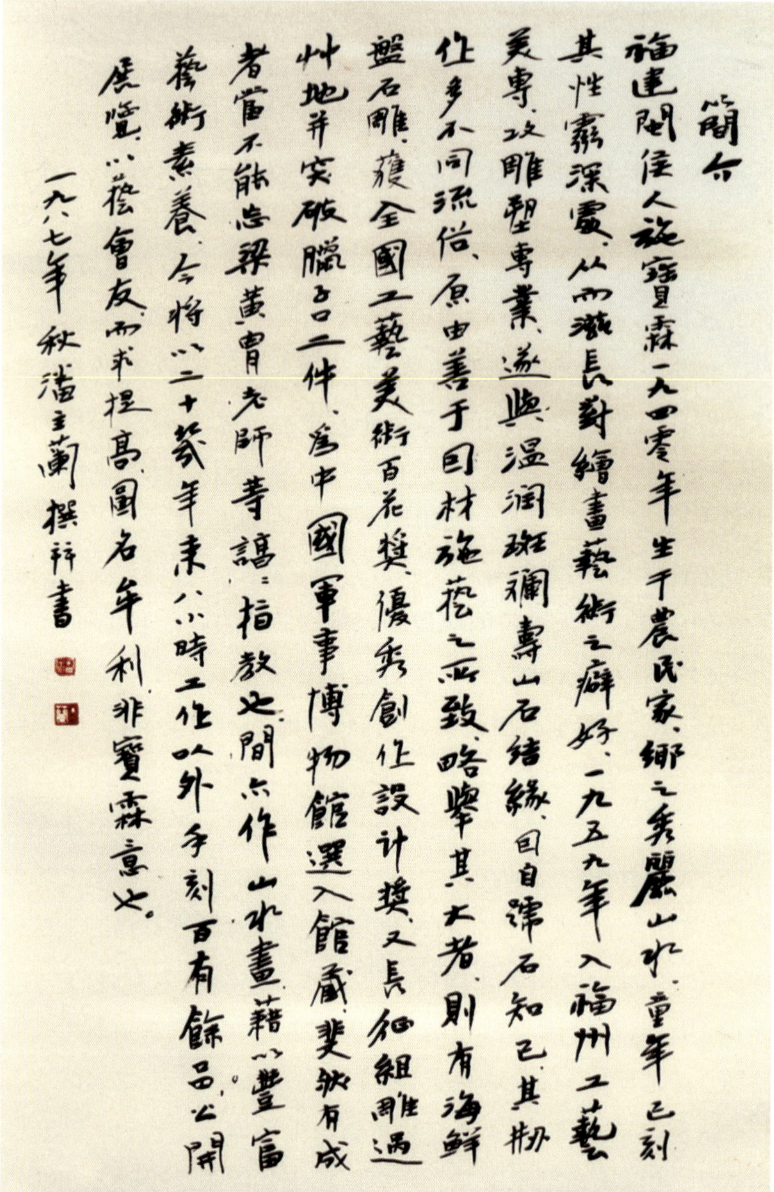
簡介

福建閩侯人施寶霖一九四零年生于農民家，鄉之秀麗山水，童年已刻其性靈深處，從而滋長對繪畫藝術之癖好，一九五九年入福州工藝美專，攻雕塑專業，遂與溫潤斑斕壽山石結緣，因自號石知己，其創作多不同流俗，原由善于因材施藝之所致，略舉其大者，則有海鮮盤石雕，獲全國工藝美術百花獎，優秀創作設計獎，又長征組雕過草地并突破臘子口二件，為中國軍事博物館選入館藏，斐然有成者當不能忘梁黃胄老師諄諄指教之間亦作山水畫藉以豐富藝術素養，今將以二十餘年來八小時工作以外手刻百有餘品公開展覽，以藝會友，而求提高，圖名牟利非寶霖意也。

一九八七年秋潘主蘭撰并書

图 27　潘主兰为施宝霖撰书《简介》

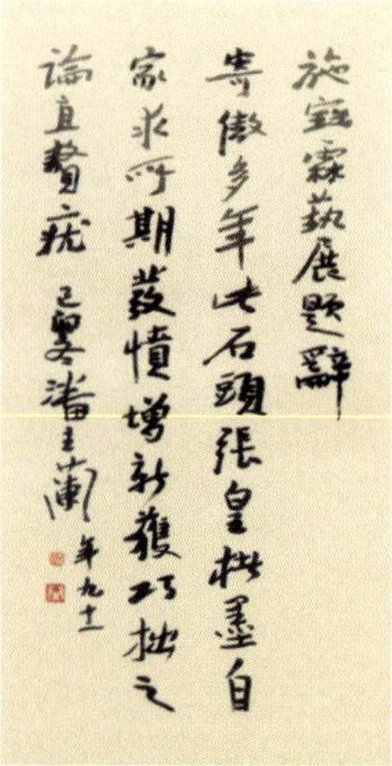
施寶霖藝展題辭

壽徵多年出石頭，張皇楮墨自家求，可期發憤增新獲，巧拙之論直贅疣。

乙卯冬潘主蘭年九十一

图 28　潘主兰为施宝霖艺展题辞

张皇楮墨自家求。

所期发愤增新获，

巧拙之论直赘疣。

乙卯冬，潘主兰　年九十一。（图 28）

此题诗共写两幅，其中一幅我赠给绍兴“可秀寿山石雕艺术

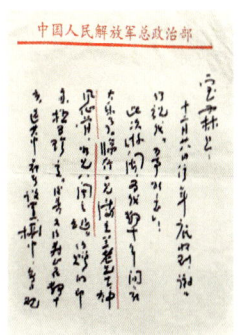

图29 潘主兰与施宝霖合影

馆"。

展览期间,潘老还拄着拐杖,亲自到场参观,仔细观看我的每件展品。他老人家始终面带微笑看完展览,并应我要求合影留念(图29)。我留他共进午餐,他婉辞了,独自回家。我万分感念老师的恩情,当时我望着他的背影,心中就想起刘白羽先生在1985年1月9日给我的信中写道:"临行一见潘主兰老先生,神风仙骨,如见八闽之魂。"(图30)刘白羽先生以作家独特的视觉评价潘老,可谓十分贴切而独到啊!

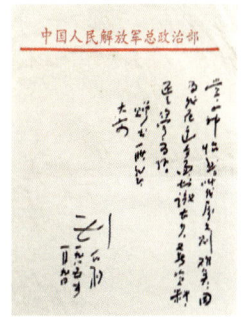

图30 刘白羽致施宝霖信札

1987年8月初一天,我到潘老家拜访,他一见我就说:"以前我为黄胄先生刻的一枚白文'黄胄之印'你有没留下拓片?"我回答说:"老师,我不但留印底拓片,还留下边款拓片呢!"他说:"那就好,你把这枚印章拓片统统拿出来,因为上海书店要出版我的印谱,我认为此枚印章刻得尚好,可我这里没有留下此印的印拓,所以只好向你要了。"我立即回家,把我收集的《潘主兰印集》中唯一一张"黄胄之画"及边款拓片(图31)剪下,给老师送去。

图31 潘主兰为黄胄刻印

这年9月,这本由顾廷龙先生题签,

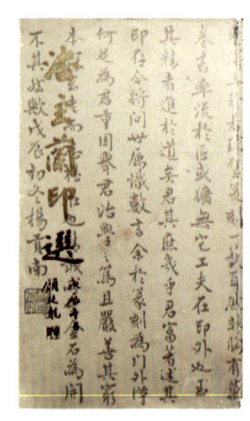

图32 《潘主兰印选》

杨贡南先生作序的《潘主兰印选》，终于由上海书店出版发行，这对于年届八十一岁的老人家也是一种慰藉。几十年奉献给篆刻艺术事业，到如今才正式出版问世一本印谱，这是多么不易的事啊！潘老很高兴，特地签名一本赠我(图32)。

由于潘老印选出版，我也得以认识了上海书店出版社的编辑童辰翊先生。

1992年夏天，我联系上海书店出版社的童先生，问他能否为我出版《印钮艺术》一书，童先生要我把书稿寄去，我即请潘老作序。他用四张笺纸书写《序言》："余好石章，但不甚喜钮。《说文》：钮，印鼻也。于今虽无用于佩，则视为装饰艺术，供赏玩亦未始不可，奚为不喜，岂因其乏良工之制耶。观夫古官私钵印，辑为印谱者有之，汇为字书者亦有之，何独钮雕专著尚付缺如。窃以为非品小不易被人瞩目，即钮式无足评述，不然胡为世之作者不之顾耶。古钵印印鼻制作，大抵初尚简，渐而繁，后复归于简。逮元明后，石充印材与私印之钮，层出多新奇，曰兽钮，禽鱼属焉，创博古、锦袱、祥云诸钮式。进而于印石四周刻山水、人物、花鸟、草虫，俨若秀丽画图，皆以薄意技法施之。别有揣摩石色，引刀施凿，使突出象物，其制也巧。缘知印钮艺术与时代推移而迭有精进，品小云乎哉？钮式无足述云乎哉？然良工至竟不多觏，粗制充斥于市肆，鱼目混珠，受诈谓者众矣！返观于人之贤佞莫辨，不亦犹是乎，良可叹已。宝霖施姓，号石知己，卒业雕刻专科逾三十年矣，顷出所编《印钮艺术》稿来乞序。是书搜集历代印钮品固不多，要皆精粹者，重在述源流。于寿山石制钮技法艺术则详说之，并附以自己钮雕图片都百事，适足相辅阐明，宝霖制作，简朴见灵巧，尚无流派之习。世有好印石重篆刻，宜与钮雕同其珍。览是书者，则知余言之足征也。辛未四月，潘主兰序。"(图33)潘老手书此《序》为本书增色添彩不少。他的手书，我十分珍重之，但此书出版后，出版社连同所有的书稿照片都寄还与我，唯潘老所书《序》笺纸不见退还我，我多次去信催促未见回音，音信杳然也！我痛心不已，出版此书付出的代价太大了。

1996年春，有一天，潘老与我说起，他有一部诗书画印的书

 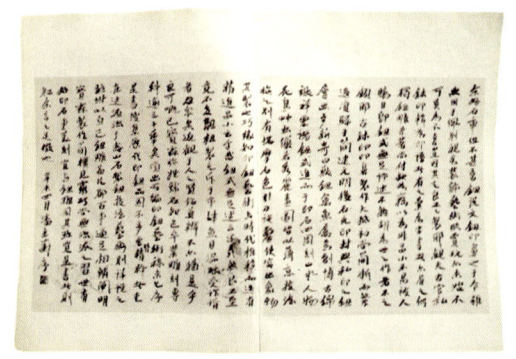

图 33 《印钮艺术》及序

稿,送到福建人民出版社已有一段时间,要我帮助询问一下出版进度。我说:"老师不要紧,《福建省出版志》也将由福建人民出版社出版,是我负责联系的,我帮您问问杨加清社长。"于是乎,我到出版社除处理我业务范围的事外,还顺便催促潘老这本书的进度。最后这本由启功先生题签的精装本《潘主兰诗书画印》,终于在9月10日正式出版。我带着沾有油墨气味的样书,径直跑到潘老家,把书交给潘老,他老人家高兴地把书翻了一遍。我在旁说:"老师这本书很有意义的,赠我吧!"他欣然应允,并用毛笔写好:"宝霖弟存阅,主兰丙子教师节持赠。"盖章后,他好像意犹未尽,又用钢笔写上:"本册宝霖由印刷厂第一版取回欣然属题。"(图34)

这是他第二本正式出版的作品集,而且是精装本,这也算是潘老几十年来钻研学问的一次小结。这本作者签名本我十分珍惜,一直放藏在书柜中。

潘老晚年,总有许多美工学校的学生去探视他,他不嫌麻烦,总是一一接待。有一天我到他家,看到一幅已写好的书法条幅放在桌上,看到上款时,我惊讶起来:"某某不是'文革'期间曾批斗过您老的红卫兵小头目吗?"潘老未等我把话说完,就接着说:"她昨天来了,向我表示道歉,说很后悔。那时她还是小孩,做了鲁莽的事。几十年都过去了,人家喜欢我的字,我怎么能拒人于千里之外呢?"潘老胸怀宽广可见一斑,他心地善良,甚至对于伤害过自己的事都既往不咎,可见大家风范啊!潘老师一直有着拒礼不收的习惯,宁德的陈远兄多次来看他都带着东西,他坚决不收,这次提来一桶鳗鱼,还放在原地。我对他说:"老师,您老曾

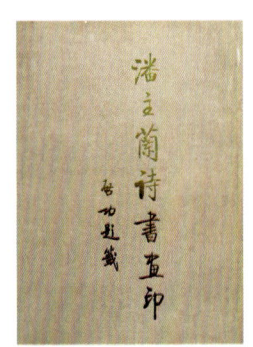

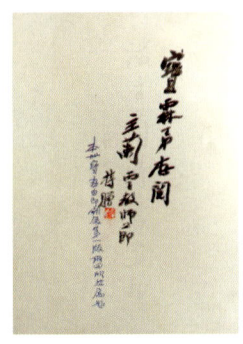

图 34 潘主兰赠施宝霖《潘主兰诗书画印》及题词

号干净客,但学生来探望您总不能空手来吧!古代孔夫子收学生时也有收束修的规定,有学生曾以干肉做束修,陈远兄大老远跑来向您老请教,带一些水产品也是应该的,他不是当束修,而是聊表一下心意而已,您说是不是。"他听完微微一笑,又去忙别的事情去了。

二十世纪八十年代中期,我曾先后陪同《人民日报》记者李绪萱兄和《光明日报》社社长姚锡华先生二次上寿山考察,欲找几块牛蛋石,我突然悟到田黄石正是高山石,是风化后滚落在田地里,长年经受三氧化二铁浸泡浸蚀而形成的。田黄石是二次成石的,它的母石(根石)就是高山坑头石;它没有坑洞,而是在水田里、溪流边,所以称田石为妥。过去所谓"三坑",是指山坑、水坑和田坑,其实,确切地说称为"二坑一田"为妥。有好事者把田黄石神秘化,其实它并不是什么无根之璞。

从寿山回来后,我带着这次从寿山带回来的有三层皮的牛蛋石,来到潘老家,专门同他讨论寿山石的问题。我把这次的新见解向潘老汇报:"这块石头也是从产田黄石的田地捡到的,因为它的母石没有萝卜丝,所以就成牛蛋了。它第一层黄皮是滚落到酸性土壤里形成的,第二层黑皮是滚落到碱性土壤里形成的。至于白皮,我认为是滚落到中性土壤中形成的。田黄石中黄格红筋纹路,是原先石头风化有格裂,然后滚到酸性土壤田地里,受三氧化二铁浸蚀而形成。从粗石(无萝卜丝)风化滚落到田地成牛蛋黄石,这正是田黄石的成因,也揭穿了田黄是无根之璞的谬论。过去人们因交通不便,没有办法去寿山实地考察,也难怪人云亦云。但现在交通发达了,可以亲自体验,稍加思考,就不难发现田黄石的成因,不知道老师您同不同意我的新见解。"潘老没有回答我,他静静地听,也不插话。我继续说:"那么为什么从清代开始把田黄石称为寿山第一品,近来更疯狂地吹捧为石帝呢?究其原因,从传统文化方面来说,炎黄子孙受黄河文化影响,中华民族将黄色视为正色。黄色也代表皇权,是皇帝专用色,黄金亦是黄色,代表贵重。其次是遵循物以稀为贵的观念,加上虚荣心重的人、商人和好事者推波助澜,神秘化了田黄石。其实田黄石对于雕刻者和篆刻家来说,与其他寿山冻石没有什么区别。但由于田黄石被神秘化后,反而影响雕刻者和篆刻者的创作情绪,通常会因过分紧张而难以下刀。如若在田黄石与桃花冻石两者中选其一,我宁可选桃花冻石,而不选田黄石,原因有五:一是用物以稀为贵的标准来衡量的话,桃花冻石比田黄石更稀罕,我在一个藏人家中见过大大小小田黄石200枚之多,但桃花冻还不到10枚。二是田黄石有许多品种,可以冒充,因此买田黄石者上当受骗者不胜枚举,有个别的还弄得倾家荡产。而谁能仿桃花冻乎?还未见过。三是田黄石色彩单一,只不过淡浓色调不同而已。桃花冻石色彩艳丽,红白二色交相辉映,令人陶醉。四是田黄石形状单一,多是椭圆形的,而桃花冻石形状多样。五是田黄石石质坚韧松软不一,这与母石的石质有关。而桃花冻质地温润,坚韧适中。这是我几十年石雕实践得出的结论,孰是孰非,结果不是很分明了吗?"大半天都是我在阐述对寿山石及田黄石的一些认识,本想与他探讨,但潘老始终只是在一边沉思不语,不置可否。

但过了一年以后,一天,我看到潘老的一首《田黄颂》诗是这样写的:

瑰宝天生剧有情,
寿山举世早知名。
水田得石坑何在?
也许科研可发明。

潘老还有一首《与客谈寿山石有新意》诗亦一并记之:

有韵有情还有趣,
藏家喜契寿山缘。
以稀为贵原公道,
专美田黄见亦偏。

潘老诗中写到的"水田得石坑何在"以及"专美田黄见亦偏"两句,足以证明,他同意我关于田黄石与桃花冻石的论述,尚且不论诗题中"客"指何人也。

我与潘老师相处40多年中,也有过摩擦,但只是一次小的矛盾。那是在1992年他重订新《润例》后(图35),有客人托我请他写字绘画,我就按《润例》价格,与客人协商好,待潘老画好,我把客人带至他面前,把钱直接交给他。这样重复了两次,当第三次这么做时,潘老向我诉说家人不喜欢有生人来,让我以后直接把钱交给他就可以了。我把关于钱的一些顾虑说与他听,他说相信我的为人,我只好按他吩咐的去办。潘老品格高洁,可能我这么做是打扰了他的清净吧!

1994年年初,由郑光中等同学发起,请潘老带头与历届美工校毕业同学代表举办师生作品联展。于是4月30至5月8日,在市美术馆展厅举办了福州十二人书画作品联展。这是福州工艺美术学校成立后的第一次美术联展。参展者有潘主兰、郑益坤、郑学恭、陈公泉、施宝霖、余逸柏、方宗珪、吴东奋、郑祖斌、郑光中、郑春松和傅永强。这是潘老鼓励年轻人,借自己的名声来提高他们的知名度,反响还是不错的。韩国客人买了郑祖斌的《梅花图》,本来还想购买我两幅山水画,但我没有卖(图36)。

1996年5月1日至10日,在福建博物院内,由积翠园艺术馆主办了潘主兰书画作品展。这次展览共展出书画作品67件,大多是武夷山的潘老友人陈建霖提供的。开幕那天,福建省人大常委会主任袁启彤、福建省副省长潘心城等领导出席(图37)。我看毕展览后感觉到,潘老书法如名山同在啊!为了扩大这次展览的影响,我特地撰写了一篇题为《学者风范,书画出奇——观潘主兰先生书画展》的文章,发表在1996年6月13日的《人民日报》

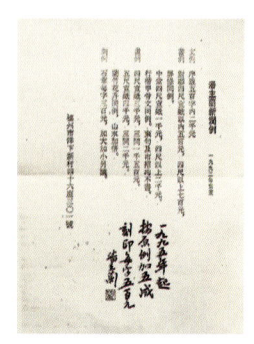

图35 《潘主兰新润例》

图36 福州十二人书画作品联展宣传折页

图37 潘主兰(左六)书画作品展券及与会人员掠影

（海外版）上。全文如下：

潘主兰先生书画展终于在福州积翠园艺术馆揭幕了，由于潘老淡泊名利，从不张罗自己的个展，所以直到85岁时，才由其艺术的崇拜者与爱好者们促成此展的进行。所展出的67件书画篆刻作品，是由陈建霖先生提供的。许多参观者惊奇地发现，这是他们首次见到潘老如此多的精美作品。

展厅中第一件作品为甲骨文书法《字魂》，其集210字甲骨文写成的文言文。传世的甲骨文，人们仅辨认出千余字，用它作文章，其难度可想而知。看到这件作品，我不由得回忆起1984年10月，陪同潘老参加安阳殷墟笔会的情景。与会者都是研究甲骨文的专家、教授和书法家，还有来自美国和日本的有关客人。潘老的大中堂甲骨文书法，就挂在中央展厅最醒目处。当时引起轰动，好评如潮，"书坛奇人""甲骨文泰斗"等赞叹声不绝于耳。许多人围着潘老询问求教，争相与他合影留念，直到午夜，来访者还络绎不绝。从此，潘老的甲骨文书法被海内外书法爱好者所珍而藏之。

实际上，潘老的书法成就不仅仅表现在甲骨文上，他的行书尤具个性和艺术特色。这次展出的"武夷第一峰"行书条幅，其笔沉墨酣、气贯如虹的神韵，令观者好似面对着一座壁立千仞的山峰，大有高山仰止之概。展品中有两副行楷对联亦令人注目。一副是"如此名山宜第几，相当曲水本无多"（图38），另一副是"看天造地设此名山游溪曲值得傲人有非凡境界，问古往今来惟盛世品岩茶乐而忘我为大好风光"。此二联的意境

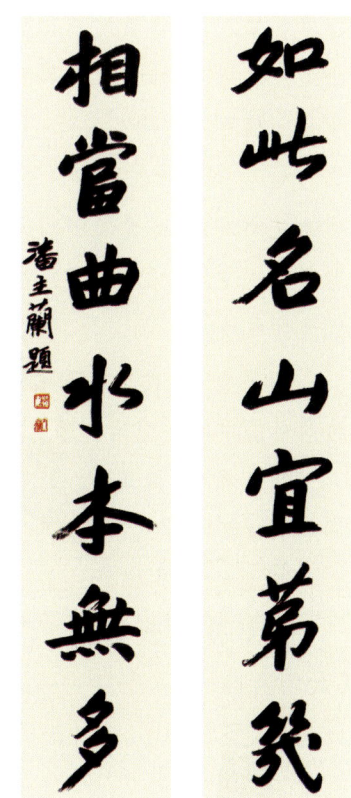

图38　潘主兰题武夷牌坊七言联

超凡脱俗,对仗工整,韵律和谐,且书法遒劲浑厚,矫健轩昂,无疑是潘老行楷对联的代表作。若干到武夷山的游客,看到这二联的刻石都为之倾倒。我国著名书法家、诗人赵朴初老先生在这刻石前徘徊低吟,品味再三。当武夷山市领导请朴老赐墨宝时,朴老谦让道:"我的字不行,你们福建潘主兰先生的书法才是真正书法家的字呢!"

展品中有三条屏小字行楷书蔡琰《胡笳十八拍》,其清隽秀逸、明快果断的气势令人惊叹!据陈建霖先生介绍,潘老写这三条屏时,已80多岁高龄,但他坚持站了一个上午,不停笔地一气呵成。陈建霖怕他漏掉个别的字句,请他用书本对照着写,他笑着说:"这蔡琰的《胡笳十八拍》,我早在少年时就背得滚瓜烂熟了,还用书本对照?一对照就分神了,气就不贯了,行笔就走样了,那是写不好字的。"

如果有人认为潘老清高,不关心社会,只知关门读书做学问,那就大错特错了。若不信,请看展品行书横披:"毁林最是没心肝,岭秃山空未忍看。滥伐之风如尚炽,何殊烈火大兴安。"这首七绝,文辞犀利如剑,饱含着爱林真情,有一股摄人神魄之气,毁林者看到它会浑身发抖,爱林者看它则无比畅快,它所起的护林作用,岂是一般号召文稿可以比的?

这次展出的国画作品不多,但仍可看出潘老直追宋元、心折云林的疏朗淡雅、冷逸超脱的风貌。他的兰、竹早为世人称道,画面充满典雅适逸的气韵,即便是着色的"红梅"和"朱竹",也脱不了冷逸恬淡的气质。

行笔至此,我想起著名作家刘白羽先生早在1984年1月9日给笔者信中的一句话:"潘主兰老先生,神风仙骨,如见八闽之魂。"

可不是嘛,他集诗、书、画、印于一身,并都取得很高的成就,能不是福建的瑰宝吗?(图39)

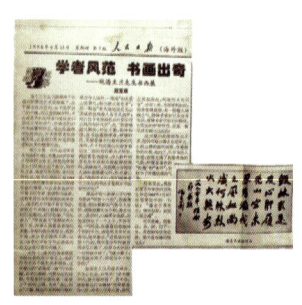

图39 《人民日报》(海外版)刊登施宝霖《学者风范,书画出奇——观潘主兰先生书画展》文章

过了两年,我又撰写了一篇关于潘老篆刻艺术的文章,题为《大巧若拙,推陈出新——潘主兰篆刻艺术管窥》,1998年9月1日在《人民日报》(海外版)刊出。全文抄录如下:

海内书法界论及潘主兰老先生的多是书法艺术成就,他的甲骨

文书法被公认为海内翘楚。其实,在20世纪30年代,潘老是以诗人、印人身份活跃于艺坛的。其篆刻艺术成就不比书法艺术成就低,只因他为人谦和不事张扬,篆刻艺术成就被书法艺术之名掩盖了。随着潘老篆刻的悄悄流传,人们惊异地发现,在八闽之地还有一位可与陈子奋匹敌的大篆刻家。于是,研究潘老篆刻艺术的人日渐增多了。

由于潘老数十年如一日饱览群籍,并对文字学有过深入研究,心得独到,因而将自己的书斋命名为"读说文馆"。他曾说:"言印莫先于识字,学书安可不通文。"这是他的经验之谈。综观他的篆刻,可见其深厚的文学与文字功底。他主张学印应从秦玺汉印入门,认为:"汉人的印结构形式、气魄、风度都具有一定的艺术性,看多看惯了就会看出它造型变化的丰富内涵。"他要求学生刻印先要平正大方,自己亲自做表率。如图中"激扬文字"等印,他蔑视搔首弄姿、故作奇肆的印风。提倡学习篆刻者应做到"手勤、眼明、胆大",也就是"手勤",多实践;"眼明",有识别能力;"胆大",提倡不断创新,绝不能食古不化。

潘老如果一味追求秦汉印风的话,也不可能成为顶尖篆刻家。他始终都在继承优秀传统基础上,不断探索,创造自己的新风格。他在《谈刻印艺术》一书中这样写道:"秦权、秦诏版文以及汉开母庙石阙、石门颂、褒斜道碑、祀三公山碑、吴天发纪功碑、晋好大王碑等,这些字体有的是篆,有的是隶,都是很好的字体,可以参考入印的。从这里吸收进来稍加变化,不像篆书,不像隶书,再结合简化字,可能成为一种新型的印字。这不过是我个人体验理解,也是我自己所走的道路。"潘老晚年篆刻风格大变,形成自己的独特风貌,便是走自己的篆刻之路的必然结果。"指点江山""入海鱼龙""神游物外""书生意气"等印,是他创造的"新型的通俗印字入印"的范例,从这些印拓中可以看出具象美与抽象美相结合的风貌,亦可品出"大巧若拙,质朴纯真"的韵味和神情,真是令人回味无穷,遐想无限。前不久,潘老对笔者说:"可惜悟得太晚,现在目力不行不能刻印,不然可以多刻些,效果会更好些。"这句话说明,他虽然年届九秩,目力不行,但头脑并没有停止对篆刻艺术新的思考与探索。

潘老的边款也充分体现其书法艺术的魅力。他说："取六朝小楷作边款一定更佳。"从所刻边款中，可以看出他早年书法研习过《张黑女碑》等六朝碑刻，故有质朴清丽之感。潘老平生心仪黄士陵，因此在边款中有时亦流露出黄牧甫的痕迹。

潘老执教半个世纪，著有《谈刻印艺术》《近代印人录》，出版了《潘主兰印选》和《潘主兰诗书画印》集。

行文至此，不禁使我想起，作为生活在榕城的篆刻爱好者是够幸运的，因为他们拥有得天独厚的篆刻材料与名师：寿山石、八宝印泥和连城宣纸（连史纸），加上像潘老这样的名师指导，并有良好的艺术氛围，闽中一定会有篆刻艺术才俊出现，会有优秀篆刻作品面世的（图40）。

我写这篇文章的目的，是为潘老的篆刻艺术做宣传，让更多人认识潘老，认识我国优秀传统篆刻艺术，以报吾师之恩德。

晚年的潘老，多以诗人身份出现，写诗也是他所钟爱的。书画作品中，经常会看见其自刻"诗人"和"此身恰是诗人未"朱文二印，足可佐证之。去拜访他时，他也最喜欢与我谈诗。有一次，我到他家，他老人家正在埋头抄录诗稿，我说："老师我十分喜欢您画竹和题竹诗。如'绝爱湖州竹数竿，繁非容易简尤难。若教貌得人潇洒，风雨诞前仔细看'。此诗写得多好呀，百诵不厌，如若没有对生活深入观察，绝不能写出这样充满诗意、画理和哲理的诗来。还有如：

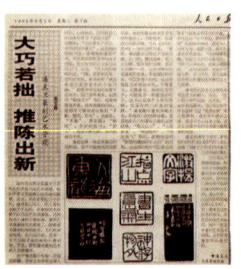

图40 《人民日报》（海外版）刊登施宝霖《大巧若拙，推陈出新——潘主兰篆刻艺术管窥》文章

窗明几净见山楼，
帘外萧竹几多竿。
漫道侬家闲笔墨，
闭门自笑却风流。

风风雨雨不知寒，
缚帚仍须仗几竿。
遍地尘埃驱扫尽，
墟心直作赤心看。

> 十年种竹几多竿,
> 十年画竹却无端。
> 古来高节虚心者,
> 萧疏容易动摇难。

仅举以上几首诗,这哪里是写竹,分明是写人,完全是诗人的自况,直抒胸臆啊!妙哉耶!我对古诗词见解十分浅薄,接触古诗词也较晚。经常会听友人对我说:"你老师是著名诗人,福州文艺界无人不晓,你也应会写诗啊!"我听了面红耳赤,感到十分惭愧。大半生忙于刻石糊口,又加上天资愚钝,虽然对文字有兴趣,但对作诗却一窍不通,有畏难情绪,所以不敢打扰潘老。近来潘老喜欢与我谈诗,因此也鼓起勇气学作诗了。前几年去北京,登上景山顶万春楼,一时冲动,口占一首七绝《登景山万春楼有感》:

> 今日登上万春楼,
> 京华风物一眼收。
> 最是令人销魂处,
> 天安门前人如流。

另外,又胡诌一首七绝《有感》:

> 世事纷繁说不清,
> 权誉财色靡靡音。
> 若问如何对待之,
> 不慕不妒平常心。

我把这两首诗写在纸条上递给潘老指正,他读了一遍后说:"第一首平仄押均可,第二首前三句还行,只是最后一句中'不慕不妒'平仄失了。"我很不好意思地对他说:"老师,我普通话说得不标准,读音也不准,所以影响到平仄律韵,怎么办呢?"潘老说:"全国只有浙江与福州作诗最容易成功,各地都争不过这两个地方。因为福州话中有许多是唐音,所以容易学。你不要被'平平仄仄,仄仄平平'的格律弄糊涂,请记住'张口发声是清音'即平声,闭口发声是'浊音'即仄声,只要记住这个诀窍,平仄就不难了吧!至于诗意嘛,那就要看个人阅历学养及感悟了。现在我们来谈一下不慕不妒平常心的平仄问题。"他一边推敲,一边沉思,我俩默之无语几十分钟,也没找到修改方案。由于逼近午饭时间,我不得不先行离开。直到今天,我这首有缺陷的诗稿仍放在那里。回想起这件事,心中总觉得愧对老师,没有好好学作诗,但我会一直坚持下去,读诗作诗对自身审美能力、文化修养的提高有着潜移默化的作用,亦可陶冶心灵,何乐而不为。

潘老师平时对学生教育培养,包括写字绘画的指导都是分文不收的。为了表达对潘老的感激之情,我与几位同学商量,决定为潘老祝寿。为表达敬意,我还提议每年教师节那天都能举办一次。于是在 1993 年 9 月 10 日这一天上午,我邀请潘老、郑光中、林公武、陈达、郑春松、刘敬扬和傅永强等人,聚集于山书画院潘老画室,大家畅谈品茶。近午时分,潘老在大家的簇拥下,到画院对面的一家酒店,以午宴的形式为他祝寿。师恩难报,聊以此祝他老人家健康长寿吧!

1998 年 9 月 10 日,是庆祝潘老九十寿辰之日,他提出这次以素斋的形式,于是由西禅寺请方丈赵雄出面接待。我特意雕刻了一尊牛蛋黄石寿仙敬献给他,他很高兴地收下,并拿在手中把玩了几下,我说:"聊表心意,不成敬意,祝老师健康长寿。"(图 41)这次参加祝寿的有赵雄方丈、林公武、郑光中、郑春松、刘敬扬、林立端和

图 41 潘主兰九十寿辰日施宝霖赠石雕《寿星》(左起:施宝霖、潘主兰、林公武)

我。

近来,整理潘老给我的书信,共有60封之多(不包括"谈刻印艺术"文稿信),多是有所托或是荐信。唯有三封信可公开,一封是说印,另一封是谈读书,还有一封谈书法,因为对篆刻艺术和书法艺术有研究价值,所以抄录如下:

如何研究刻印,这问题,我一直认为首先要读书。第一要读毛主席《在延安文艺座谈会上的讲话》,其次有许多文艺理论值得我们学习的。

非读好书,必然不可能刻好印的。至于字体为分配,章法上如何结构,这都是容易解决的问题。

过去给你刻了几个印,以及今天的抄书印,可以说不读书的人是刻不出来的,里头有一种秀气、灵气,这种气就是多读书的结晶表现,是不可移易的理论。往往看那些人刻的印,外貌好像很动人,其实是剑拔弩张,不值识者一笑。"虎山樵子手抄"一印,是什么字体,什么派别,说不出来的。汉印没有,浙派、皖派也没有,赵之谦、黄牧甫也没有这样,吴昌硕更不是这样,妙就妙在这里。古人说"令人不可捉摸",就在这里。

六七十年代,要学习书法篆刻等,资料极缺。偶然碰见一两本印谱、字帖或理论书籍,只好借来,手抄钩摹下来,供日后学习参考之用,所以请潘老刻此印钤记之。潘老这期间中寄给我的书信均无上下款,也无日期(日期只能在邮戳上找),这表明他为人极谨慎也。(图42)

1985年3月3日,我给潘老寄了一封信,内容是向他汇报近来刻印情况,请他点评,于是他回信如下:

甲骨文入印不好安排,因字瘦,只好单刀。最好多字作错落布置,有疏有密,方见神韵,所以篆刻者较少为之。

"乙丑牛肖形印","乙"字可能是"己"字,有无错可查字书。"山河美"白文最佳。"持之以恒"刀法较强。"积少成多"朱文弱些。刻朱文印要遒劲,要疏朗。此印初看去,无少疵病,但经详察,就感

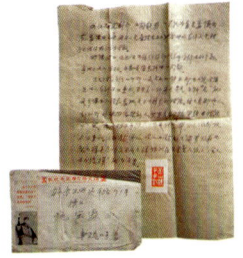

图42 潘主兰致施宝霖信札

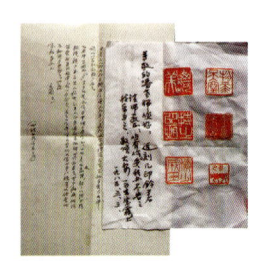

图43　潘主兰致施宝霖信札

到板滞,你以为然否?总之,四字印宜多变化,不宜四平八稳,落入俗套。此为秘诀,可共勉之。此复。

宝霖弟文几

主兰,三.八(图43)

1987年元旦,我寄去一封信,在向潘老祝贺新年的同时,附了一件有关书报文章的剪报给他看。他回信给我,内容如下:

董文写《书法艺术标准》一文,所语标准就是三点:用笔、结构、章法,文章极肤浅。

第一点讲"用笔美",述点画产生一短、秾纤、曲直、方圆……又述变成篆隶楷行草,都是前人说过了。

第二点"结构美"讲得太少。说什么"引用人们用许多形象生动的美妙词语,来形容汉字形体结构的美",这是在说什么?不讲如何结构,如何为结构美,而说美妙词语来形容,离题太远。

第三点"章法美",不讲到疏处可走马、密处不透风、计白当黑等,这是结构不是章法。章法结构分不清,又说"对称均衡"这是章法吗?这完全是结构乱了错了。本来结构和章法并没有十分区别,整个整篇为章法,也可说是结构。他既然把它分开,"字本身"为结构,那么"章法"就要定为"整幅的"才对。全篇文字不通,质量不高。

潘老在80岁前,共为我刻了27枚印章,我将这些印章珍藏起来做研习之用。令他老人家满意的除"虎山樵子手抄"白文印外,尚有"指点江山"朱文印,"激扬文字"白文印,"知向谁边"朱文印,"见贤思齐"白文印,"海内存知己"白文印,"太平世界"朱文印,"宝霖暂得之书"朱文印,"癖于山水"白文印,"平生好石又好画"白文印,"石不能言最可人"白文印,"乐石斋"白文印,"寿石斋"朱文印,"宝霖所珍"白文印,"宝霖好石"白文印和"施琳之钵"白文印。其中"知向谁边"和"海内存知己"二印,收入丁吉甫编《现代印章选集》一书(江苏人民出版社,1980年版),其他各印均收入上海书店出版社出版的《潘主兰印选》一书中(图44)。

潘老给我的书法作品除以上所述外,还有古籀对联"乐名山

图 44　潘主兰为施宝霖篆刻的部分印章及印拓

明世道,宝寿石养天和"一副(图 45),甲骨文对联"不作大言宜吉利,多行好事自康强"一副(图 46)。这副甲骨文对联是 1985 年春天,潘老为参加一个国内展览所写,展毕原件退还市画院。 刚好那天,我到市画院潘老画室,见到这副对联,我说:"老师,您这副对联的甲骨文书法是最好的,而自画赭石梅花衬底十分别致,我从未见您画过,十分喜欢,让我收藏吧!"潘老说:"你喜欢就送给你吧!"于是他提笔补写上款"宝霖弟存"。我说:"谢谢老师,但我不能再白拿您老的作品。我交付润笔给您。"他说:"算了吧! 你一个月工资才 40 多元,哪有余钱给我,你放心拿走吧!"我说:"我暂当保管员,将来有机会就让它放在该放的地方陈列吧!"我还有一副潘老赠我的行书对联:"老马归南岳,大鱼出北溟。"上款为"宝

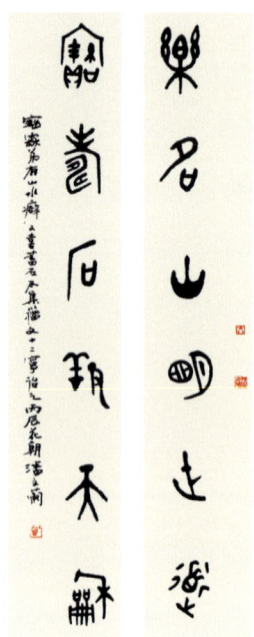 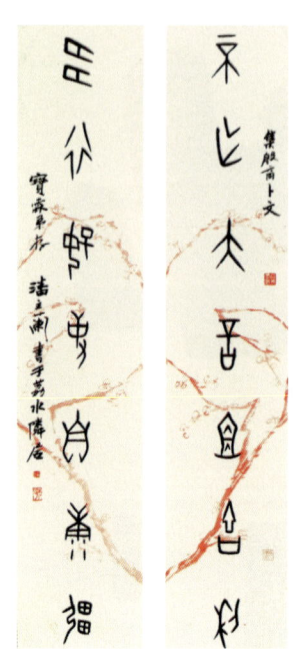 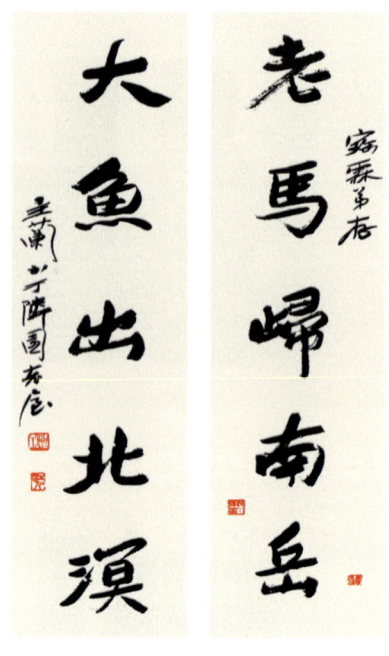

图 45　潘主兰为施宝霖书"乐名宝寿"联

图 46　潘主兰为施宝霖书"不作多行"联

图 47　潘主兰为施宝霖书"老马大鱼"联

霖弟存"（图 47）。

　　福州地区的收藏家，好拿书画作品请潘老题跋。因为他的小楷书法极佳，再配其美文，相得益彰，有极高的收藏价值。在迎合他人要求的同时，潘老也从不违背自己的意愿和艺术观念。但有时碍于面子，他会采取迂回战术，顾左右而言他，或用隐晦手法撰文跋之。我见过两本他为别人印谱撰写的《序言》，就是采用这种办法交差的。他从不放弃自己对书画艺术的主张与追求，而去迎合别人的要求，对我也不例外。我曾画一幅写意山水，自己认为有创新，装裱后留诗塘。请潘老题之，他看完没有拒绝，照样题跋（图 48）：

　　　　由来老子太冬烘，
　　　　却换讥嘲睡眼朦。
　　　　烂漫桃花千万树，
　　　　不应错认满山红。

　　　　　　　　　甲子拗九节，
　　　　　　　　　　潘主兰题

图48　潘主兰为施宝霖写意山水画题跋

图49　潘主兰为施宝霖画《经风雨图》题跋

　　还有我画的一幅《经风雨》图,请潘老题跋,他题曰:"胸有成竹在于多读书,善养气观古今事变亦多,唯静者可相印证也。主兰题语。"(图49)潘老用了很婉转的方式在批评教育我。

　　潘老给我的绘画条幅共有三幅:第一幅是《墨兰》。两丛兰花在上角,右边配以长跋,构图精妙,古趣盎然。其长跋曰:"先君有嗜,唯艺兰百数瓦盆,穷研钻,但非素心不入选。正如家法毋或宽,每于严霜酷日下里,勤过运甓,几忘餐。当其花盛不见叶,匹练平铺真奇观,葳蕤在叶花,尤次叶更比花珍重,看若言并蒂,年常有偶系红罗别一般。清尊邀客共欣赏,而我垂髫尚蹒跚。流光淹忽,阿爷餐糊口,四方非之官。从兹九畹,枯萎尽也。知追想空长叹,故遣幽芳写胸臆,老泪莫教纸上弹。癸丑十月,劳人主兰为宝霖画,并书旧句。"(图50)

第二幅是《墨竹》。上题："十年前画竹一竿,题'经风雨'三字,见者谓虽不署款,必主兰作也。宝霖喜此意味,为写出以告览余画者。庚申上巳节。"（图51）

第三幅也是《竹》。1990年秋天,我在洋下新村潘老家中见到有一幅李义山诗意画的两丛竹。老竹在左边,幼竹在右边,中间空着。画上面用缪篆书"雏凤清于老凤声,写义山诗意"。把老幼两丛竹联系在一起了。右下角又题："客有问此图意境何在,只在义山诗句中求之可乎。"我对他老人家说："老师,这幅画构图别致,大胆,中间空白那么多,为了不使画面分散,用缪篆书之,把它们牵联起来。书画相映成趣,妙哉！老师此幅画让我收藏吧！"他二话没说,立即提笔在右下角补上："此旧作,宝霖弟见之喜爱,因赠之,主兰补记。庚午重九。"（图52）我不好意思再白拿老师的作品,就和他提起前几年定润例的事,他还是坚决不收,我只好违背他的心意,暗自把钱放在画桌毛毡下。

以上这些都是生平所收藏有关潘老的书画篆刻作品。通过我的收藏趣事,能看出潘老平时作风严谨,品行高洁,无私无欲,在我认识的书画家中像他这样的人也是极少的。

潘老晚年在洋下新村居住时,创作了大量作品,这里对他来说

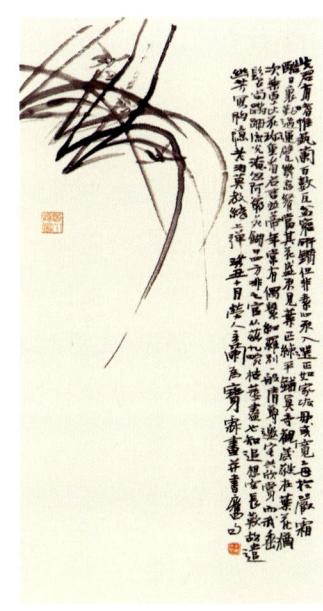

图50　潘主兰画赠施宝霖《墨兰图》

图51　潘主兰画赠施宝霖《墨竹图》

图52　潘主兰画赠施宝霖《墨竹图》

图 53　潘主兰和夫人薛荆合影

也是充满温馨的地方。但不知何因,潘老一家要搬离此地,搬家时,只通知了我和郑光中两人,我虽对潘老新居的格局不太满意,但不方便说,只是暗自担心老师如此高龄能否适应新的环境。

潘老师与师母薛荆感情深笃,相敬如宾,师母因患老年痴呆症,许多熟悉的人都不认得了,只认潘老一人,身边只有潘老照顾她,大事小事潘老都必须亲自动手(图53)。我非常担心潘老的身体,对他说:"老师,您可以雇个女保姆来照顾师母。您92岁高龄了,怎么还能去伺候比您还大一岁的师母哩!"他感到很无奈。不幸的事终于还是发生了,2000年12月19日晚上,潘老起床去服侍师母时,不慎跌跤,先是住在省立医院,后又转到协和医院。在治疗期间,他得知与启功老先生一起被评为"书法兰亭成就奖"的消息后,脸上露出了些许笑意,这也算是他在病中得到的最大安慰(图54)。只可惜最终药石无效,我最敬爱的老师于2001年2月20日凌晨2时23分与世长辞,享年93岁。我得到噩耗后,痛哭流涕,纵有万般不舍终是无能为力!潘老91岁时,曾为我的艺展题词,我见其笔力雄健,一点也看不出年老体衰的样子。终究"天有不测风云,人有旦夕祸福",他还是离开了。

潘老的灵堂设在于山福州画院楼上,我与郑光中兄共敬献一副挽联:

宜勉力淡浮名教诲千金犹在耳,

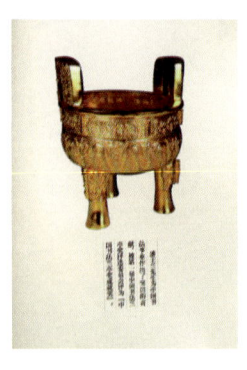

图 54　潘主兰被评为"中国书法兰亭奖成就奖"

倍吞声挥热泪摩挲片石敢忘怀。

我还请新华社福建分社为潘老发了讣告：

新华社福州2月20日电：我国著名书画家潘主兰因病医治无效，于今天凌晨2时23分在福州逝世，享年93岁。

潘主兰1909年出生于福州，生前是中国书法家协会篆刻艺术委员会委员、中国书法家协会会员、西泠印社社员、福建书法家协会顾问、福建诗词学会顾问、中国民主同盟盟员、国家一级美术师、福州市书画研究院首席学术顾问。

新华社的这条消息，在《福建日报》上也刊登了。

2001年2月23日，潘主兰先生遗体告别仪式在原南京军区福州总院吊唁厅举行，参加追悼仪式的有省、市领导，省、市文联领导，生前好友，学生及亲属，共有数百人之多。那天我才认清潘老的六位子女的人与名：长子潘同；次子潘共；长女潘惠珍；次女潘惠英；三女潘秋尔；四女潘与。平时与潘老生活在一起的是次子潘共和四女潘与，其他子女均生活在外地。三师姐秋尔要我代表学生辈向潘老灵位上敬三柱香。潘老遗体火化后，骨灰安葬在洪塘妙峰山陵园。

2001年3月3日，由福州市文联、福州书画研究院、福州市书协、福州市美术馆联合举办"潘主兰先生追思会"，以怀念潘老。会上大家高度评价潘老的艺术成就，以及他刚正不阿、淡泊名利、谦和待人、乐于清贫的高洁人格。我在会上回忆起潘老生前对我的恩情，不禁泪流满面，泣不成声。

2001年6月6日，潘老师被中国文学艺术界联合会和中国书法家协会授予"中国书法兰亭成就奖"。

2001年12月15—16日，"中国书法兰亭奖"评审工作会议在北京召开。会上推举启功、潘主兰为"中国书法兰亭奖终身成就奖"获得者。

2002年2月20—22日，为纪念潘主兰先生逝世一周年，由中国书协、西泠印社主办的《潘主兰作品展》在于山福州画院举

图55 《潘主兰纪念文集》

图 56 《潘主兰谈艺丛稿》

图 57 《潘主兰书画艺术》

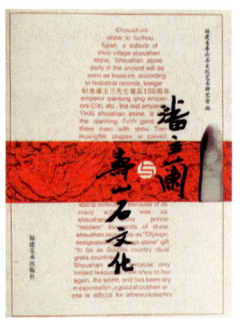

图 58 《潘主兰与寿山石文化》

行。同时举行《潘主兰纪念文集》首发式和潘主兰学术研讨会(图55)。

在先师追思会上,福建省、福州市文化人士呼吁有关部门,把潘老生前著述整理出版,我作为他的弟子更是责无旁贷。于是,我把他生前撰写的《寿山石刻史话》《谈刻印艺术》《福州木雕浅说》《近代印人录》这四本油印本重新进行整理,加上他的论书绝句三十首,这样,一部由福建省地方志编纂委员会编、卢美松副主任作序的《潘主兰谈艺丛稿》,由方志出版社于 2003 年 6 月出版发行(图56)。

特别值得一提的是,由陈石编的《潘主兰书画艺术》四卷本豪华装订本(篆刻、书法、国画、甲骨文),于 2007 年 8 月由福建人民美术出版社出版发行。可以说时至今日,此书系潘老作品出版物中最精美的一套(图57)。

2009 年 9 月 9 日,由陈石任主编,福建省寿山石文化艺术研究会编的《潘主兰与寿山石文化》一书,由福建美术出版社出版发行,拙文《寿山石艺缘》也收入其中。该书是为纪念潘主兰诞辰 100 周年而编的(图58)。

2009 年 8 月 21 日至 9 月 20 日,由中国书法家协会、西泠印社、福建博物院、福州市文化局主办,福州美术馆、福州印社承办的《南国高士,八闽通才——纪念潘主兰诞辰 100 周年艺术展》在福建博物院积翠园开幕,同时,为配合此次展览,出版了由傅永强编的《潘主兰百年诞辰艺术展作品集》(图59)。

潘主兰夫子永生!他的书画篆刻艺术与名山——武夷山同在(图60)。

图 59 施宝霖摄于潘主兰百年诞辰艺术展

图 60 潘主兰故居车弩巷

# 画坛巨擘 德艺双馨——怀念郑乃珖老师

郑乃珖先生(1911年3月—2005年12月),号江声外史、沙堤璞夫,晚年号璧啸翁,闽侯县沙堤村人。曾任中国画研究院院委、福建省政协常委、福建省文史研究馆副馆长、西安美术学院教授、福州画院终身院长,一级美术师。

我第一次见到郑乃珖先生的名字与画作,是在20世纪60年代初期,他画的"福桔"贺年卡三分钱一张,既可贺年,又可做书签,十分美观。有时也在杂志上看到他的工笔花卉作品,落款写着"八闽郑乃珖画于长安"字样。从此,一位福建籍旅居西安的画家郑乃珖深深印入我的脑海中。

我与郑乃珖先生首次碰面是在1971年秋天,正值"文革"期间。某天,梁桂元兄带我来到一座两层楼的木屋子——坦庐,我一进客厅看到他胡子拉碴十分憔悴。经桂元兄介绍后,我们相互交谈了起来,原来他是刚从西安回家养病的。郑先生听桂元兄说我对他的山水画比较感兴趣,欲拜他为师学习,就立即说道:"当你老师不敢,我们就当画友吧,有空常来坐坐。"我们聊了一些时候,我见他已有倦容,不忍再打扰,就向他鞠躬告辞。返回路上,我问桂元兄:"你是怎么认识郑先生的?"他回答说:"我父亲与郑先生很熟悉的,最近他的三孩大幹为了报考美术学校,正跟我学素描哩!"啊,原来是这样的。在我看来,郑先生虽是名画家,但没有那些名士所谓的派头,十分和蔼慈祥,平易近人,衣着朴素,普通得与一般老人家没什么区别。

得桂元兄引荐后,我有空就到坦庐去拜访郑先生。因当时条件差,我每次都是两手空空而去,但郑先生一点也不介意,那时人与人之间的交情真是非常纯洁。有次我去坦庐,刚好郭德森艺人和章友芝先生亦在那里。郑先生把我介绍给郭、章两位先生。我说:"郭德森艺人我很早就听说过,同是市工艺美术系统的,他是脱胎一厂漆画艺人,名气很大。章先生的名字我也早已耳熟,是位书法家,隶书似伊汀洲的,今天得见尊颜,真是三生有幸。"郑先生很自豪地说:"你知道吧,我们郭郑章是一家人。"之后,我经常见到他们三人在一起谈艺论事,足见他们之间的情谊不一般啊!

有一天,郑先生一见面就对我说:"你下次来时带一两张画给我看看好吗?"我说:"我只是业余爱好,绘画仅在学校时学了点皮毛,龚礼逸老师是我的山水画启蒙老师,可惜龚老师早逝,我未能深入学习。我偶尔也去写生,但只是胡乱涂鸦,不敢示人。"他接着说:"不要紧,拿来看看,我可以给你修改一下嘛!"

于是,我再去坦庐时,就带了两三张四尺四开大小的山水画请教他,郑先生边看边提起毛笔在拙作上修改起来。过了一个小时左右,郑夫人捧着一碗中药汤过来请他喝,这时我才知道他还在生病中。我感到十分惭愧,对他说:"郑先生对不起,我不知道您生病,给您添麻烦了,十分冒昧!"他边喝药边说:"不要紧,你来陪我说说话,我反而轻松了,也不感到孤寂了。"他改画时不说什么,只顺着画的气势添改,点染一下,就把我不起眼的画作改得靓丽起来,有精神了。这就是郑先生的绝招,能把坏画改成佳作,令人敬佩呀!

有一段时间,郑先生身体病得厉害,住进朝阳医院治疗,一住就是很长时间。我多次到医院探视他,只见他头发蓬乱,胡须长到胸前,病怏怏的样子,毫无精气神儿。依我看来,先生其实心病比身病更加严重。"文革"中无端受到冲击批斗,给他戴上"反动学术权威""黑画家"之类的帽子,这是他最承受不了的。他是位极其本分厚道的人,靠自己的本领吃饭,从不做损人利己的事,从不说别人的坏话,向来与人为善。没曾想到"文革"中会遭受如此待遇,他心中悲愤无处诉说,长久积怨成疾。我望着他痛

图1　施宝霖临郑乃珖《丹峰百松图》

苦的样子又无能为力,安慰的语言竟显得苍白无力,我期盼这场暴风雨能早日结束。

一年多之后,郑先生病愈出院,我又来到坦庐。他先是拿出几张未装裱的山水册页给我看,我一看多是西北风光,黄土高原的山水风貌,与我们这里完全不同,看上去十分新鲜。高原地貌山脉走势与东南丘陵地貌完全不同,如用"披麻皴"

图2　施宝霖临郑乃珖《华山图》

法画之,完全行不通。郑先生的山水画略带"长安画派"的风格,我很喜欢,向他提出借三五张欲临摹之,他愉快地答应了。我连借条都没有写,他就让我拿走了,可见他对我是信任的。我利用休息时间开始临摹,从临摹中可以体会到用笔设色的独到之处,通过临摹练习,我对山水画的学习也有了新认识。(图1、图2)

1972年秋天,我拿着一本册页,内有陈子奋老师和潘主兰老师已画好的画,到坦庐请郑乃珖先生也为我作画。我并没有提出题材要求,让他自由发挥。约过半个月左右,我再去见他时,他拿出我的册页本说:"我已画好,你看满意吗?"我打开一看,真是喜出望外,双钩填彩热带兰花,配以渲染石头,可谓绝妙之作。他在石头边特意钤上我不久前为他刻的白文小印"乃珖草草",并请其师弟章友芝先生题跋:"兰石双清,此帧勾勒填采,叠色渍染,兼采徐黄之长,而乃珖兄更以造化为师,不泥古法,笔墨随时代发展,体裁意境有所创新,自树一帜,尤为杰出,友芝观后题志。壬子。"这一题跋是我唯一留存的章友芝先生手泽,弥足珍贵。这幅作品书画合璧,相得益彰,更具艺术效果。郑先生接着说:"这幅画若请潘主兰老师题跋,可能更好。"于是,我遵嘱请潘老师题跋,潘老师在右上角空白处题曰:"此图花卉渲染法与笔意似非盦,而石头大胆干湿兼施,形成工写对照,又是一家风格。此乃珑先生得意之作,宝霖索跋数语于上。主兰。"

郑乃珑先生知我喜欢收藏字画,好意主动提出让我把这本册页,邮寄到黑龙江省佳木斯市他的学生王某处,请他画牡丹等。但当我再次看见这本册页时,有些失望,因为在郑先生的画作右下角添加了王某"瘦金体"题跋(图3),打破了画面的整体效果。后来,我把这本册页邮寄给杭州的周昌谷先生,周先生在为我作画的同时,也特别嘱咐我千万不要请人在他的画图中题字。不过,这些情况我尚未同郑先生讲过,以免引起不必要的误会。

1973年春的一天,潘主兰老师半认真半开玩笑地对我说:"你有空到郑先生家时,请代我向他求一幅画怎么样?"我说:"没有问题,郑先生为人善良敦厚,我一定向他转达您的要求。"当我向郑乃珑先生转达潘主兰老师所托时,我发现他瞬间一副惊奇的表情,竟不相信我说的话是真的。他追问一句:"什么?潘主兰先生向我求画,这是真的吗?不是开玩笑吧?"我很认真地重复了一遍:"这是潘主兰先生亲口对我说的。"他听了高兴地说:"我还没有听说过他会向人求画,我一定认真地为他画一幅。"难怪郑先生刚开始不相信是真的,因为潘老师清高的性格在福州文艺界是人人皆知的。过了一个星期以后,我再到坦庐,看见墙上一幅

图3　郑乃珑画赠施宝霖《兰石双清图》

四尺整张《山茶花图》已设色,红花与水墨相映成趣,显得璀璨富丽。这是我第一次见到工写结合的花鸟画佳制,枯笔部分略有虚谷笔意。郑先生指着这幅画说:"这就是为主兰师画的,你看怎么样?"我说:"这是一幅精品佳作,放在哪个地方都会引人注目,令观者赏心悦目,可见您老对潘师之尊重。"他接着说:"下星期你来取,画上款识还没有题写,过几天要进一步补笔修改,再最终定下来交卷。"过了一星期,我如约而至,可走到客厅,墙上的那幅《山茶花图》不见了。我正疑惑之时,郑先生从卧室出来,第一句话就说:"家门不幸呀!"我先是一惊,又听到他说:"家门不幸呀!"我以为出了什么大事,接着他说:"那幅为潘先生画的《山茶花图》,前天被扯坏了,还揉成一团,扔了。很抱歉,害你空跑一趟。"听完郑先生的话,我松了一口气,说:"这没什么,今后您再画就是了……"我安慰劝解他说:"不要为这点小事气坏身体。"我岔开话题,他老人家气慢慢顺了。后来,郑先生因不忍见自己精心绘就的图画被糟践了,就找了回来。几年之后,他到北京饭店作画,这幅揉皱的《山茶花图》亦带去北京,刚好联合国教科文组织来北京收集中国画,郑先生就把这幅画熨平摊在桌上,让大家评判挑选。当时,宋文治、亚明等画家都对这幅画给予了高度评价,遂被联合国教科文组织收藏了。潘主兰老师此后便没有再提起过求画的事,我想这也许是缘分不到吧!

我喜欢收藏扇面画,因知郑乃珖先生画水仙很有特点,于是我请他为我画一幅扇面《水仙图》。他答应了,过不久他给我画了,我十分喜爱之(图4)。

经过数年过从,我慢慢地了解到郑先生的一些经历。郑先生于清宣统三年二月廿一日(1911年3月21日)出生在闽侯县上街乡沙堤村(俗称沙赵村)的一个书香门第。其祖父郑菊三,自幼聪颖,弱冠举孝廉,与林杼是同窗好友,博学多才,工诗词,擅书画。其父亲郑世椿,母程氏。郑先生排行第五,上有大哥乃球,二哥乃琛,三哥乃珪,姐姐乃英。可惜其父因病早逝,家道中落,当时郑先生只有三岁。不久,三位兄长亦因患肺结核病而相继离世。此时家徒四壁,唯靠母亲女红手艺勉强度日。郑先生年少懂事,靠帮人采摘茉莉花,放牛,到河中摸鱼、虾,捡蚬仔等补贴家

图 4　郑乃珖为施宝霖画《水仙图》扇面

用。虽然家境贫寒,但他自幼受祖父熏陶,也喜爱诗文书画。因为买不起笔墨纸砚,母亲就拔下头上的铜簪,教他在沙地上绘画习字。他利用放牛时的空隙,在沙地绘画练字,日积月累,年复一年,他的绘画技能有了进步,经常为乡里画龙舟装饰图案,也为庙里绘壁画。郑先生曾对我讲起年少时曾发生几件历险故事,令他终生难忘。有一次,他在乡下观看龙舟竞渡时,因高兴,跟着龙舟跑起来,不知不觉跑到岸边,此时,龙舟掀起一阵水浪,把他卷入江中,他喝了几口江水,但神志尚清醒,便抓住水草拼命往上爬,最终爬上岸。又有一次,是在抗战时期,他居住在旅店,原本他的床位靠近门口,突然来了一位鸡贩子,因为鸡笼有臭味,他要求郑先生去里面,门口这个床位让他睡。想不到半夜风雨大作,墙倒下来把鸡贩子压死了,他却毫发无损。还有一次,他去江西,乘汽车路过上饶时,汽车翻车了,把他从汽车里抛出来,正好挂在松树上,他只受了一点皮外伤。这次车祸死了许多人,他又一次幸免于难。看来真是大难不死,必有后福,他最终成为画坛巨匠。郑先生谈起这些经历时,犹如在讲述别人的故事,毫无惊吓之状。

　　估计是因为郑先生年少观龙舟险些丧命的缘故,其母认为住在乡下不安全,决定搬迁到城内吉祥山附近居住,保住郑家男丁独苗。1924年,13岁的他随姐夫程纪贤南渡到新加坡谋生。人地生疏,还好新加坡华语可通用,交流起来不困难。他在一家咖啡店里当学徒,但仍不废绘事。后因姐夫生意缘故,一起回国了。虽然在新加坡只有两年时间,但年轻的郑先生得以扩大视野,增长见识。

1928年,郑先生回国后即就读于福建省教育厅民众教育馆美术学校,师从叶翰侯(字克濂)。在叶老师的指导下,本来就有绘画基础的乃珖先生画艺大进,深得老师赞许。与他同班的同学中有郭德森、章友芝,还有后来在台湾定居的杨一清等。难怪后来他多次提到"郭郑章是一家人",原来他们是师出同门,情同手足,有数十年的情谊。

1930年,郑乃珖先生从学校毕业后,为继续深造,来到刘海粟创办的上海美术专科学校学习。可惜因母病,只好中断学业,辍学回福州。他先是在三一中学工作了一段时间,后又受聘于格致中学任劳美教员。后来抗战爆发,他随学校转移到闽北山区,因积劳成疾,患上肺结核病而失业。在贫病交加中,幸得远房婶婆照料,没有步三位兄长的后尘。他经常在闲谈中提及这位救命恩人婶婆,仍然十分怀念她。

我看到郑先生室中挂着一幅他年轻时用简笔绘就的《达摩图》,上有弘一法师的题跋,就好奇地问:"先生您怎么认识弘一法师哩?什么时候与法师结缘哩?"在我心目中,弘一法师有着崇高的地位,他不但是禅宗小乘派的第十一代宗师,而且在艺术方面有着极高的成就,特别是他的书法达到清静境界,静到不食人间烟火的境界,堪称近百年来第一人。郑先生回答我说:"那是1940年,我在泉州一家运输公司工作,因为十分信仰弘一法师,得知法师亦在泉州,就拿着自己比较满意的新作《达摩图》,前去请教弘一法师。法师见其笔墨简朴古拙,赞赏有加,欣然提笔在《达摩图》下方题跋:'佛华严经竭颂,自归於佛,当愿众生,绍隆佛种,发无上意,乃珖居士澄誉,庚辰夏,沙门一音,时年六十又一。'"郑先生极其珍惜这份墨缘,此图几经波折,依然得以留存,使我们时至今日得以见到两位大师珠联璧合的珍宝啊!

抗日战争期间,郑先生参加"抗敌后援会",为宣传全民抗战而积极工作。1944年,福州第二次沦陷,"抗敌后援会"迁移到南平市,他任职南平中学美术劳作教员,也因此结识了文化界的许多名人,如曹禺、黄永玉、潘天寿、吴茀之等。期间,南平书画界人士成立"百朋画社"和"天南金石书画社"。郑先生积极参与活动,交流技艺,后辗转到台湾谋生,因"二·二八"事件爆发,他返回福建。1947年10月4日,他与南平中学教员杨位琛女士在南平中南旅社举行婚礼,证婚人为南平中学校长官尚清。杨位琛女士极为贤惠,相夫教子,任劳任怨。

郑先生还跟我讲述了他第一次办个展的情况。那是1947年5月,他从南平返榕,在台江苍霞洲青年会举办个展,展出近几年创作的作品。这是他生平第一次将作品公之于众,内心忐忑。凑巧的是,当时的中国青年党福建党部在福州开幕,代表中也不乏书画爱好者,所以开展那天观众云集,场面十分热闹。现场观众被一幅幅山水、人物、花鸟等充满生活气息内容、精妙的笔墨感动。从此人们便知道福建福州有位书画家——郑乃珖。开幕时许多作品还被认购,贴上红字条,上面写着"某某欣赏"字样,意思是有人预订了。待展览完毕,付款领画。这也是我第一次听到在民国年间以开展览会的形式而鬻画的事情,感到很新奇,原来旧社会画家以这种形式卖画。

郑先生也向我分享了1948年夏天他第一次赴香港举办画展的情况。此次个展他除卖了许多画,还结识了岭南派大画家赵少昂先生。香港《星岛日报》也发专刊加以介绍宣传,从此郑先生的画名扬香江。

1951年2月,郑先生二度到香港举办画展。此间,在赵少昂先生的引荐下,幸会了张大千大师。可能是郑先生的人缘好,大千先生极负盛名又长他13岁,但并没有高人一等的态度,以画友平等的身份接待了郑先生。经过数次交往后,郑先生出示了自己精心创作的《母亲程氏纺纱图》,请张先生指教。张先生对郑先生行孝之心及绘画水平称赞有加,并在画卷上题了"郑母程太夫人遗像,蜀郡张爰拜题"签。这幅慈母遗像图,郑先生晚年一直挂在自己的画室里,可见郑先生一直都深切怀念已仙逝的老人。在香港期间,他与张大千先生谈论绘画技巧,学到了不少绘画之道,对他日后的绘画创作有诸多帮助。特别是张大千先生的荷花技法,对郑先生的影响最大,在他此后的荷花图卷中经常会见到张先生的技法痕迹。自 1951 年他在香江告别张大千先生后，从此二人再未见过面。郑先生是个极重感情的人，晚年经常提到张大千先生，他还一直保留着香港居民证哩！

郑先生从香港返回福州后不久，便收到艺友蔡鹤汀、蔡鹤洲兄弟的来信，邀请他去西安工作。西安是个历史悠久的城市，是中国古代十一朝古都，人文荟萃，文物资源极为丰富，也是郑先生的向往之地。于是他只身北上来到西安，在蔡氏兄弟创办的光武布景公司任舞美设计师。不久，他又辗转到河南洛阳，被常香玉豫剧团聘为舞美设计师，随团在陕西、河南、山西等地演出。虽然常香玉有意长期聘用他，但他矢志于中国画事业，不甘于只当舞美设计师，辞职后又返回西安。此后，他遇见了"伯乐"赵望云先生，从此他的人生出现了大转折。赵先生慧眼识珠，将他调入西北美协国画研究室，专门从事中国画的研究创作。从此，郑先生与赵望云、石鲁、何海霞等人成为长安画派的中坚力量。西北的广漠大地，淳朴的民风，都给郑先生留下无尽的创作源泉。这时期，无论是花鸟画还是山水画，其技艺都得到突飞猛进。

西北美协国画研究室经常会组织画家采风写生。1953 年 9 月 6 日，郑先生与福州老乡蔡鹤汀、蔡鹤洲兄弟及其眷属等登华岳写生，除画了数十幅画外，还撰写了一篇长达数千言的《华山游记》。这篇精美的散文，写出了来自东南沿海丘陵地带的他，对华岳险峻气势的敬仰之情，"高五仟仞，巍峨凌霄，其峻险奇逸，群峰莫能也"。文章同时详细记录了沿途古迹典故以及景物，读之使未登临者如亲历其境，令人神往。直到晚年，他还多次向我讲起华岳险绝处，特别是提到鹞子翻身处、苍龙岭等地时，他分外激动，绘声绘色地讲述，我听着都入迷了，亦生向往之心。可惜时至今日我仍无缘于华岳，有负于郑先生啊！郑先生这次华山写生，对他日后山水画的创作功不可没。也是这一年，他创作的《荷萍图》，在参加"全国第一届中国画展"时获得一致好评。

1955 年，他的《蚕图》参加"第二届全国美术展览会"。同年 6 月，他调入中国美协西北分会国画研究室任专业画家。同事有方济众、石鲁、何海霞等名家。

1956 年，郑先生创作的《水乡春色图》参加"全国第二届中国画展",后被中国美术馆收藏。

这段时间郑先生除教学外,还创作了大量作品,不仅在报刊上发表作品,而且出版了多部作品集,比如人民美术出版社出版的《白描花卉》画集,河北人民美术出版社出版的《郑乃珖花卉写生》画集、《郑乃珖集锦花卉册》等(图5)。

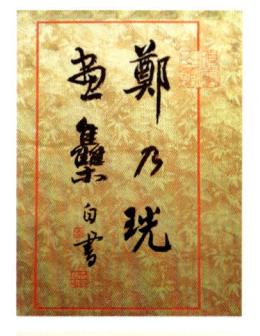
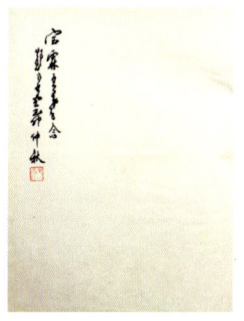

图5 《郑乃珖画集》封面及题字

在西安美术学院任教期间,郑先生培养了不少画家,其中有名的有王有政、郭全忠、杨力舟、王迎春、苗重安、崔振宽和罗平安等,影响甚广。郑先生在西安时,是创作最丰盛的时候,这时期的作品,常以"廿年说画在长安"朱文印盖之,即是明证。

郑先生谈及西安美院的教学情况不多,倒是经常说起西北风光人情的事。他说西北某地的山坡上,满山遍野都是牡丹,当地农民把它砍下来剥去皮,送去中药材收购站,中药中"丹皮"就是剥下的牡丹皮。剩下的枝桠,当地农民就当柴烧。他还提到陕西地下文物真多。有一次他出去写生,看见农民家中墙角放着一个铜罐子,经观察竟是西汉时期的盛酒器。他请人家开个价,农民说:"随便给些钱就行了,这是我从田地里捡回来的。"为了保护这只铜罐子,他特地向这家农民又买了一只鸡,杀了鸡,拔下鸡毛用于垫罐子,鸡肉就送给农民吃,皆大欢喜。他一路上小心翼翼地把罐子背回学校。他又举了个例子说:陕西古墓中有陪葬的小陶俑,当时蔡鹤汀的小孩不懂这是文物,当"土人仔"在玩,还涂上广告颜料,红红绿绿的当玩具玩哩……我听了目瞪口呆,这简直不可思议。但冷静下来想想,陕西历史悠久,而且还是夏商周三代青铜器的故乡,出土的青铜器各种造型装饰纹样之多,冠于全国。这些经历,为郑先生作画提供了极好的机缘,所以他创作了许多的青铜器与工笔重彩花卉相结合的作品,成为当代中国花鸟画中的标志性佳作。换言之,郑先生在西安的这二十多年,创作的这类题材在海内无出其右者。这不但让他成为长安画派的中坚力量,也奠定了他在当代中国画坛上的重要地位。

郑先生特意为我讲了20世纪50年代初期,他去齐白石家买画的情形。当时齐先生的画不像现在这么昂贵,一张斗方也不过几元钱,一张册页两元多就可以买到。齐白石先生的画,价格有个奇怪的现象,就是每张都标零头,直到分位上。比如:×元×

角×分，不知为何这样标价。在他房子一个木橱上分几个横格，每个横格贴着这层中画的价签，每层中都放着不一样尺寸的画。买画者按格上的标价，付钱取画，绝不讨价还价。竟有这等事，我听了觉得很新奇，过去报刊上介绍齐白石先生的文章中，从未提到这样的事情。

1973年，中国画坛开始破冰，流露出一丝春的气息。遵照周恩来总理的指示，宾馆需布置陈列中国画。为此，郑先生应邀与夫人杨位琛一起赴北京，在北京饭店作画。同时在一起作画的还有李可染、黄胄、李苦禅、黄永玉、宋文治、亚明、董寿平、许麟庐、张仃等著名画家。这是一场难得的聚会。

1975年2月，我因公去延安体验生活，要路经西安，所以先到郑先生家，并请他为我写封推荐信，我好见蔡鹤汀、石鲁等画家一面。2月25日晚上，我到郑先生家向他说明来意："此次出差路经西安，西安情况您老熟悉，想听一听您的意见。另外，西安您要办的事我可以代劳。"他简要交代我几件事，并让我向蔡先生等问好。他一再嘱托我要去华山看一看，了解一下山的走势，对将来山水画和雕刻都有好处。我向他说明这次是公差，恐怕去不了，只能尽量争取。其实拜读他的那篇《华山游记》后，我就对华山十分向往了。

3月11日，我到陕西戏曲院拜访蔡鹤汀先生和夫人区丽庄女士，他们热情接待了我，向我介绍了一些西安画坛的情况。我们聊了许久，我说有机会再次拜访他们，就向他们告别了。接着，我来到西安碑林，在唐昌东先生的带领下，观看刚出土的秦皇陵兵马俑、"昭陵六骏"中的四骏，还有《九成宫碑》《多宝塔碑》等许多碑刻，这让我大饱眼福。唐昌东得知我是陈子奋先生的学生，因他十分喜欢陈先生的画，于是向我要一幅陈先生的画。我答应他，返回福州后给他寄一叶扇面画。（返福州后，我即寄去子奋老师为我画的扇面花鸟。）

3月19日，我再次从延安返回西安，郑先生交代的事情因办公人员出差未能顺利办成。晚上，我又去到蔡府，蔡鹤汀先生知道我热衷于寿山石雕，拿出一枚峨嵋石章坯，要我当场为他刻钮。我说："我现在没带雕刻刀具，拿回去刻完给您寄去。"他执意要看我刻,取来一把削铅笔的小刀。我只好硬着头皮,第一次尝试用小刀刻印钮。他说慢慢刻,并为我作画。我看到蔡鹤汀先生步履蹒跚的样子,生怕他摔倒。就这样一直刻到晚上12点。我说:"要回旅店了,不然同事会担心。"我把粗糙刻就的伏螭钮给他看,他依然很高兴。他还让夫人给我煮花生牛奶当夜宵。临别时,他拿着自己画的扇面《山水图》、区丽庄画的《牧童图》册页以及林金秀画的《貓蝶图》册页各一张赠给我,我很高兴,一直道谢。这是我最后一次见到蔡鹤汀先生,见面后的第二年他就仙逝了。我十分想念这位画坛多面手,一位极热情和蔼的名画家。

1978年12月下旬,我托去北京出差的同单位木雕艺人黄圣风,给在北京饭店作画的郑先生带去一小篮水仙花球和一封信。信中说明水仙一半给郑先生,另一半转交北京画院万青力和邓林兄。万青力兄接到我的信,带着邓林(中央美院毕业,花鸟画家)来找郑先生,邓林一见到郑先生画的花鸟画就被吸引住了,极敬佩郑先生的艺术造诣,提出要拜郑先生为师,学花鸟画。郑先生答应了,后来拜师仪式在万青力兄家里举行。他还办了一桌酒席请郑先生与夫人。到了1998年12月28日,邓林在福建省图书馆举办《邓小平——女儿心中的父亲》摄影展时,向我问起郑先生的近况,我回答说:"郑先生一切都好,只是腿脚不方便,要不要我陪你一起拜访他一下?"她回答说:"我忙得脱不开身,请你代我问候郑老师好吗?"从省图出来,我即到砚云山馆,把邓林的问候带给郑先生,并把刚才见到的情况讲述了一遍。他听后微笑着说:"是啊,她现在是个大忙人,不像七十年代末那样清闲了。"

1979年10月2日,福州画院成立,众望所归,郑乃珖先生受聘为画院院长。为了画院成立之事,他可谓殚精竭虑。筹备期间,他同章友芝等老先生花了不少时间与精力。起初画院设在于山顶大士殿,福州市美术馆亦设在大士殿侧室,我时常到美术馆去找清狂师兄。一天上山途中,正好碰到郑先生开完会下山,他见到我第一句话就说:"宝霖,这次市画院研究决定,青年画家中第一批只收郑百重和陈初良二人,你要等下一批了。不要灰心,继续努力。"我一听觉得有点突然,我对自己的绘画水平是了解的,这点尚有点自知之明。对于加入市画院之事,我连想都没有想过,哪怕一丝丝想法都没有。我笑着回答:"郑先生,我的绘画水平差得远哩,这点我心里十分清楚,入画院我还未曾想过,谢谢您老的关怀!我学习绘画不是想成为职业画家,而是充实自己的学养,提高审美能力,以助益寿山石雕艺术。"我十分感谢郑先生对我的关爱,我们名义上虽不是师生关系,但是我始终执弟子礼仪待之,多次向他请教山水画,他都细心指导点拨我,我从中获益良多啊!

1980 年,是郑先生出版画册较多的一年。比如人民美术出版社出版的由茅盾先生题签的《郑乃珖百花画集》(图 6),荣宝斋出版的《郑乃珖花卉》等。是年 10 月,他创作《芝鼎长春图》,参加北京举办的庆祝建国 30 周年第五届全国美展。

1981 年 9 月,陕西人民美术出版社出版《郑乃珖工笔画选》。是年 11 月 1 日,文化部中国画研究院成立,万里、方毅、谷牧等国家领导人前往祝贺,院址暂设颐和园鉴藻堂,李可染先生任院长,黄胄先生为副院长,郑乃珖先生与刘海粟、陆俨少、朱屺瞻、李苦禅、程十发等 24 人为研究院院务委员,由此可见郑先生在中国画坛的地位了。

1983 年春天,郑先生的新居砚云山馆在梅峰路象山附近落成。新居建在山坡上,为红砖三层楼。当地环境十分清静,他十分满意自己亲手建造的这座住宅。画室设在一层的东边厢。由于空间距离比过去远些,所以我到砚云山馆的次数也没有去坦庐那样多了。我去拜访他时,会带些近作请他指教。即便有的作品准备作废,我也带去让他指谬。他对我说:"世界上没有废画,只是笔墨功夫不到家而已。如果笔墨功夫到家了,一时的废画也能修改成好画。"我对他的话将信将疑,结果一会儿工夫,他就把我的这幅废画救活了,改成我几乎自己都认不出的画作了,真是神来之笔啊(图 7)!由此可见,郑先生驾驭笔墨的技能已达到了出神入化的地步。我时常见到我市的一些收藏家,拿着外地画家的应酬作品到砚云山馆请他鉴评。对于这些作品,郑先生总是提笔在作品上添一块石头,或几笔枝叶,或点染一

图 6 《郑乃珖百花画集》

下,经他添改后,原本极为普通的作品竟增色不少。他从来没在这些画中添上"乃珖补石"或"补款识"字样,也从不计报酬,所以许多年轻人都十分喜欢拿着自己的作品向他求教,经他提携后成名成家。例如市画院画师朱文铸兄成名作《马江风光》系列册页山水画(在于山堂展出),幅幅都是郑先生笔墨渲染的结果。可以说,朱文铸的成名离不开郑先生的提携与帮助。

图7　郑乃珖为施宝霖改画

1983年3月,郑先生受国务院邀请赴北京为中南海紫光阁作画,他负责创作的是《群鹅图》和《国色天香图》两幅巨制。同时参加作画的画家还有陆俨少、董寿平、何海霞、谢稚柳、宋文治、亚明、许麟庐、田世光等多人。因我平时喜欢收藏海内名家册页,近几年来郑先生多次外出作画,都忘不了为我代求一些名家册页小品,如王雪涛的《梅花图》,罗铭的《松鹤图》,方齐众的《鹿鸣图》,上款都写有我的名字,郑先生对我的关怀真是无微不至啊!

1985年5月,我调入福建省地方志编纂委员会工作,离郑先生的砚云山馆近在咫尺,直线距离不到200米。此后,我向郑先生请教的机会就更多了。郑先生偶尔也会来看我,但多数都是我跑去听他老人家讲述我国画坛的趣闻轶事。如刘海粟先生,虽然年龄大,但胃口也大,在大连棒槌岛时,他老人家一餐能吃掉好几只龙虾呀。又如蔡鹤汀先生人缘极好,在西安美术界,只要他出面,许多事情都能摆平,石鲁先生亦买他的账。再如南京的亚明,在全国的山水画家中笔墨最活泼,变化多,可以好好学习借鉴。郑先生自己从不故步自封,时刻都在学习别人的长处,不但向著名画家学习,也向年轻人学习,只要他认为是好的,不管是谁画的,他都学习,吸收别人的长处为己所用。这也是绘画艺术生命常青的诀窍所在,这点给我以很大启发。我还听他讲过一件事,让我十分佩服他的才气。在北京曾举办过全国各地名家合作大幅作品的活动,最后的统画任务由他来完成。郑先生有驾驭全幅画的协调能力,哪里皆添,哪里皆染,他都成竹在胸。在海峡书画研究院的集体创作中,首先开笔的是他,等到大家作画结束时,最后由他来完成全画的统合工作。他能够把不同画家的风格统一起来,犹如同一个人的画那般协调一致。能有这样统画水平的,我认为海内只有郑先生一人而已。

  我单位的张立主任,有时也要求我陪他去砚云山馆探访郑先生。从他们的交谈中可以看出,他们早已认识,是老朋友了。原来张立在福建师范学院当领导时,曾请郑先生为师院图书馆的藏画进行过鉴定,再加上师院的仓山校舍在长安山上,离当时郑先生的住所坦庐很近,走动起来十分方便,所以他们早成老朋友了。张主任见我平时爱绘画,于是有一天,他向郑先生提出:"乃珖兄,你就收宝霖为学生,教他绘画吧!他的寿山石雕与篆刻还不错,也有一定成绩,你再教他绘画,可以帮助他提高艺术素养。宝霖为人忠厚耿直,是个可造之材啊!"在张主任的再三说服之下,郑先生终于答应正式收我为他的入室弟子。我万分激动,我的夙愿经过十多年时间的考验,终于实现了。但我觉得要举办个拜师仪式,我请郑先生商定个吉日,并请张主任作为见证人,他们都同意了。真是好事多磨,由于两位老人身体不适,时间总是凑不到一起。这样,拜师仪式一拖就是三年,直到1993年3月19日这天上午,这个仪式总算在砚云山馆举行。我请郑老与张主任坐上首,我行三个鞠躬礼(图8)。后又同郑老师及师母杨位琛、张立主任及夫人郭秀珍合影留念(图9)。

  中午时分,我借砚云山馆场地,由拙荆与小女施冰一起下厨,凑了一席菜肴,以家宴形式答谢他们,以表寸心与敬意。从这天起,我多次听到位琛师母向别人介绍我时说:"宝霖是有举行拜师仪式的入室弟子。"位琛师母为人极贤惠善良,郑老长期不在她身边,她一个人一边工作,一边把四个孩子养大成人,非常辛

图8　施宝霖在拜郑乃珖为师仪式上三鞠躬（中间证人为张立）

图9　施宝霖与郑乃珖夫妇、张立夫妇合影于砚云山馆

苦。我十分尊敬她老人家，每次来砚云山馆，开门时她总笑脸相迎，给人如沐春风之感，多么好的师母啊！

　　二十世纪九十年代中期，我经常到砚云山馆麻烦郑老师，他总一如既往耐心细致地为我修改画作，指出优缺点，使我十分感动。为答谢郑老师，我精心雕刻了一件寿山高山石白马作品送他做纪念，他十分高兴地收下并放在画室博古架上，让大家共同欣赏之。过了几个月，一天，我去拜访他，他一见我就说："宝霖，你把石雕白马拿回去啦？"我先是一惊后回答："我没有拿回去，送给您老的东西怎么能收回去哩！"他立即缓和语气说："跟你开玩笑呢！前几天我发现放在博古架上那件石雕白马不见了，被人偷走了，多可惜呀！"我说："这没什么，我以后再给您雕一个就是，勿放在心上。我曾经先后给黄胄、陈子奋老师和陈挺先

图 10　郑乃珖画赠施宝霖《山水画图》

生刻过石马,包括您老在内共刻四匹马,结果有两匹被人偷走,为陈挺先生刻的那匹白马,还被人卖到南街的文物商店去了,真奇怪!"他接着说:"这有什么奇怪的,这说明你刻的石雕马生动,大家都喜欢!"说罢我俩相视而笑。

我因为跟郑老师学山水画,想求他的一幅山水画做纪念,亦作蓝本之用,便向他提出这个请求。他说:"你去拿纸来。"我觉得很奇怪,为何要拿纸,他桌边就放着一堆宣纸呢。我回家拿了一张四尺三开的宣纸送去。不久,他给我画了一幅山水图,构图很特殊,用墨用色也别致,我十分喜欢,一直珍藏着。这是郑老师给我的唯一一幅山水图(图10)。为了报答他,我用三斤多重的红、黄、白三色高山石刻了一件《巧色浮雕飞天》回报他。我一直想写一篇关于郑老师的山水画文章,谈谈我的观感。1990年2月,我撰写的《独树一帜山水画家——郑乃珖》一文,发表在《人民日报》(海外版)上。文曰:

中国画研究院院委郑乃珖教授以花鸟画闻名于世。其实,他的山水画造诣比花鸟画更有成绩。笔者有幸于两年前,在"砚云山馆"中欣赏了他的许多幅山水画(图11),被那奇画惊住了。那一幅幅绝壁干天、孤峰入汉的山水图,或绿嶂百重、青川万转;或幽岫含云,深溪蓄翠;或平林漠漠,绿波卧虹;或峡江帆影,飞瀑流泉……给人以饮了陈年美酒,酣醇微醉之感。先生那随意挥洒、笔墨酣畅淋漓、既高旷苍劲又富有新意的山水画,在众多现代山水画家中是

图11　郑乃珖夫妇与施宝霖在砚云山馆合影

独树一帜的。

郑先生的山水画技法,好似信手皴擦点染,经意又不经意。以"刷擦皴"和"裂纹皴"最为突出。这是先生"我用我法"所致。说他创新,更重要的是指他的山水画,从过去文人隐逸思想中摆脱出来,以大自然为师,讴歌祖国大好河山,呈现时代风采。

乃珖先生生于1911年,其家乡是江畔福州市郊沙堤村,他在画幅上常钤朱文"沙堤拾贝"一印,是怀念童年时代拾贝牧牛、帮助家计的情景。郑先生五十年代初期赴西安,在西安美术学院讲学,一直至七十年代初返回福州。这期间,他常与著名画家赵望云、石鲁等切磋画艺,为共同振兴西北中国画艺术做出了贡献。为了纪念这时期的教学绘画生活,他常在当时的画幅中钤上"廿年说画在长安"。

由于先生出生在风景秀丽的闽江边,受其柔美熏陶,中年时期在西北黄土高原生活,又受到壮美的沐浴,因此形成浑厚华滋的独特风格。先生晚年山水画变为"遗貌取神"之态。正如黄宾虹先生所说:"山水乃图自然之情非剽窃其形,画不写万物之貌乃传其内涵之神。"近年来,郑先生常画青绿重彩写意山水画和水墨写意山水画。青绿重彩的墨彩洒脱恣肆,水墨的笔墨酣畅,元气淋漓,二者都具神韵,令人百看不厌,回味无穷。(图12)

我把刊有此文的《人民日报》(海外版)拿给郑老师看,他阅读一遍,微笑地对我说:"宝霖,你寿山石雕刻得很好,想不到文章

图 12　郑乃珖画山水图

也写得不错呀！"我回答说："只要您老满意就行了。"

郑老师晚年腿部经常患病，膝盖肿痛，影响行走，给他带来了无穷的烦恼。有一次，我看到他坐在那里站不起来，满脸愁云，我走近一看，竟是右膝盖肿胀了，膝关节有炎症。我立即去药店买了栀子，到菜摊买了生姜等，把这几味药材和着番薯粉捣碎后，加热拿到砚云山馆，用纱布给他包扎好，嘱咐他隔一天换一次药，这样连续五次后，我见他膝盖肿消了，可以行走了。他老人家高兴地对我说："宝霖，你哪里学来这一手？"我说："小时候在乡下，看见父亲为邻居用这个单方把扭伤、碰伤、膝盖肿痛都治好了。父亲还教我治疗腿部'阴疽'的单方（五爪龙等五种草药）和治'背疽'的'四叶英草'等。父亲早逝，许多东西我还没有学到哩……"他接着又问我最近有无绘画。我说："近来忙于文字编辑工作，业余时间又搞雕刻，余下的时间不多。再加上我的习惯不好，没有绘画激情时，会有好几个月不动笔，画得很少，只有两三张作品，过几天拿来请您老点拨点拨。"过了数天，我拿去四尺三开的三张山水画给他看，其中一幅前面的岩石太浓太黑，比较死板。他展开一看，就说："不要紧，你把石青碟子拿过来。"只见他用笔蘸着石青涂抹上去，果然岩石变亮了，活了起来。接着，他用笔蘸着赭石，把中景中几颗混在一起的树干勾出来。后他又用白粉在纸背瀑布处染了一下。他说："这样装裱起来，瀑布更白了，更好看。"这是我生平第一次看到在画背面设色的办法。他看到我画的秋山红叶朱砂点得不够厚重，也用浓墨在纸背加染了一下，这是他长期绘画生涯积累的经验，今天都毫无保留地展示给我看，我终身受用啊。这种技法也让我想起在山水画远山处用朱砂一抹的方式，这样远山效果十分显眼，呈现出晚霞夕照的自然景象。但他有时候在山水画远山处一反常态地用浓墨一抹，画面上反衬前面景物效果明显。我发现这与我过去上课时，听老师讲"近景浓，远景淡"的常理有悖，难道自然界也有这情景存在？我心中怀疑着，但又不方便正面发问，我认为郑老是不会错的。果不其然，几年前的一天下午，我去浙江，火车经过乐清时，看到远山比近山浓重得多，自然界确实有着这样的景

图 13　郑乃珖画《飞鹰图》

象。我真佩服郑老师对自然的观察力，并将其准确地运用到绘画中。他真是个见多识广的画家啊！通过这次改画，我从中学到了过去学校里没有学到的东西，受益匪浅啊！

郑老师画的《飞鹰图》（图 13）很有特色。我通过数年观察欣赏，在他的多幅《飞鹰图》中，尤以福建博物院珍存郑老为陈英夫妇所画的巨幅横式《飞鹰图》最为震撼。于是，我决定写一篇文章记述我对郑老《飞鹰图》的感受。文章题目为《高远，激昂，雄奇——郑乃珖的鹰》：

中国画名家之所以成为名家，大凡除了功夫扎实了得和风格独特外，都有一手绝活。就当代中国画大师论，徐悲鸿的奔马、齐白石的游虾、黄胄的毛驴、吴作人的熊猫、李可染的山水……都是雄视古今画坛的，脍炙人口而饮誉环宇的。

在花鸟画中，鹰是画家们经常采用的题材。但像上述大师们那样以鹰叫绝的画家似乎没有。不过相比之下，郑乃珖先生画的鹰在当代堪列榜首。郑老先生画的《飞鹰》，近来成为海内外收藏中国画的收藏家的抢手画，他们称赞他为当今海内画鹰圣手。

笔者造访"砚云山馆"，欣赏了郑先生的几幅大《飞鹰图》，被那高远、激昂、雄奇的意境所感染、所陶醉。郑老画飞鹰，在造型上采用夸张与写实相结合的表现手法。其夸张部分是翅、爪和喙三个部位。鹰翅加长,显得雄健;爪子特大,变得有力;喙勾而长,以示坚实,因而突出了鹰的神威。运笔刚柔相济,墨分浓淡干湿。画翅用沉着雄健的笔道,以浓墨画硬翅,在翅下避免他人通常用的留白方法处理,而是采用散笔皴点,淡墨渲染法,以达到远处观有气势,近处看毛茸茸的感觉。鹰眼则用藤黄加淡绿涂之,使其炯炯有神,寒光逼人。

刘海粟老人见到郑先生的《飞鹰》图卷颇为激动,欣然命笔,在他的画卷上题了"云移怒翼博千里,气霁刚风御九秋"的诗句,道出了郑先生的《鹰》图的艺术感染力。

此文发表在《人民日报》(海外版)1991年6月22日副刊上。能写文章来宣扬郑老师的艺术成就,这是我作为学生应尽的义务,也是力所能及的。

1989年4月27日,郑老师受福建省人民政府省长王兆国聘请,任福建省文史研究馆副馆长。1990年7月,福建人民美术出版社出版了《郑乃珖画集》。该书的书签为郑老自题,序言为黄迪杞所写。是年秋天,我去砚云山馆,郑老师拿出刚出版的画集赠我,并在扉页上题了"宝霖吾弟存念。郑乃珖,己卯仲秋"。这算是福建人民美术出版社出版的精品画集了。

郑老师于1988—1993年任福建省政协第六届、第七届常委。这是郑老师晚年所担任的职务之一,毫无疑问他是胜任的,也是与他的才能相匹配的。1989年3月,他在香港举办"郑乃珖义卖画展"时,与夫人杨位琛把筹集到的百万港币,全部捐赠给福建省儿童福利基金会。

郑老师晚年很喜欢书法,经常写字,也乐意为人题字,几乎有求必应。我也请他为我新居"竹石居"题匾,他老人家亲拓瓦当纹做衬底,使整幅字显得古雅生动。后来,我在仓山居仁里10号购置新居装饰时,把它刻石嵌在墙上(图14)。

1996年春天,郑老师大病一场后,心态受到一些影响,我就不断安慰他,这是师生之情。每当我去向他问安时,他都会一脸认真地说:"宝霖,我恐怕活不过今年。"我说:"不会,老师身体并

图 14　郑乃珖书"竹石居"刻石

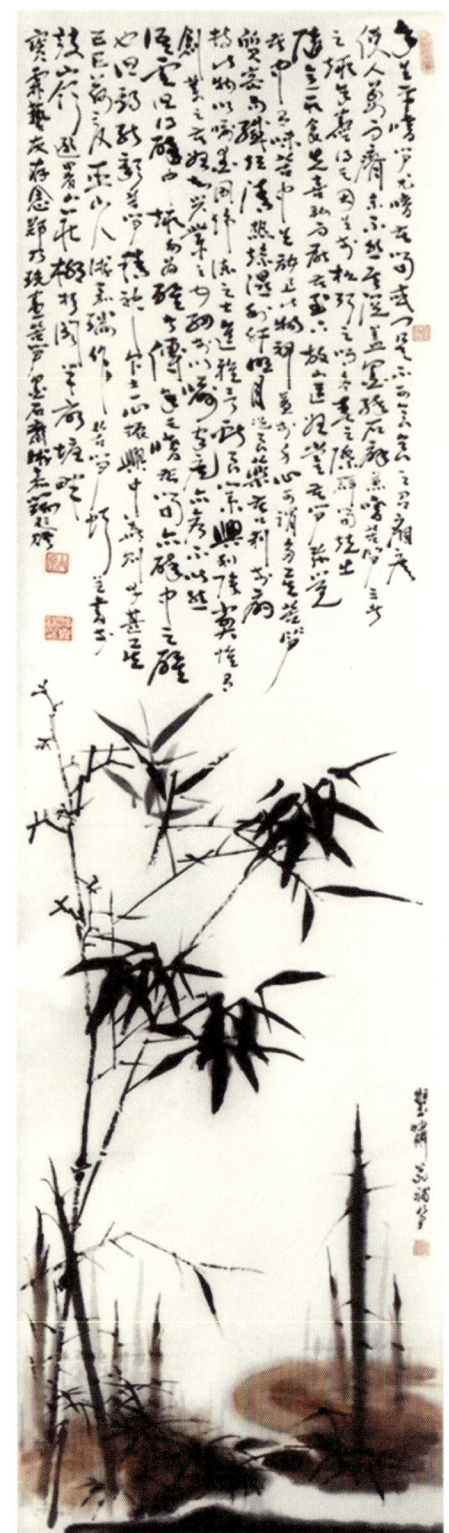

图 15　郑乃珖画赠施宝霖《墨竹图》（游嘉瑞题字）

无大碍，只是腿脚不利索，行动不便些，把腿治好就行了。老师您可以活到90岁以上。"他一听就说："那我只有5年能活了。"我立马说："老师不止呀，您老可以活到期颐高龄，我懂得一些面相术，您老人家耳朵长，人中长……这些都是长寿相也。这样吧，我俩打个赌，如果您活到90岁，那时再给我画张画怎么样？"他点点头。其实，这也是没有什么更好的办法说服安慰他，只能用这种打赌之法让他不对命运认输。自从打赌后，我便再没有听到他说"恐怕活不过今年"这样的话了。

1995年初，我想把对郑老师为人及其艺术造诣的总结付之于文，以表达对他老人家的敬仰，也便于将来存作史料用。所以，我以《雍容豁达，艺术常青》为题目，写了这篇文章：

中国绘画艺术以其悠久的历史，独特的风格，在世界艺林中独树一帜，雄视天下。在五千年文明史中，无数画家不畏艰辛，为追求其尽善尽美的艺术境界，为攀登艺术高峰，不断跋涉探

图16　郑乃珖与施宝霖在砚云山馆合影

索。在当代中国画坛上,就有八闽名家之一的郑乃珖教授。

郑乃珖,号沙堤璞夫,又号璧啸翁,1911年生于福州西郊沙堤村一个书香之家。郑教授自幼天资聪慧,受其工诗善画的祖父孝廉郑菊三公熏陶,对绘画十分感兴趣,临摹了大量古代画作,为之后的绘画艺术成就打下了坚实基础;后又得三山老画家叶翰侯先生指导;再后来,又于艺术大师刘海粟门下深造,并私淑海内许多名家,转益多师,博采众长。抗日战争前后,他辗转于沪、台、港等地,以及东南亚诸国,多次参加国内外重大美展,或举办个人作品展览,声名鹊起,并领誉东南亚。在此期间,曾得弘一法师、陈树人、鲁迅、郭沫若、茅盾等一代宗师题词嘉勉。尤其值得一提的是,他在香港结识了大画家张大千,两人过从甚密,谈艺论画,长日不倦,从此艺术境界又有了新的飞跃。

郑乃珖教授最早是因其人物画而名重中国画坛的,后来因教学需要,又攻花鸟画。无论是双钩白描,还是工笔重彩,或是工写结合,其造诣都卓然超群。他的花鸟画既发扬传统技法,又强调师法自然,以写生为基础,融合古今。从工笔花鸟中,可窥见他从徐熙、黄荃的画法中脱出,渗入自家笔墨,工中有写,写中有工,呈现出巧中见拙,笔酣墨畅,气韵生动的风貌。他的作品突破前人藩篱,具有鲜明的时代特色。其题材十分广泛,不论是寻常花草,还是花圃中名花异卉,或是农家作物,经他精心剪裁,巧妙构思,用苍劲而灵巧的线条,设以明丽而沉着的色彩,无不形神兼备,韵味隽永。人们无论从入选《新中国美术大系》中的《水仙》,到被联合国教科文组织收藏的《山花烂漫》,还是从常见的《热带兰》《海鲜》《春蚕》《秋圃》《荷花》《蓬莱锦鸡》等画作中,都可看到他卓越的艺术成就。

郑乃珖花鸟画中,尤以画"飞鹰"令人叫绝,近年来成为海内外收藏家的抢手画。人们称赞他为当今海内"画鹰"圣手。笔者曾在"砚云山馆"欣赏了他的几幅巨制《飞鹰》图,被那高远、激昂、雄奇的意境所感染,所陶醉。他画鹰的特点是,造型上采用夸张与写实相结合的表现手法。其夸张部位是翅、爪和喙,翅膀加长显得雄健,爪子特大显得有力,喙勾而显得坚实,因而突出了鹰的神勇威猛。运笔刚柔相济,墨分浓淡干湿。画翅用雄健沉着的线条以浓墨画硬羽,在翅下避免了他人画常留白处,而采用散笔皴点,淡墨渲染法,故而远观有气势,近看很逼真。鹰眼则以藤黄加淡绿涂上,使之炯炯有神,寒光逼人。无怪乎刘海粟大师见到他的《飞鹰》图时,欣然命笔,在其画卷上题了"云移怒翼搏千里,气霁刚风御九秋"之句,这题辞道出了画家画鹰艺术的魅力所在。欣赏他的典雅秀丽、雍容华贵、光彩照人的花鸟画,如聆听华彩迷幻的交响乐,如听清音袅袅的江南丝竹,这是对大自然的讴歌,是对美与爱的礼赞!

郑乃珖先生不但精于花卉、翎毛、草虫、果蔬、时鲜,还工于人物、走兽,同时,对山水画也有很高的造诣。笔者在"砚云山馆"欣赏过他百来幅精妙超绝的山水画卷。那些奇妙画卷,或绝壁干天,孤峰入汉;或绿嶂百重,青川万转;或幽岫含云,深溪蓄翠;或平林漠漠,绿波卧虹;或峡江帆影,飞瀑流泉……都给人以饮陈年美酒,酣醇微醺之感。画家那随意挥洒,笔墨酣畅,元气淋漓,既高旷苍劲,又富有新意的山水画,标新立异于中国画坛,令人百看不厌,回味无穷。

郑乃珖先生的山水画之所以有这样的成就,这与他"廿年说画在长安"的经历有关。由于他青少年时代生长在风景秀丽的闽江边,受其柔美的熏陶;中年时期在西北黄土高原生活讲学,受到壮美的沐浴;在西安时期,与著名山水画家赵望云、石鲁、蔡鹤汀等切磋画艺,不但为共同振兴西北的中国画艺术做出贡献,而且形成了自己独特的山水画风格。其技法像是信手皴擦点染,似经意又不经意,以"刷擦皴"和"裂纹皴"最为突出,这是他"我用我法"理论的成功实践。他的山水画,从过去文人画的隐逸思想中摆脱出来,以大自然为师,讴歌祖国大好河山,呈现时代风采。后来他写山水又采用"遗貌取神"画法,正如黄宾虹先生所说:"山水乃图自然之情非剽窃其形,画不写万物之貌乃传其内涵之神。"近二十年来,郑乃珖先生因公常在北京饭店、北京钓鱼台,或大连棒槌岛等地与吴作人、李可染、黄胄、亚明、宋文治、关山月、黎雄才、程十发、赵少昂、杨善琛等当代中国画名家雅集笔会,集体合作的画卷,而最后统一协调画面的任务多由郑先生来完成。

综观中国绘画史,有的画家因满足于一时的成就而故步自封,不思进取。郑先生却不然,其难能可贵之处,就在于成名之后继续进取,年过八旬仍孜孜不倦地进行艺术探索,不断完善其艺术风格。他深知"一个艺术家如果哪天停止探索,那么他的艺术生命也就终结了"的道理,因而他的艺术生命之树常青。

中国画坛历来注重人品,提倡"艺以人为重"。如谓"士先器识,而后文艺""德成而上,艺成而下",等等,说的都是重道德修养,把道德品质放在首要位置来衡量,此即所谓"人品高,其艺品也高"。郑先生纯真笃厚,诚恳谦让,襟怀坦荡。他十分厌恶趋炎附势,尔虞我诈,勾心斗角等恶习,平生淡泊自奉,刚正不阿,热心于社会公益事业。1989年3月,他到香港举办义卖画展,便将所得润笔百万港币,捐赠福建省儿童福利基金会。最难得的是他对晚辈后学者无私指导,对求教者总是循循善诱,甚至不厌其烦地为他们做示范,或修改画作,为培养新一代画家呕心沥血。笔者在二十多年前,曾目睹过这样一个情景:一天上午,一位年轻人出示几幅画作请教于他,郑先生除了肯定其所画之优点外,还指出不足之处,并立即磨墨提笔站着为之修改,而且边改边讲解。如果不是郑夫人杨位琛端来中药罐请他服药,还不知他身患疾病。就这样一连站了两三个小时,就连那位年轻人都耐不住坐下来两次。望着一手握笔,一手端着药罐的老师,年轻人眼含泪花。笔者也被他那种诲人不倦的精神所感动。许多出于郑门的后辈,多学而有成。如西安的王有政、王子武,青海的马西光,福州的檀东铿等。郑乃珖先生今已85岁高龄,仍绘画不辍,传艺不止,真可谓"仁者寿"。

郑乃珖先生有《郑乃珖画集》《郑乃珖百花画集》等二十余册画集行世,另有上千幅作品发表在海内外各种大型画集和报刊杂志上。其大量的佳作为北京中国美术馆、中南海、人民大会堂,以及英、美、法、德、日、韩、新、马等几十个国家的博物馆、美术馆、纪念馆所珍藏。其艺传被载入名人辞典、百科全书等。他是中国画研究院院务委员会委员、中国艺术研究院古字画鉴定顾问、中国工笔画学会顾问、福建省政协常委、福建省美协副主席、福建省文史研究馆副馆长、福州画院终身院长、陕西省国画院顾问、西安美术学院教授、一级美术师。(此文刊于1995年第1期《福建史志》)

2001年春节(辛丑年正月初一)这一天,我按惯例到砚云山馆给郑老师拜年,恭贺新春。我随身带去一枚白芙蓉螭钮印章,篆刻朱文"廿一世纪",作为新年礼物送给郑老,他看了印章很高兴地收下了。寒暄问好过后,我对他说:"您老记着五年前我俩打赌的事吗?"他点点头,手指向桌边宣纸堆,要我取一张来。我随意拿了一张约是四尺三开大小的宣纸,放在他身前的画案上,他在宣纸上刚提笔就滴了一大滴墨汁,我看墨汁蘸多了,建议再换一张纸,他说:"不要,这样反倒有另种风味。"不一会儿,一幅《梅竹迎春图》呈现了出来,他又在上面补画了一块红石,使整个画面生动而显吉庆。最后,他题上"新添门外三分绿,春入枝头别样红。宝霖吾弟惠存,郑乃珖年百岁开一"。后来为了说明这幅画的来历,我在画的左下角跋了"乃珖老师八十五岁大病一场,他数次对我说:'怕今年过不了。'我不信,与师打赌,我说:'老师年可颐期,师到九十岁时,要画一张图给我。'师应允了。斯图是师为践诺言而作。图中一摊墨,是师坐着当提笔时滴下,我建议换一张纸,师说:'不必要,这样别有一番味趣效果的。'学生施宝霖拜志,时甲申九秋"。这张画也是郑老为我画的最后一张画,我一直挂在画墙上,时常想念郑老师给我的恩

图17　郑乃珖为施宝霖画最后一张《梅竹迎春图》

泽(图17)。

2001年10月11日,我去给郑老师问安,看他正在看陕西人民美术出版社刚出版的精美画册《中国画名家郑乃珖》。他见我来,就说送我一本做纪念,并在画册扉页上题了"宝霖贤弟存念,百岁开一郑乃珖"。刚好师母、大干兄均在,我们合影一张以做纪念(图18)。

郑老生命最后两年是在福建省立医院高干病房度过的,师母一直陪伴他身边。他住院,我也按例前去问安。他精神好些时,会同我聊天并询问我是否有带近作来。我不忍心打扰他,就推脱说忙于修志,没时间绘画。吾师厚爱啊,这时候还在关心我的绘画情况。由于医治无效,郑老师于2005年12月25日安详离世,魂归道山。其家属分别在市画院和砚云山馆设灵堂,供各界人士前往吊唁。

2005年12月31日,郑乃珖先生追悼会在原南京军区福州总院吊唁厅举行,时征中共中央政治局常委、全国政协主席贾庆

图 18　郑乃珖与施宝霖合影

林发来唁电。此外,发来唁电的还有故宫博物院、国家图书馆、国务院办公厅行政司、人民大会堂管理局、中国美术家协会、中国画研究院、中共福建省委、福建省人民政府、福建省人大、福建省政协以及全国各地许多画院等。吊唁厅布满了各单位、各界人士送来的悼念花圈。参加追悼会的有时任中共福建省委常委、组织部部长李宏,福建省政协副主席黄瑞霖,福建省政协原主席游德馨,福州军区原副政委王直将军等各界人士千余人。福建省文史研究馆馆长卢美松致悼词,他高度评价了郑老师的为人为艺,并指出他的逝世是中国画坛的巨大损失。我垂泪与尊敬的师长做最后告别,后来又护送他的骨灰归葬西郊溪源山,这是他生前自选的寿域。

2006年1月2日,我撰写了一篇题为《丹青留史,德在人心——深切怀念郑乃珖老师》的纪念文章,发表在福州画院纪念郑乃珖先生逝世一周年纪念特刊上。文章回忆郑老师生前对我绘画技艺上的种种无私帮助,称赞他的绘画以青铜器搭配花卉、山水、飞鹰"三绝"的独特技法,最后以"画坛痛失师首,艺苑陨落巨星"之挽联,作为这篇数千言纪念文章的结束语。

2011年12月3日,由中国美术家协会、中国画研究院(国家画院)、西安美术学院、福建省文联、福建省文史研究馆、中共福州市委宣传部、福州市文化新闻出版局主办,福州画院承办的

图 19　《画坛巨擘郑乃珖精品集》

图 21 施宝霖在郑乃珖诞辰一百周年纪念活动现场留影

图 20 《郑乃珖先生诞辰一百周年纪念文集》

"画坛巨擘,百年辉煌——郑乃珖先生诞辰一百周年纪念展"活动在福州画院开幕;10时,在于山堂举行《画坛巨擘郑乃珖精品集》和《郑乃珖先生诞辰一百周年纪念文集》(图19、图20)首发式。我参加了上述纪念活动(图21)。可以告慰郑老师的是,郑家样花鸟画有了第三代传人,除三儿子郑大干为画院画师、一级美术师外,他的孙女郑书丹(大干兄女儿)亦是福建省美术家协会会员。真是师恩厚重,师泽绵长啊!

# 当代海派画坛祭酒——怀念程十发先生

程十发先生(1921年4月—2007年7月),名潼,字十发,以字行,江苏松江县枫泾镇(现上海金山区)人。父亲程欣木,母亲丁织勤。程先生出生儒医世家,毕业于上海美术专科学校。曾任华东人民美术出版社创作员,西泠印社副社长,上海中国画院院长、名誉院长(图1)。曾出版《孔乙己》《阿Q正传一〇八图》《胆剑篇》等连环画,《程十发书画》(10册)《程十发近作选》等数十集。

犹记在福州工艺美术学校学习时,程十发先生的连环画《孔乙己》(获全国首届连环画二等奖)以及发表在画报上的《姑娘与八哥》,给我留下深刻的印象,至今仍回味无穷。他的画作人物线条与别的画家不一样,尤其是线条灵动而有趣,人物造型夸张而生动,笔触细腻富有韵味,令人耳目一新。机缘巧合,1969年的夏天,我进一步加深了对程老的认识。那天,我到桂枝里拜访陈子奋老师,刚一进门,只见老

图1 程十发在黄山留影

先生猫腰坐在床边短竹椅上，双手捧着一本连环画，聚精会神地盯着书本，丝毫没有觉察到我的到来。直到我走到他身边轻轻喊了声"陈老师"，他才转过头来说："宝霖，你来了。"我故作调皮地说："老师，在看什么小人书，这么入迷啊？"陈老呵呵一笑对我说："我呀，在看程十发的连环画哩！"我迟疑了一下，说道："陈老师，这本小人书您已经看过多遍了，怎么还在看呢？"陈老指着书本认真地对我说道："你看程十发的线条造型与别人均不相同，他的线条不仅灵动有趣，还有韵律，我想他肯定是精通戏曲音律的。人物造型也独辟蹊径，略有夸张，受陈老莲的影响……这些都说明程十发不是一般的连环画家，将来必有建树……"这一幕仿佛犹在眼前。陈老孜孜不倦，深入书本的钻研精神给我两点启示：一是陈老师年届古稀还在吸取别人的长处；二是程十发先生画作的人物线条确有独到之处，令陈老赞不绝口。至此之后，我便格外关注程先生的作品和相关资料，细心收集并认真揣摩（图2、图3）。

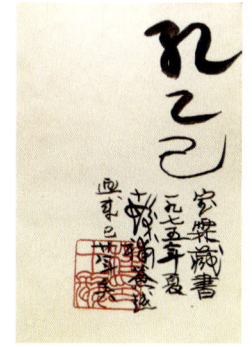

图2　程十发题赠施宝霖连环画《孔乙己》封面

图3　程十发连环画《姑娘与八哥》部分

程十发先生八岁丧父，由其母靠行医抚养长大。其家乡松江受吴越文化影响，历史上画家辈出，如元代的张观，明代的陈继儒、董其昌、莫是龙，还有时常被任伯年称颂的海派领军人物胡公寿。国画大师张大千也在松江居住过，程先生幼年曾登门拜访。浸染书画之风，耳濡目染，程十发幼年就喜欢上了绘画，有趣的是，行医世家的称号到他这里也就中断了。1939年程先生18岁时，他考入上海美术专科学校，师从李仲乾先生学习书法篆刻。程十发尤爱画山水画，他的山水画老师是国画大家黄宾虹的学生汪声远先生。汪先生常言"转益多师是汝师"，鼓励学生发挥创造性。程十发先生在老师的启发下，充分发挥自己想象，将创造元素融入绘画之中，造就了日后在海派画坛上的祭酒地位。他的夫人张金琦，善绘花卉，与程先生是同学，也算志同道合。1952年，程先生调入华东人民美术出版社任创作员。在此期间，他所作连环画风格多变，第一部《野猪林》与之后的《姑娘与八哥》风格判若两人，最终形成了"形怪""色怪""意怪"的"程家样"。了解越多，崇敬之情日增，到后来程先生成为我最崇拜的三大人物画家之一，另外两人是黄胄、周昌谷。我曾就程十发先生独特

图 4　施宝霖摹程十发《傣族少女图》

的人物线条处理方式,当面与黄胄老师探讨过,我认为黄胄老师线条否定中带肯定即有复线加重效果;周昌谷先生则是润笔卧笔聚成块面;而程十发先生行笔肯定中带否定,即笔断意不断。三位老师各具特色,各领风骚。黄胄老师听完我的论述后不置可否,抿嘴一笑。时至今日,我还是坚信自己的观点,对自己的观察能力也充满自信。我心中渴盼有朝一日能与程先生相见,求得一帧墨宝,该是多么荣幸!带着满腔敬意,我便开始临摹先生的作品,甚至装裱后挂到房间墙上,甚为欢心,自得其乐(图 4、图 5)。

"文革"时期批判风盛行,程先生因画过海瑞的故事也未能幸免,有人写文章污蔑程先生为反动黑画家。我从批判程先生的文章中看不出程先生错在哪里,由此更为敬重这位画家,感慨人世沧桑。我曾默默为程先生祈祷,希望这场风暴早日结束,程先生能够平安,继续绘画之路。我想在这种"黑云压城城欲摧"的日子里,画家们需要得到慰藉,得到支持,于是我产生了联系程先生的想法。皇天不负有心人,一个偶然的机会,我在桂元兄家中看到了程先生的地址:上海延庆路 141 号。我如获至宝,盘算着如何联系到他表明自己的心意。我思前想后,决定篆刻印章赠予先生,因为印章与"文房四宝"一样,为画家的必备之物,先生定需要备在身侧。于是我特意刻了两枚印章,另外加上三枚高山石章,委托张伟同学在回沪探亲之际,将一封书信和五枚印章送到程十发先生手中。自信送出去之际,我便焦急等待,期盼佳音。

图 5 施宝霖摹程十发《采秋图》

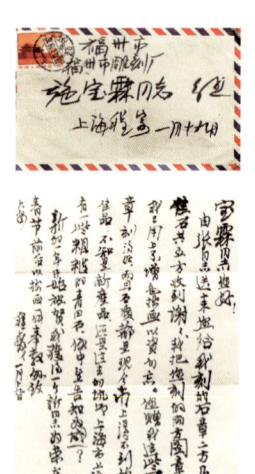

图 6　程十发致施宝霖信札

终于在 1973 年 1 月下旬,我第一次收到了程十发先生的回信,心中万分欣喜,迫不及待地拆开信封。回信中写道:"宝霖同志:您好!由张同志送来您给我刻的石章二方及佳石共五方收到,谢谢!我把您刻的两方图章已用上了,增色拙画以资勿忘。您赠我这些石章刻得好,而且石质都是现今市上得不到的佳品,不知是新产品还是过去的坑口?上海市上只有一些粗糙的青田石,便中望告知为感!新的一年开始,祝贺我获得一个新同志为荣。在春节前后,以拙画一件奉教。匆致,大安!程十发,一月十九日。"(图6)

我阅信后激动不已,感念先生不弃我,愿意相信我,并把我当同志一般对待,这真是出乎我意料之外。欣然之际,我立马提笔回信给他,告知他这确是旧坑口出的新石,并说如果先生需要,我定遵嘱照办。

3 月中旬,收到程先生的来信:"宝霖同志:惠石皆珍品,收后不胜欣喜感谢。今日上巳逢清明节,拙书一幅遥奉博笑,望常来信。匆匆祝创作繁荣。向子奋先生代候。弟十发,癸丑三月三日。"书法条幅写的李青莲的诗:"南轩有孤松,柯叶自绵幂。清风无闲时,潇洒终日夕。阴生古苔绿,色染秋烟碧。何当凌云霄,直上数千尺。上巳正逢清明,遥寄榕城,博宝霖石友一笑。李青莲诗《南轩松》癸丑春日,观古松后书此。十发。"(图7)

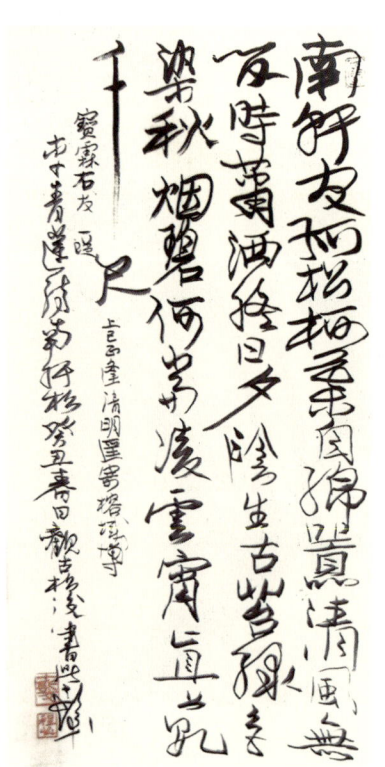

图 7　程十发赠施宝霖书法作品

信中程先生自称为"弟",令我感到赧颜,赶紧回信给他,请他今后勿用"弟"谦称,作为长辈,用"你"字即可。另外,为了报答他赠送书法与我,我又寄了几枚石印章过去。

很快,3月中旬,我又收到程先生的来信:"昨晚自郊区返,见案陈足下自榕城惠吾佳石五件,且有刻章一方,变古则今,极为精美,且五石皆非凡品,摩挲不能释手,今晨特书翰报谢!一星期前,上海《龙江颂》剧组正赴榕城演出,弟曾托美工吴明耀兄带奉拙画一件,不知收到否?我思必定带到,恐初至榕城未得空暇之故。再过时日,余当另有小品再报奉教。弟另恳拜托拟购一般建石,石色纯正即可,要大一些,不知办否?望告。张君及此番带石同志不能亲见,极为歉,谢谢不尽!此上,石知己宝霖同志文几。十发笔,三月十日雨窗。家人嘱询榕城有否建漆筷子发售?颜色古雅些,漆要坚些者。"(图8)

承蒙程先生信任,我们一直保持书信来往,我也收到了程先生赠送的用康熙年间古纸绘画的《少女与羊图》(图9),上题"石知己留念"。我欣然之心自是难以抑制,立马装裱后悬挂在卧室,一有时间便端坐观摩。从程先生画风来看,已从连环画勾线过渡

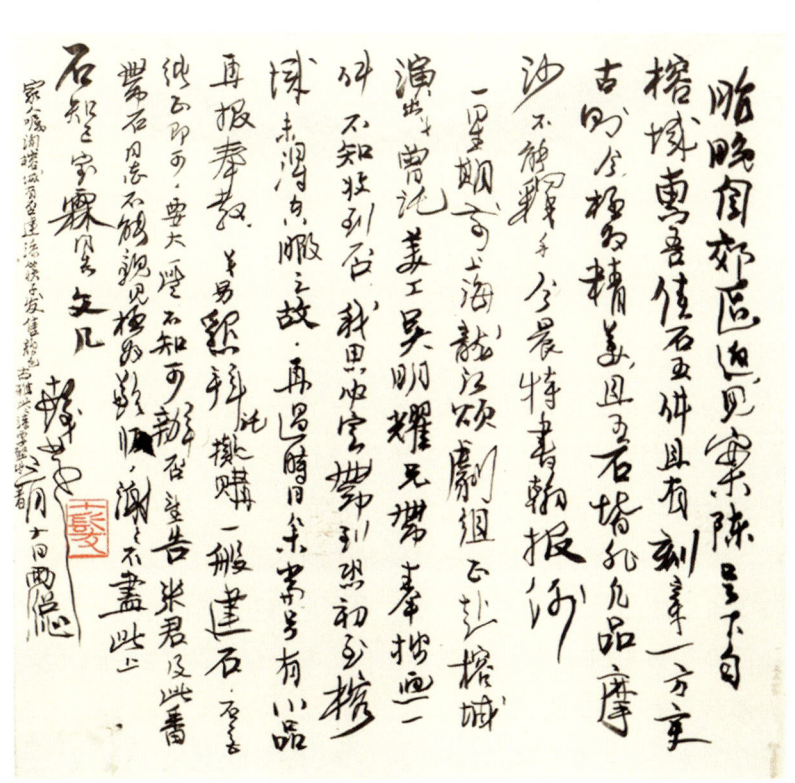

图8　程十发致施宝霖信札

图9　程十发画赠施宝霖《少女与羊图》

到写意阶段了。

为了表达谢意,我亦托友人带去一件三四斤重的玛瑙红高山石刻《红梅颂》摆件,以及三副漆筷(楠木坯的)。漆筷是我市特别容易购到的东西。

9月下旬,我再次收到程十发先生的感谢信:"宝霖仁兄阁下:蒙赐寿山佳品一尊,上有巧色雕红玛瑙色梅花,制作亦是珍品,至今日尚在案头把玩不已,感谢不尽!另有《寿山石谱》一册,已请人修葺封面,使我获识寿山石知识,亦深感无已!寿山石之宋俑余闻素未闻,见素未见,能见赐获一见,极为神往,先谢再三!余小恙不严重,唯心脏有不适,所需要药物在沪地皆可买觅到,蒙关

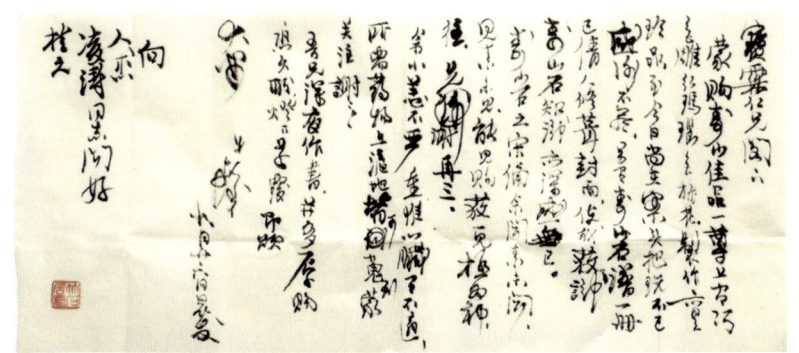

图10　程十发致施宝霖信札

注,谢谢! 吾兄深夜作书,并多厚赐,恐久盼,灯下草覆。即颂,大安! 弟十发,九月廿六日晨发。"(图10)

接到程先生的信,我心里很踏实,感慨我们终于有了继续交往下去的基础。他对寿山石雕异常喜爱,而我正好能为他雕刻寿山石章或摆件,他喜欢的寿山石俑,我家也刚好有收藏。后来我曾写信给他,恳请他在一本册页上为我题签并赐画,作为赠予寿山石俑之回报,我亦不会感到难堪,且以聊慰先生好古之心。

是年年底,我再次趁张伟同学回沪之机,托他带去寿山石俑、檀香橄榄一包,以及冷洁兄寄的茶叶和寿山小石章等,另外那本册页也一起交到程十发先生手上。

1974年1月上旬,我收到先生来信,信上说:"宝霖同志如握:昨天,张伟同志带来东西一大包,石俑极为精彩,陈达君的笔筒也不差,冷洁君给我茶叶及寿山佳石,都使我整天在玩赏这些东西。一包橄榄一定照你的意思放瓮中,可以在春节时泡茶吃。前寄'红玛瑙石'也是珍品,而你的雕刻,是我家最好的石章(雕)。后来一方寿山云头钮石章,也照收无误。因我没有及时回信,使你记挂,十分抱歉。因我最近病比前严重,血压高,记忆力很差,脑血管有变硬的可能,医嘱休息在家,不太动笔,把好多回信都没有及时答复。所以要请原谅。你寄来的大册,我一定照办,可请张伟同志带回。另有一画,若来得及也一定带上。再一次谢谢你,向我的朋友们问好。祝新年好! 十发。"

我注意到程先生这封信件是用钢笔及一般信纸写的,而先生平时喜用毛笔和信笺,从这字迹中亦可窥探先生身体状况并不是很好。于是,我立即去信望他安心养病,切不可因册页之事影响治疗,否则,我罪过就大了,并祝他早日康复!

1974年,文艺界掀起一场所谓批黑画恶风,《文汇报》恶意指摘,点名批评程先生画的一幅名为《秋》的少女与水牛的图画,将先生定义为"形怪""色怪""意怪"的"三怪"黑画家……我看后义愤填膺,立即写信给先生安慰他勿理会这些胡乱措辞,欲加之罪何患无辞,我依然坚信先生品行与画风。

信中大概这样写道:"先生的这幅《秋》图,我见过,上面还用拙刻印章。《秋》是一首田园诗,是歌颂劳动人民过着和平安逸生活,画面充满安逸、恬淡、清净的农村小景,给人们以美好的享受。批判者偷换概念,混淆视听,强词夺理,所谓'三怪'正是先生绘画与众不同的风格特色。老百姓已经厌倦'极左'的那一套了,群众眼睛是雪亮的,'极左'做法不得人心,请先生安心养病也。"

程先生为此专门向我表达谢意,来信回复我:"前后获二书,蒙多方关怀,十分感激,真谓石知己之性格,不胜企佩,于榕城有老弟在,每当心有不舒,思及之,如清风拂面,使我得以慰藉。蒙告情况,余当注意及之。以前余未有好笔墨奉弟留念,待日后动笔时必寄发,以补前愆。尊友来舍,往往不甚凑巧,未及招待,抱歉之。余近日安好,唯冠心病不瘥,在家休息,时届旧岁即去,新春来临,报书遥祝平安,专上石知己老弟笑阅。十发手草,二月八日灯下。石雕印本已读,见大作甚喜。"(图11)

收到回复,我稍许心安,但先生冠心病令我担忧之,我亦时常去信问安,表明自己希望登门拜访的心迹。

见面的机会还是被我等到了,那是在1975年的春天,我印象很深,3月9日,因工作需要创作寿山石雕《长征组雕》,在上海中转到延安,利用在沪停留的几个小时,我去拜访了程先生。我向领队请好假,带上特意准备的桂圆干、笋干和寿山石章去看望先生。我按着门牌号仔细搜寻,终于,那栋二层楼的房子出现在我眼前,我心中莫名激动,迫不及待地爬上台阶去敲门。开门的是一位戴着厚厚镜片、穿一件米色卡其布上衣配咖啡色裤子的老人,他身材略比我高,脸方胖,举手投足透露着文雅气质,我料

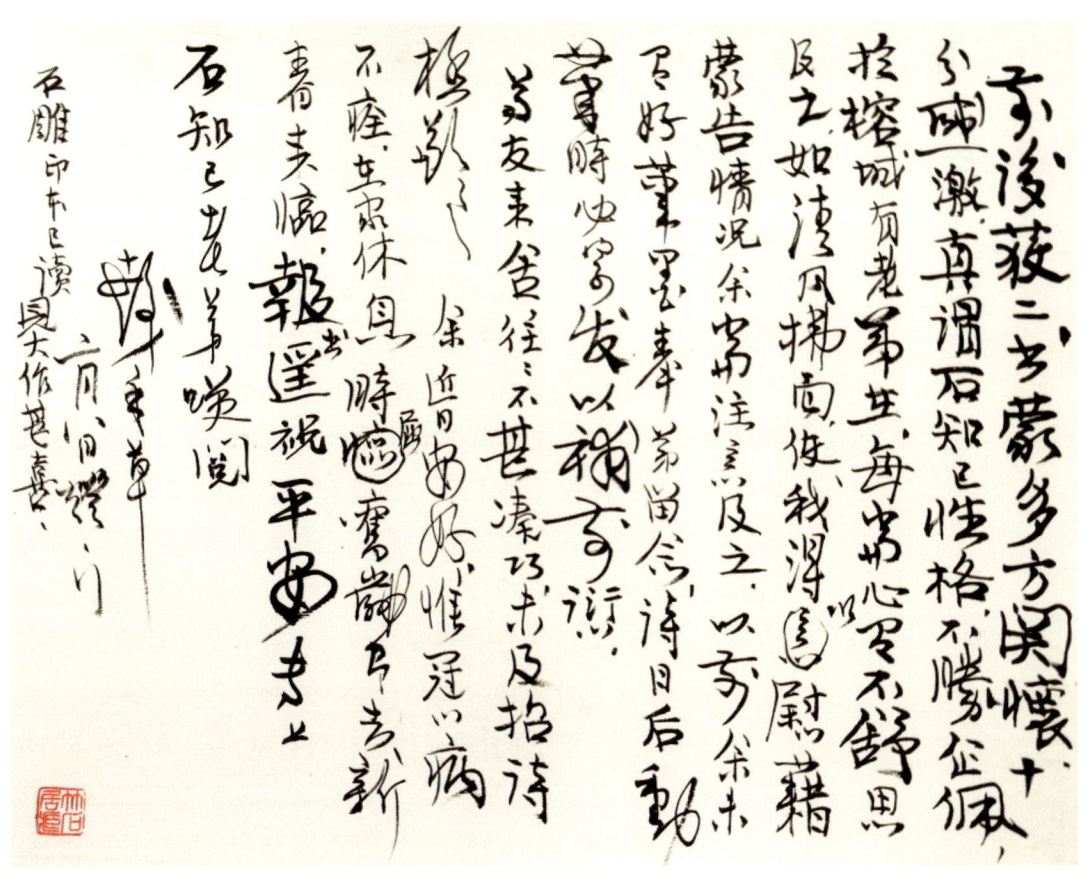

图 11 程十发致施宝霖信札

定这便是我朝思暮想的大画家程十发先生了。我按捺不住内心的激动,向先生说:"程老师,我是福州来的,猜猜我是谁?"先生目光深沉,上下打量了我说道:"是石知己吧!"我连忙说:"正是呀!"他露出笑容,接着说:"怎么不事先写信告诉我呀,快进来坐。"和我同行的还有林寿煁师傅,先生热情接待我们俩。我环顾四周,皆是红木家具摆设,给我留下深刻印象的是画案——好大一张红木镶嵌大理石的画案,这在全国画家中也少有。靠近窗户的位置摆着水仙花和一盆兰花,画室里还有一个博古架,上面陈列着石雕《红梅颂》,正是我送他的那件。我说:"程老师,这件作品千万不要转送他人,这块石料我平生仅见,极不易得来。"程先生看到我半开玩笑半认真的样子,打趣我道:"石知己的作品我怎么送人哩!我珍爱还来不及呢,放博古架上可以经常欣赏把玩。"程先生边说边拿来他收藏的一大盘石章给我看,上有 20 多方芙蓉石、鸡血石等名贵石章,我边看边向程老解释各种石头的名称,令我惊奇的是程老竟有如此多白芙蓉石章,便问道:"程老师何以得到如此多白芙蓉石?芙蓉坑洞自乾隆年间塌陷之后,已经200多年没有开采了,而在福州拥有10枚以上白芙蓉石章的藏家已不多见。"程老师说:"读书期间我曾学过篆刻,当时也不懂什么名贵寿山石,就是对白色石章尤为感兴趣,还经常跑去市场专挑白色石章。"我心里暗想,原来先生也会篆刻,以后万不敢在先生面前班门弄斧了。先生留我用餐,我怕麻烦先生,推辞再三,但盛情难却,于是我留下来继续和先生闲聊着。先生幽默风趣的谈吐也让我放下全身紧张,他拿来一包河南寄来的东西对我说:"我准备把这包东西退回去。"先生用意我明白,他并不是什么人寄来的东西都收的。我接着问先生画中为何经常用"步鲸楼主"这方印章,先生说:"曾鲸是我十分敬仰的一位明代画家,他画人物肖像十分传神,我要向他学习啊,所以用'步鲸楼'志之"。听完之后,我故意打趣老师说:"程老师,很多人以为你的名字是因为头发少而起的呢。"先生笑笑说:"这个名字是我在读上海美专时,李仲乾先生给我起的,他教授篆刻、书法、山水等课,见我篆刻总是刻'程潼'二字,于是给我起了'十发'这个名字,意思是古代计量单位,以十发为一程,十程为一分。程与十发刚好相等,所以老师给我起了这个名字,可不是我头发长得少的意思哦!""原来是这样,李太老师真是学问高深啊,这个名字既典雅又幽默,与您风格也很符合哩!"我听后继续说道。这次来沪,我还特意带了一把扇子,请先生帮我在扇面上画羊,这样我也能了解先生的运笔情况。程先生走到画案前,先是用一把叶筋细笔勾线,然后再用一把长锋提笔画粗线,不一会儿两只羊跃然纸上。并跋:"宝霖兄幼年曾牧羊,今从榕城过沪城,属拙笔写羊,亦不忘其旧,欣然草写此留念,十发并记。"(图12)接着,我提议先生为同行林寿煁师傅留一纸纪念,只见他拿出一张笺纸,画了梅竹数枝,十分漂亮。随后他用长锋毛笔稍在水盂洗一下,这样下笔设色则带有淡墨色,又在色盘涂抹红色点写梅花,所显红梅色调古朴。这下我终于明白,原来程老的"色怪",是因为用未洗干净的毛笔设色,不换笔,这样红色就不是纯红色了,而是多了

图12　程十发画赠施宝霖《双羊图》扇面

一个色调。我心中暗想,这也是鉴定程画的一个方法呢。程老作画速度很快,不一会儿,一张红梅图就展现在眼前。这时他好像想起了什么,从抽屉拿出一卷书画说:"福州东西,还是回归去的好。宝霖,我把严复的书法和自己的《荔枝图》赠予你。这几卷严复书法是我浙江大学的朋友严群教授送我的,他是严复的侄子。"我一听说立马婉拒:"程老师,这东西太贵重了,我不能要。"接着他又拿出纸笔题跋:"石知己兄自榕城来沪极为欢慰,并将造延安,临别眷之,特捡闽中风物,几道先生书《荔枝诗》,余补图一幅相奉,乞留念。春日雨窗,程十发并识於上海寓所。特地钤上拙刻朱文'十发'一印。"接着,程老说喜欢福建德化窑白瓷、建阳黑盏和建兰,还有福建竹编等。我说:"以后设法弄到这些东西送给先生。"他略带口吃风趣地说:"你这是要把整个福建给我寄来呀!"说罢我们相视而笑。这时程老又拿出一张毛边片,用钢笔写上他家人的名字——夫人张金琦、大女儿程欣苏、长子程助、次子程多多等。程老把这张纸交给我,嘱托我为家中每人刻一石章做纪念,我欣然答应。很快,已到午时,程老邀请大家用餐,午餐很丰盛,有鸡鱼肉等八九碗之多。先生一直热情地招呼我们多吃菜,弄得我不知如何感谢他们才好。饭后,我邀请程老一起合影留念(图13、图14)。时间已近中午12点,由于忙着赶路,我们依依惜别了程老一家。我向程老表示感谢,希望第二次见面,程助兄一直送我们到公交站。这一上午是我人生中过得特别丰富充实而有意义的日子,终身难忘啊!第一次会面,程老给我的印象是:儒雅、睿智、幽默、豁达。

1975年4月,我返回福州后给他寄去我在延安等地出差的照片,并答应觅建兰(素心)德化白瓷等。另外,我还寄去一段古绢,请他为拙荆宋瑞征赐笔。不久,我便收到先生来信:"宝霖同志如握,惠书及你在延安宝塔山上前照片,并画绢一方皆收到,勿念。一切感激不尽。前书言及石璞,不拘大小皆可,又烦您亲自采集,更为不安。宋瑞征属写人物画,一定在我体力能济时合意为之。虽能力有限,但非一般应酬之作。我一定应命勿误(此绢甚好,已有近百年之久)。阖家石章请不必太急,不要影响您工作和休息。您一无嗜好,只是爱石好茶,极为难得。我阖家人无一吸烟卷者,而我也无烟酒之好,所以性相近足为知己。我关

图13 程十发与施宝霖在延庆路程府合影

图14 程十发与施宝霖、林寿煁、马晴合影

心您的石雕成功,有您这样的思想、精神、技巧和毅力,定能更进一筹。我拭目以待,厚盼之了。我近日颇佳,体力略展,请勿遥念。我及全家向宋瑞征同志及全家问好!向林寿焜老师傅问好!致以近安。十发,晨窗。有便希赐我一张您阖家照片为感。十发又及。"

　　我再次给程老写信是因为一件事,吾友方人杰因丧子之痛,特别是夫人忧伤过度,所以想和夫人到上海游玩之际顺便到程老家看看,托我写信征询程老意见。信发出去不久就收到程老回信,乐意接待朋友一家。于是我托人杰兄带去一幅扇面,是不久前程老所画,我想请程老在背面书写杜甫《蜀相》诗一首,以志我瞻仰成都武侯祠,顺便带去一封书信和一些土特产给程老。后来,我才知道,人杰兄一家在沪期间便住在程府,程老还陪他们到豫园游玩,有照片为证。感念程老对我友的厚爱,让我分外荣光。人杰兄返榕,带回了扇面,除了《蜀相》诗,还在诗后加了"宝霖兄自蓉城瞻武侯祠后,再属书杜诗以志游踪"一句(图15)。我立即去信,表示感谢。感谢他为我书写扇面,更感谢他热情接待吾友一家人,特别是他还在信中提及,因接待方兄家人不周表达歉意,让我赧颜。我随信寄去《长征组雕》两张照片,并向他汇报创作情况,还表示先生之恩情容日后报之。

　　1975年10月中旬,收到程老来信:"石知己兄如握,来信收到,看到大作照片,尽管照得还不太清楚,但是还是看得出大体,

图15　程十发书杜甫《蜀相》诗扇面

图16　程十发画赠施宝霖《傣族少女与羊图》（绢本）

我看了觉得极好。又有革命主题,又有传统技法,真要向你学习。《过草地》是石雕中难题目,我相信您一定能克服困难,预祝成功! 我涂抹的绢画,已上了颜色,现在寄给你留念,但一无可配,供您批判指教。还有那位茂义兄,对我十分友好,所以请您亲自转告他一下,我一定给他画,但不性急(因他又来信催我),让我一个一个完成。但又不能画得太多,影响不好……即颂,艺安。向你全家问好,向寿煌师傅问好! 十发,十月十三日。"

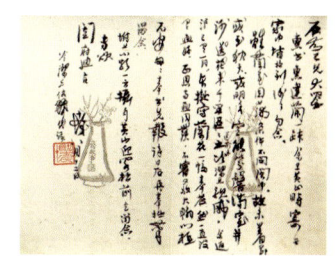

图17　程十发致施宝霖信札

收到程老精品佳作《傣族少女与羊图》,我喜不自禁,无论从笔墨还是色彩来看,都堪称精妙绝伦,算是程老由连环画过渡到写意人物的成熟时期的代表作之一(图16)。

为表谢意,我把家中唯一一件明代德化窑白瓷香炉托人带给他,以践前诺。这件白瓷香炉,我按他教我鉴定真伪的方法进行过鉴定,在灯光下香炉内壁呈现孩儿红,不是蛋青色,所以是正品。

我们参加创作的寿山石雕《长征组雕》完成后,新华社发表相关报导,刊登在《人民日报》1975年10月17日第二版重要位置上,全国各省市党报都转发了这篇报导。程老在报纸上看到这篇报导后给我写信:"宝霖兄如握,祝贺你石雕《长征组雕》成功,我看到新华社通讯报道,我们很高兴。日前寄奉绢本拙画一幅谅已收达。昨日你托带来玉兰笋片一包谢你。同时冷洁也托人带橄榄及小石章,请转言致谢……匆致,敬礼! 十发,下午。"(图17)由此看出,程老对我非常关心。

我也时常想念程老,不时会写信向他问安,关心他心脏病病情。偶尔也会寄一些土特产给他,希望和先生保持联系,永续友谊。

1976年10月,"四人帮"被打倒了,全国人民皆大欢喜,文艺界开启新气象。程老的创作任务、社会活动日渐增多。为了能让他有更多时间用于创作和休息,我尽量减少写信次数,免得他每信必回。但是每逢春节,我给他寄贺卡与书信的惯例一直未变。

1977年春,我因护送寿山石雕《长征组雕》到北京军事博物馆,返回福州前,特意乘飞机到上海看望程十发先生。走到程老师家门口时,发现门牌由红底白字变成了蓝底白字,往事阴影也仿佛风吹云散。我敲了敲门,开门的是张金琦老师。她还记得我的名字:"施宝霖,福州来的吧!"我向她问询老师状况,她说:"去杭州了,还没回来。因为春节期间右手跌坏了,不能作画了。"我先是感到惋惜,再是盼先生右手早日康复,并把随身携带的马王堆汉代漆耳杯(复制品),以及信和两本册页一并交给张老师,托她转交程老,并告之23日回福州前再登门拜访。

3月23日一早,天下着雨,天气很冷,气温只有5℃~8℃,我一早来到程老师家。开门的还是张老师,她说:"程先生回来了。"我很高兴,走到程老画室门口,因火车回来较晚,他依然躺在床上,我为自己的冒失感到很抱歉,不该这么早来打扰。但程老一听到我来,马上起床。我请他去用早餐,他说:"早饭多不吃,只喝点早茶即可。"他便一边饮茶,一边与我交谈。我先询问他手的伤势如何,他说:"看起来略好一些,但还有点肿胀。这次就是去杭州看病的。"他说他今年57岁了,我从他脸色看出,他身体还好。我向他说明这次从北京返闽经沪的情况,并把林海兄求程老字画之事说与他听,顺便把林海兄委托我带的两包葡萄糖也转交给程老,最后还向他介绍了陈达兄的竹刻艺术,程老皆认真倾听。因为10点半有人来访,我只好告辞了。程老一直留我吃饭,我说两年前的盛情款待依然记忆犹新,不敢再叨扰了。他送我到门口,并吩咐我下午再来。我辞别程老,来到豫园观赏。在豫园"点春堂"小刀会活动旧址,看到了郭沫若题词。墙上挂满名家书画,中间一幅小刀会人物画为任伯年所绘。"点春堂"整体都洋溢着文雅气息。从豫园出来后,我便赶往程府。程老拿出不久前的画册给我观赏,我说:"刚在'点春堂'看到任伯年的画了。"程老笑了,那是他临摹的,不是原作。我说:"哎呀!不得了,可以乱真了,我一点儿也看不出是摹本呀,佩服佩服!"接着,程老便教我如何鉴别建盏。程老说宋建盏为饮茶用,最上品为鹧鸪斑,其次是兔毫斑,最下品为黑色或酱色。程老的讲述又增进了我对古瓷的了解,这是我过去闻所未闻的。我告诉程老,回去以后会留意,如能碰到一定会奉赠。张老师执意让我用完晚餐再离开,我婉辞了。临走前,程老把两张签名照赠与我做留念(图18、图19)。张老师和欣苏姐一直送我到门口,我依依惜别他们,回到住所。

图 18　程十发赠施宝霖照片　　　　　　　图 19　程十发赠施宝霖照片

1977年7月中旬，我收到程老的来信："石知己兄如握，前足下送我一双拖鞋，不及复谢，十分抱歉。法国画展在沪展之时，外地客人来沪十分忙碌，包括福建地区的同行，我接待了不少客人。如沈文、柯玲夫妇，还有漳州地区林俊龙夫妇，梁桂元兄也来，厦门黄亚细等同志……总之遇到不少福建同志，但没有见到您来，引为憾事。时间过得多快，又过两个月了。我最近任务很多，每天总是要画半天（至少）。除了画展（这次到福建展出的人物画展品中，有我一幅《屈原》和江苏联展中有一幅《周勃》）以外，还要画不少为国家代表团出国的礼品。上个月完成了上海万人体育馆的布置画。5月份出版了《西湖民间故事》，其中有我画的彩色插图。最近更为外贸（包括南北各地的画店和出口公司）画商品画。因此，星期天也不能休息，为了保证创作时间，往往我不在家作画，而到我单位或亲戚家中作画。近来天气很热，常常37℃~38℃之间，还是要画。我身体很好，精神也很愉快，都是'四人帮'粉碎后新现象。大概明年的挂历上，你可看到我不少的近作。但是由于忙，加上每星期要接待内宾、外宾，我又懒于写信，所以使你对我近况隔膜起来。福州某某某常常托我在福州军区一位姓盛的亲戚向我要画。我是看在亲戚的关系，又怕纠缠，所以给他画了一幅小幅。我这里给您打个招呼，其他和他没有牵连。社会上是复杂，您和我是引以为知己，我相信你对待社会种种怪现象不会介意，以一笑置之即可。今天温度有一些下降，还有一些清风吹来，又收到您的来信，我马上作

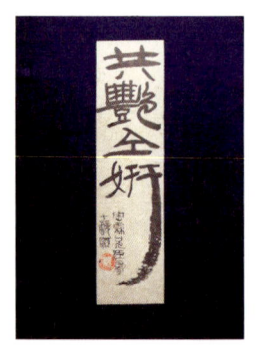

图20　程十发题签

复……谢你们对我的关心遥念,并请多多来信。专复,并致阖家幸福! 十发,7.11中午。向所有我认识的朋友们问好!"

程老在信中说他身体很好,创作丰硕,我十分欣慰。来信不久,我又收到程老寄还我的册页本。我打开一看,套封笺上题了充满隶意的"共艳全妍"四字(图20)。翻开册页,一幅《知音图》呈现在眼前。画面上两位傣族少女手捧小鸡,图左角一只母鸡趴着,旁边还有两只小鸡(图21)。笔墨奔放泼辣,彩色带有古意。从两个傣族小姑娘脸上的红晕来看,这便是程老"怪"的特色,也是程老学习的民间泥塑阿福画脸的方法。从中可窥见程老多方面探索的结果。图右边有长跋:"宝霖兄别署石知己,余与宝霖乃金石交,此人之性,此人之艺,余极为推重,今出此素册征拙笔,并记数十字奉邮。丁巳盛暑,十发晴窗挥汗记于浦江西岸。"这是程老的精品佳作,也是程老画风成熟之作。我大喜过望,立即去信深表感谢。

1978年春节,程老给我寄来一帧贺年小品画,画面左边是江苏无锡泥人"阿福",右边是两只福桔,中间篆书"新年好"将整个布局串联起来,显得吉庆祥瑞,并寓意深远(图22)。"阿福"代表江苏(他),"福桔"代表福建(我),共同庆贺新春,友谊与日俱增。程老睿智由此可见一斑。

1978年12月14日,我上班刚到门口,传达室门卫告诉我,昨晚有个上海的韩先生来电话找我,说他到福州了,住在汤井巷省干部招待所13号楼120房,请我今天上午去找他。我马上请

图21　程十发画赠施宝霖《知音图》册页

图22　程十发画赠施宝霖《贺年图》

假骑车赶到他的住所,结果扑了个空,人不在。服务员告诉我要稍等一下,说韩先生到"第二脱胎厂"参观,马上就要回来了。不一会儿我就在120房间门口碰见一位戴眼镜、身高和我差不多、年龄也相仿的同志。他马上做自我介绍,他叫韩天衡,在上海画院工作,此次是经程十发院长介绍,说来福州一定要找我。我恍然大悟,他引我进房间,我们便闲谈了起来。他说此次福州之行是受上海电影厂之邀,拍《鼓山摩崖》,题材涉及书法方面的东西。接着他还提到在北京时曾为李可染先生刻过两枚印章,用的是八仙骑兽钮桃花红高山石,一刻"所要者魂",二刻"可贵者胆"。而印钮就是我雕的,是我托郑乃珖老师带去赠给李可染先生的。故韩天衡兄说:"我俩虽未见面,但已经合作过,算是缘分吧!"相见短短时辰,感受到他的健谈,我们聊得也很投机。从此,由于程老的牵线,我们成了好朋友。

1979年春天,因拙荆喜欢程先生所画电影海报《阿诗玛》中的"阿诗玛"形象,我写信征求先生能否为拙荆画一幅"阿诗玛图"留念。3月5日,我收到来信,先生表达了两个意思:一是告诉我他的近况,他曾出差广东、广西、云南等地,同时又与海外美术界联系座谈,十分繁忙;二是向我讲述电影《阿诗玛》是否上映曾反反复复,最后决定上映,再画海报已经来不及了。但他同意为我爱人宋瑞征另绘一幅,同时还可以供出版社印制挂历之用,两全其美(因为美术出版社曾请我向程老约挂历画稿)。他特意强调不是应酬之作,为精心制作,容他两个月后寄来。过了两个月,我便收到程老寄来的一幅《乞巧图》(图23),可以看得出画作的精美绝伦。我内心十分感激程老,他对我们一家太好了,在如此繁忙的情况下仍答应我们的请求。我感到无以为报,从此以后再也不敢请程老作画,一是他太忙,二是先生礼物贵重,作为礼尚往来,定当遵循投桃报李的礼仪,而我无以为谢,我应该知足了。

1980年10月12日,我在新华书店买了一套《程十发书画》(10册),这是第一本收录先生山水画写生稿及山水作品的书籍,我认真研读,从中吸收了许多技法,对我的山水画创作帮助很大(图24)。

1981年1月,程老应军区邀请为梅峰宾馆作画,先生事先没

图 23　程十发画赠宋瑞征《乞巧图》

告诉,我一直蒙在鼓里,直到程老和张老师在陈茂义兄陪同下,突然出现在我面前。我先是感到意外,询问茂义兄程老来为何不事先通知我,我也好有个接待准备。他说:"这次是军区请来的,要保密。听说张老师很喜欢你,她提出今天一定要见到你,所以就来了。"我把他们请到接待室,为他们泡茶,我边喝茶边端详程老和张老师,程老瘦了一些,张老师没有变化。随后我陪同参观陈列室,程老问我,你的作品在哪里?我指着一件螭虎穿环巨章,说:"这就是前不久所刻破记录的大型巨章,有16头螭虎穿环,中有穿活环的,雕了约四个月时间。"程老赞叹说:"很快呀!"接着,程老还来到小卖部,我一一为他们介绍了田黄、都成坑、芙蓉、水晶等石章品名。听茂义兄说,程老这次来榕城只看两个人,一个是郑乃珖先生,另一个就是我了。我很受感动,问茂义兄我该送什么礼物给程老,他建议我什么也不要买了。在我厂参观一小时后,他们就去一脱厂了。我连忙用白芙蓉石为程老刻白文"十发",为张老师刻朱文"金琦画"。陈清狂兄刚翻印的陈子奋老师遗作《寿山小志》一书,当晚送到陈茂义兄家,请他转交给程老。过几天程老又托茂义兄赠我《胆剑篇》连环画(图25)。程老这次为梅峰宾馆画了巨幅屏风《岁寒三友图》,1986年7月26日,我曾在此图前留影(图26)。后来,此图在广州一家拍卖行出现,被拍了220万元,当然这个消息程老听不见了。

我知悉程老身兼上海画院行政事务,同时还忙于创作任务,

图24　程十发书画集(十卷)

图25　程十发赠施宝霖《胆剑篇》连环画

图26　施宝霖在程十发《岁寒三友图》屏风前留影

便主动减少给他写信的次数,免得给他添麻烦。但如上所述,每年春节寄贺卡与土特产的习惯一直不变,以示我想念之意。盼星星,盼月亮,1984年1月28日,我终于收到他的来信:"石知己同志大鉴:惠书已收到,谢谢!去年蒙赠笋干,未来得及道谢,真是十分抱歉。可能去年春节前后在广州度过,故有些失误,至诉原谅。八三年一年,我外出较多,二三月份在广州,四五月份在云南,夏天秋天又去北京两次,十一月又去美国。家中积压事情极多,不能一一及时处理,所以没有与足下通信,以后常常书信往来如何?今甲子年春节,特奉书祝全家春节愉快!程十发,一月廿八日下午。"

读罢信后,我意识到程老远比我想象的还要繁忙,我立即回信给他,望他千万要保重身体。

1985年春,我去参观上海画院在福州五一广场餐厅举办的画展,这次展览让我大失所望。乘兴而来败兴而归,除程老和个别画家的作品属精心创作外,其余概为应酬之作,而且均出自名家之手。其他观众也颇有微词,认为这次画展水平不高,感慨盛名之下其实难副。"四人帮"被打倒后,创作环境较之前大为改善,本应该是有更多更好的作品献给祖国和人民。于是我把这次的观后感及观众反映写信给程十发院长,并告诉他我已调到福建省地方志编纂委员会工作了,留了新的通讯地址。五月上旬收到程老回信:"石知己老兄如握!您的来信早就收到,谢谢!您的意见我们几位同志都看到,对今后改进工作起促进作用。您到了新的单位,祝您工作顺利,万事如意。我月中又要到深圳,也有一次上海画院画展在西湖展出。有机会请您指教。请多来信。此致,敬礼!向尊嫂问好!弟程十发。"

自此之后,我和程老的联系稍微少了点。程老因工作繁忙,几次来信均使用钢笔及便用笺,以前他闲时给我写信很讲究,必用毛笔和自制信笺纸,他的信就是一幀书法艺术品,读罢爱不释手(图27、图28)。而我由于刚到新的工作岗位,一切都陌生,需要从头学起,自是时间也比较紧张了。

1987年,我打算10月在北京中国人民革命军事博物馆举办个人寿山石雕展,这才写信给程老,想请他捧个场,为我个展题

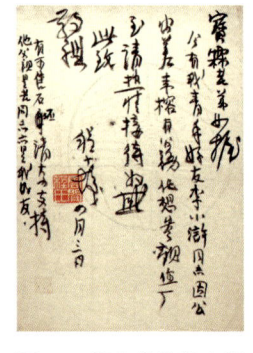

图27 程十发致施宝霖信札

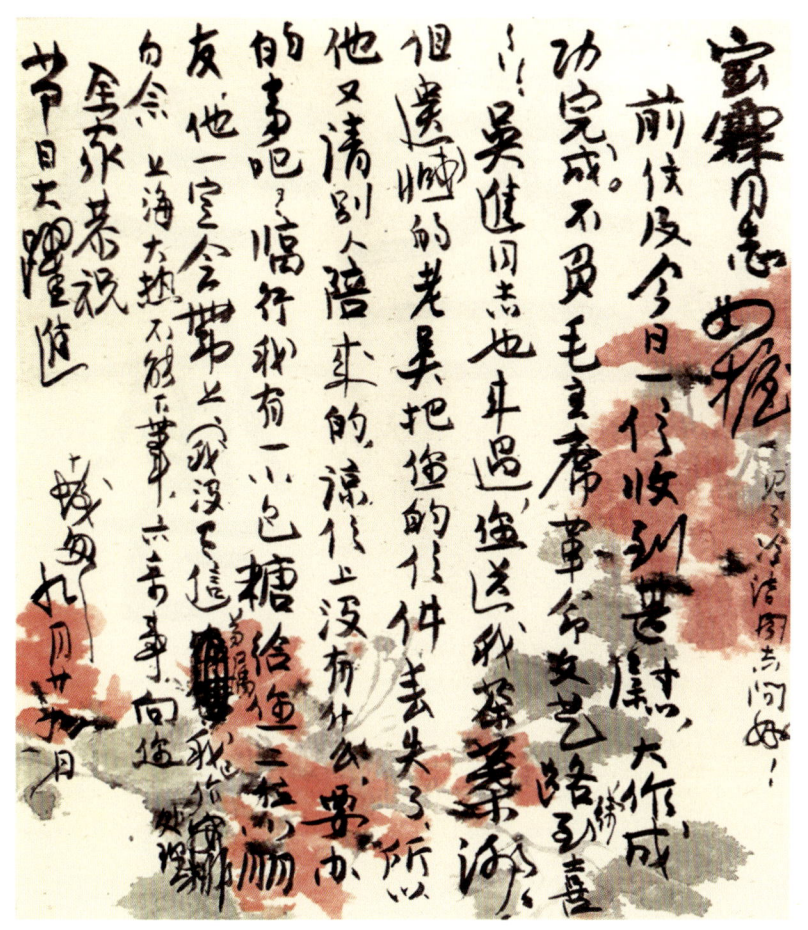

图28　程十发致施宝霖信札

词。8月19日,我收到先生题词,有六尺宣纸大小,上题"巧夺天工"四字,十分庄重。先生特附信一封:"石知己兄如握:惠书收读,尊属为石展题字,今奉教。匆匆不尽,盼多赐书。即覆,并颂艺祺。程十发,八月十七日。"(图29、图30)

1992年9月10日,我到上海书店出版社校拙著《印钮艺术》一书清样,于是顺便到程老家中拜访,程老一家已搬到高层居住,具体地址是吴兴路246弄3幢503室。见到程老,我心情十分愉悦。他说他刚从郊区回来,我仔细端详着他,17年来,程老并无多大变化,只是瘦削了点。我说明这次来上海的目的,因是自费,来一次也不易,所以要来拜访下先生。这次我特意把一幅已经装裱好的山水画带来请教他,并请他题写《云谷鸣泉图》名。他先是看了看,笑着说:"想不到石知己还会画山水画,还画得不错。

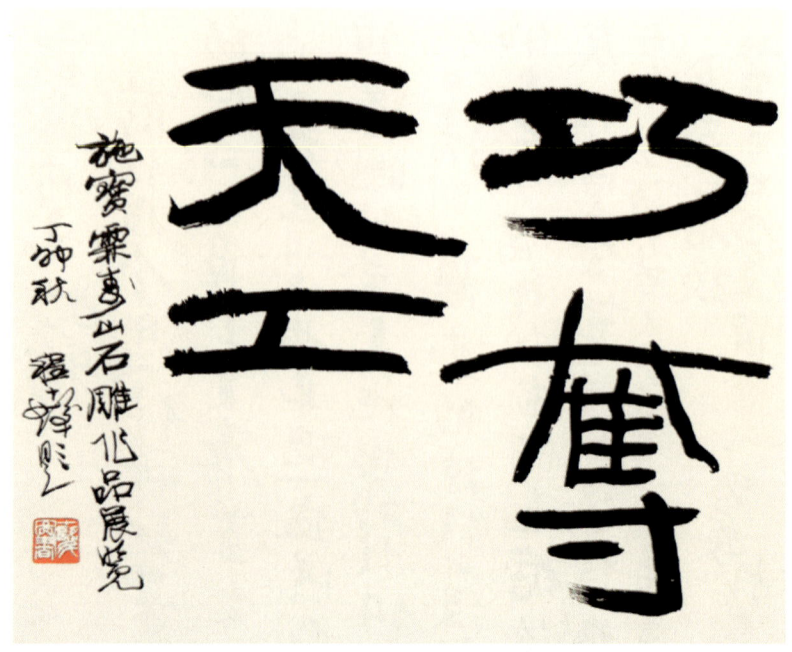

图29　程十发为施宝霖寿山石雕作品展题词

只是个别地方墨色浓了点,稍加留意就好。我早期也是画山水画的,后来才画人物画,所以人们便把我归到人物画家队伍中去了。"我说:"早知程老画山水画,就应该向您请教山水技法了。"他说:"你这幅画放我这里,明天再来取好了。"我拿出八只宋代建盏,但不是建阳窑口的,而是其他地方窑口,均为兔毫斑。我对先生说:"先前答应为您寻觅的建盏,今天总算有了结果,证明我没有食言。"他老人家很高兴,约我明天来吃饭,我婉言谢绝了。

　　9月12日上午,我又到程老家,程老本来要去上班,因为我的到来,所以延迟了一些。我进屋后看到程老正与"江南箫王"切磋技艺,程老也吹起来,是昆曲调子。看来,早前陈子奋老师提出程老是懂得戏曲音律画家的论断竟是正确的,我真是由衷敬佩陈子奋老师,真知灼见呀!程老看见我进来,便放下箫,去拿我的《云谷鸣泉图》。程老在题图上写了"施宝霖佳作《云谷鸣泉图》精品"。我看得出程老的书法没有以前奔放了,变拙了(图31)。临别之时,我提议与程老合影留念,并对程老和张金琦老师说,待我60岁时再求他们合照一帧做纪念,他们笑笑点头。我言下之意,就是祝二老健康长寿。我接着说,程老要上班我也该走了,以

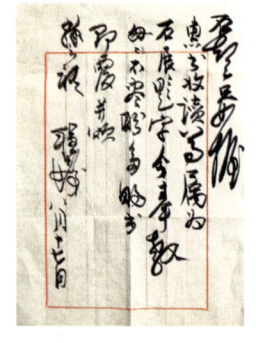

图30　程十发致施宝霖信札

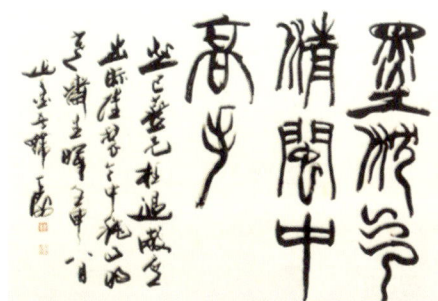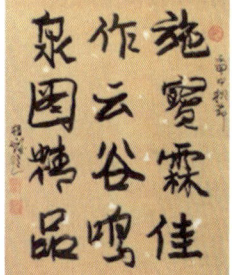

图 31　程十发为施宝霖画《云谷鸣泉图》题名

图 32　程十发与施宝霖合影

图 33　程十发夫妇合影

后有机会再来拜访他（图 32、图 33）。

　　我最后一次麻烦程十发先生，是在 1994 年的春天，因吾友李绪萱兄要出版一本名为《画坛双十星座》的书，需请名画家为

图34 程十发为李绪萱著《画坛双十星座》题签

图35 《程十发近作选》

封面题签。他知我与程老熟悉,于是来信托我请程老题写书名。我立即去信给程老说明缘由。信发出不久,程老即寄来题签(图34)。程老善解人意,我也及时完成了朋友的嘱托。该书出版后,我寄了数册给程老,以作回报。另外,还加寄了几枚石章。

1997年,我看到报刊上报导了程老事迹,他把毕生节衣缩食、花心血收藏的120件宋元明清时期的书画,全部捐赠给上海中国画院,以供陈列收藏之用。在逐利盛行、拜金之风蔓延的时代,程老高风亮节,大公无私的精神令我为之振奋,值得我们所有人去学习。

1997年2月1日,我在东方书画社看到一本由人民美术出版社出版的精装本《程十发近作选》(图35),立即购来珍藏。

2000年以后,我与程老通信更少了。因为我有个习惯,给朋友连续写三封信,对方不回信,我就很知趣地停止了,事不过三吧!但我一直关心程老的动向。之后听说,程老老伴张金琦老师和爱女欣荪姐先后病逝,程老精神上受到很大打击,心脏病更严重了。程老偶尔会去在美国的次子程多多处小住……总之,境况复杂,我们再也不可能像当初那般频繁通信。程十发先生总共给我写了34封信,极为珍贵,我珍藏之。其中多半信件为毛笔书写,是不可多得的书法艺术作品。我时常怀念上海这位豁达又幽默的大书画家程十发老先生,翻看着他给我的一封封书信,翻阅着他出版的一部部书画集,从中品味他的艺术魅力,沐浴他的浩然清风(图36、图37)。

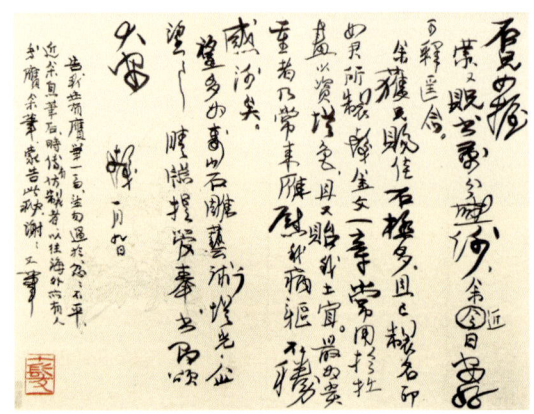

图36 程十发致施宝霖信札

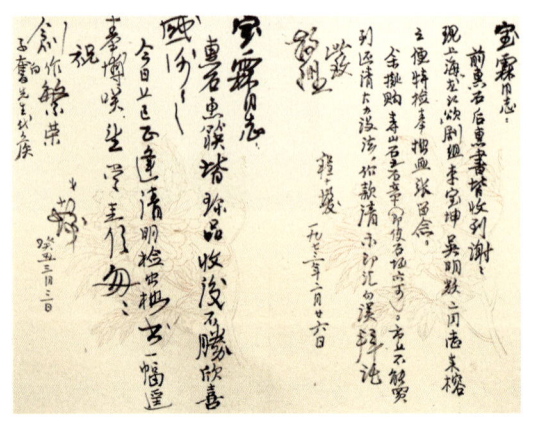

图37 程十发致施宝霖信札

2007年7月19日上午,我在上班,突然接到军区盛杰远先生来电,他在电话中告诉我,他的姨夫程十发老先生于前天(17日)晚上病逝了。我放下电话,脑子"轰"地一下变成了空白,好久才缓过来,双目垂泪。程老音容笑貌仿佛近在眼前。我深感悲痛,中国画坛又失去一位大师,这也是中国画坛的一大损失。我亦失去一位良师益友。中午,我骑车到电讯大楼,给程助兄发去唁电,对程老的仙逝表达沉痛哀悼,请他节哀顺变。

对程十发先生书画艺术成就的品评,吾友上海画院原副院长韩天衡兄有这么一段话:"构思去常规而出人意想,造型去逼真而求神似,构图去俗套而求奇屈,笔墨去陈法而求灵变,意趣去迂腐而求新,为发老看家本领。"斯言极是。

程老先生,我永远怀念您啊!

# 百年巨匠 天才画家
## ——怀念黄胄老师

黄胄先生(1925年3月31日—1997年4月23日),河北省蠡县梁家庄人。父亲梁建勋(1885—1941年),母亲吴氏(1892—1964年)。原名梁淦堂,字映斋,曾用名梁蓬、梁叶子、苗迪、梁泉等,笔名黄胄,以笔名行世。曾任炎黄艺术馆馆长、中国画研究院副院长、全国政协常委。(图1)

我第一次了解到黄胄先生及其绘画作品,还是在中学时期。由于参加美术兴趣小组的缘故,我对《美术》杂志特别关心,每期必看。一天中午,我到学校图书馆阅览室翻看《美术》杂志,一幅题为《洪荒风雪图》(图2)吸引着我的眼球。这幅画获得第六届

图1 黄胄像

图2 黄胄画《洪荒风雪图》

世界青年与学生和平友谊联欢节金质奖章。画面中大雪漫天飞舞,勘察队员骑着骆驼行进在荒原上,天气极其恶劣,但勘察队员们脸上却充满着欢乐的表情。右下角还有一条可爱的狗。这幅画讴歌了勘察工人在建设社会主义新中国时期,不畏艰险、勇于战斗的豪迈气概,那恢宏博大的气象令人震撼,久久不能忘怀。从此"黄胄"二字深深印在了我的脑际中。

之后,《美术》杂志和其他杂志画报陆续发表了黄胄先生的《新生》《打马球》《赶集》和《巡逻》等图画。我不但阅读,而且还到废品店里寻找,把凡是刊载黄胄先生作品的刊物和报纸都买下来,将黄胄先生的作品和速写剪贴成集。当时我对中国画的认知水平有限,但黄胄先生的作品生动、美丽,充满了生活气息,特别感人,使我对中国画慢慢产生了兴趣。1959年,我考入福州工艺美术专科学校,学校图书室里美术刊物种类齐全,渐渐地进入我脑海的画家名字也多了起来。山水画家有李可染、黄宾虹、宋文治、傅抱石、亚明等,人物画家有周昌谷、程十发等,但我对黄胄先生的作品却情有独钟。依稀记得,20世纪60年代电影海报《阿娜尔罕》中新疆维吾尔族少女形象,就是出自黄胄先生手笔,我当时还临摹了一张(图3)。

因为我的专业是寿山石雕,而我又喜欢雕刻动物,如马、兔子、鹿、猫等,恰好黄胄先生不仅善于画人物,还擅长画动物,其造型生动活泼又可爱,正好供我做石雕创作的蓝本。因此,我越发勤奋地搜集黄胄先生的作品及有关资料。有一天,我在《人民

图3 施宝霖临黄胄画《阿娜尔罕》电影海报

画报》1963年第9期上看到邓拓写的一篇题为《黄胄作品中的"三新"》的文章,给我留下深刻的印象,至今仍记忆犹新。这篇文章对黄胄先生及广大艺术爱好者都具有指导意义,不妨抄录如下:

喜欢黄胄同志的画,愿意向他学画的人,这几年越来越多了。我认识美术学校的青年学生,常常与他们谈论黄胄的画法,我问他们:黄胄的画有哪些特长?他们似乎早已研究过而毫不犹豫地回答说:人物新、意境新、手法新,这就是他的特长。的确,黄胄的画很明显具有"三新"的特色。他的画主要是人物画,而无论他画的是新疆各兄弟民族的人们,还是西藏解放翻身的奴隶;无论是人民解放军的英雄子弟兵,还是海防前线的男女民兵;无论是过去民主革命时期的《红旗谱》中的各种人物,还是当代从事社会主义革命和建设的劳动人民,他们绝大多数都是作者接触较多、比较熟悉的正面人物。他们的一喜一怒、一举一动都给了画家创作的素材。这些人物的精神面貌充满着鲜明的时代特点,他们以生动活泼的新姿态呈现在观众的面前。

我们看到黄胄同志最近画的《毛主席派来金珠玛米》这幅画,多么生动地反映了兄弟民族地区的军民关系。这里的藏族同胞比迎接亲人还要热烈地在迎接人民解放军战士——"金珠玛米"。凡是有过部队生活经验,或者到过前线的人,对于这样的场面都会感到非常亲切。黄胄同志长期在部队中生活,他又特别擅长画兄弟民族的人物形象。最近他刚从国防前线归来,因此,这幅画就更加使我们感到它富有强烈的时代气息,其中蕴含着浓厚的革命激情和战地的生活风趣。在这幅画面上,你看藏族的妇女和儿童,见到解放军的女医生就围了上来。有的拉着手不肯放,有的亲热地互相拥抱,有的倾诉衷曲,有的欢乐地歌舞,帐篷外面顿时热闹起来了,高原上出现了温暖的春天。这幅画的笔墨流畅,线条明快,人物活跃,精神昂扬。可以想见作者构思成熟,纵情挥毫,一气呵成,因而才有如此生动的效果。

当然,要想成功地画出这样许多新的人物,绝不是轻而易举的,每幅画都必须有新的意境,特别是要有明确的主题思想。像刚才说的这幅画,主题思想非常鲜明突出,一望而知,不用多加解释。同样,

图4 黄胄画《巡逻图》

我们看黄胄的《巡逻图》(图4),主题更加鲜明突出。这是国防前线战士生活中一个极寻常也极紧张生动的场面。这三个骑兵中有一个是边疆少数民族的战士,他显然最熟识这一带的情况,正在向同行的两个战友讲些什么,他们一起注视着前方,用警惕的眼光观察周围的事物。这三个战士的形象英武而魁梧,他们骑着三匹骏马,带着一头军犬,冒着风雪,穿过国防边境的山岗。远处重叠高耸的山峰,虽然画家只用了几笔淡墨,却勾画出风雪迷茫的景色。三匹战马和一头军犬的姿态也刻画得很好,矫健而轻捷的动作,跃然纸上,线条勾勒刚柔适当,表现出"坚强有力"。这幅画与他在第六届国际青年联欢节上得奖的作品《洪荒风雪图》相比,无论在立意、构图、还是用笔等方面都有相似之处。大体说来,黄胄同志的这些作品无论采取什么素材,运用什么表现形式,他的意境都常常与现实密切相结合,充满着对我国社会主义革命和建设中的英雄人物的赞美。

毫无疑问,作品的成功除了新人物、新意境外,特别需要新的手法。如果没有与内容相适应的艺术形式和技巧,即使画家同样接触到许多新的人物,也有了许多新的意境,仍然不能把人物和新的意境充分地表现出来,或者表现得不完美。黄胄同志的作品证明,他的艺术表现手法日益熟练,日益精美。他的手法之新,绝不包含所谓"嫩"的意味在内。我们曾经看到某些青年作者,一出手就显得很"嫩",很不成熟。而黄胄同志则不然,他从十二岁起就爱画画,十四岁正式从师学画。后来他自己钻研,追求新的艺术表现手法,解放初期参加人民解放军,一直在部队里和边防地区生活,熟悉他的制作对象,勤学苦练,这使他的艺术手法很早就形成了自己的风格。

有人认为,他的一套手法只适合于表现部队和少数民族的人物形象,甚至于有的说他画的人

图5　黄胄画《春兰》

物都有少数民族特点。实际上,这种观点产生是由于有的人没有看到黄胄多种题材的作品,所以看法过于偏狭。我们现在就来看看黄胄给小说《红旗谱》画的插图吧!这些人物难道都带有少数民族特点吗?当然不是。这里举出《春兰》(图5)的画像为例,就足以说明这个问题了。在作者的笔下,春兰既是旧时代的一个纯朴无邪的农村少女,又是一个勇于反抗封建压迫、热爱运动、心向革命的新女性。这幅画用来勾勒人物轮廓和衣纹等的线条显得特别沉着浑厚,力透纸背。整个画面给人以突出的立体感,我们仿佛看见了鲜活的春兰,真的呼之欲出了。

为什么黄胄的画能够达到如此成熟的程度,并且现在还不断地在提高和发展着呢?这就要系统地总结黄胄同志丰富的创作经验,而不是几段抽象文字说明能做到的。尤其是那些想从几条简单的经验中找到终南捷径的人,我想奉劝他们不要贪图便宜。因为以我们的黄胄同志为例,也可以证明一个画家,如其他作者一样,他的成就,既要靠革命的现实的生活作为创作的源泉,又要通过自己的勤学苦练掌握绘画的基本功,这样才能达到推陈出新的目的。

这篇震动我国画坛的文章,让全国人民认识画家黄胄先生的艺术作品,同时也开启了宣传和研究黄胄先生艺术的先河。

黄胄先生是我崇拜的画家之一,受这篇文章的影响,我便更加仔细地收集黄胄先生的作品和资料。从有关资料来看,黄胄先生与邓拓先生都喜欢收藏古字画,这可以从邓拓先生以左海为笔名发表在《人民画报》上的文章《苏东坡潇湘竹石图卷题跋》便可得知。恰好二者同是琉璃厂的常客,因此相识相知,也是很正常的事。

如果说,黄胄先生的第一个伯乐是赵望云先生,那么第二个伯乐就是徐悲鸿先生了,是他让黄胄从西北调到北京,使他不再只是地方名家。而第三个伯乐毫无疑问当属邓拓先生了。他的那篇《黄胄作品中的三新》如林中响箭、战斗号角,震动了中国画坛,使黄胄先生声名远播。黄胄先生是河北省人,有古燕赵人风骨,性格侠义豪爽,类似借着酒兴,挥笔画出《百驴图》酬谢知己的趣事在他身上多有发生。但是天有不测风云,人有旦夕祸福,1966年,一场"文革"风暴席卷神州大地,邓拓先生首当其冲,因此也牵连到黄胄先生。某大报批黄胄先生为"三家村黑画家""驴贩子",我通读这篇文章后,找不出一点黄胄先生在"三家村"有什么活动。报上写道:黄胄先生在军博工作的几年时间里只画了两幅半画,而在邓拓家一夜画一幅《百驴图》……真是欲加之罪何患无辞啊!造反派抢走他手中的画笔,把他关进"牛棚",后进行劳动改造,与驴为伍三年多,这是何等悲苦的生活。古语云:"失之东隅,收之桑榆。"这样一来,反而更便利了他对毛驴的观察,研究更加深入更加专注了。平反恢复工作后,他笔下的毛驴比以前更加生动可爱了,更具有生命力了。

"文革"那几年,我一直关注黄胄先生的消息。20世纪70年代初期,我听说黄胄先生已平反,正在为宾馆作画的消息,欣喜万分!我想与他联系,但苦于没有地址,怎么办呢?于是我想黄胄先生与齐白石老人一样是个大画家,大名人,也是北京普通百姓耳熟能详的名字,邮递员一定能找到他的。抱着试试看的想法,我在1974年9月下旬,写了第一封信,内容主要是自我介绍,并说明自己是他的崇拜者,自五十年代末开始就喜欢他的作品,还

图 6　黄胄画赠施宝霖《五驴图》

图 7　黄胄画赠施宝霖《伊犁河畔》

收集剪贴了他在报刊上发表的作品及有关资料。我附寄上一匹我刻的寿山石雕马和几张其他石雕作品的照片。我还冒昧地在信上写道，如果先生认为我刻的马尚可，觉得我是个可造之材，就烦请先生收下拙刻并请指教，也请先生赐我墨宝一帧以做纪念。如若认为我的作品不入法眼，是块朽木的话，可以把我刻的马送人或扔掉……信写完，连同石雕马用包裹寄去，收件人地址只写了"北京市黄胄先生收"这几个字。想不到10月12日傍晚回家时，母亲对我说："淋淋，今天北京寄来一封挂号信，放在房间里。"我飞快奔上楼去，到房间一看，高兴得跳起来，黄胄先生给我回信了！我赶紧用剪刀剪开一封信，里面有两张信纸和两幅画，一幅是整张罗纹宣《五驴图》，另一幅是旧作《伊犁河畔》（牧羊姑娘）（图6、图7）。黄胄先生回信是这样写的：

宝霖同志：

　　十月五日收到你的信，感到高兴，同时感到对不起你，我的情况你应该知道，请你谅解。

　　你的寿山石刻作品我很喜欢，看到你随信寄的照片，我感觉到很好，像是一位老艺人的熟练作品。希望你精益求精，为党为人民作出更大的贡献，戒骄戒躁，勤勤恳恳为革命工作，多一些表现现实生活的题材。

　　寄上拙作，请你批判的参考借鉴，并望指教。

　　我想买几方比较好的寿山石章（田黄或田白），是否有办法？我很愿意经常与你联系，互助互学。此致

　　敬礼！

　　　　　　　　　　　黄胄，十月五日。（图8）

这封信我看了又看，这对我来说是一封很宝贵的信。打这封信之后，我们便一直保持联系，我也得到了先生多方面的指导。信中提到"多表现现实生活题材"，我将之奉为我寿山石雕创作的圭臬。由于当时"田黄"尚未开挖，我把家里唯一一块由林清卿刻薄意山水的自然形田黄石和几方水洞高山石章，回赠黄胄先生。

自和先生通信以来，除问安外，我还把自己所刻的寿山石雕照片寄给他看，倾听先生的意见。

1975年初，我把刚刻好的高山石雕《井冈山黄洋界》作品照片以及几枚篆刻闲章印拓寄给他，并请指教，不久就接到他回信：

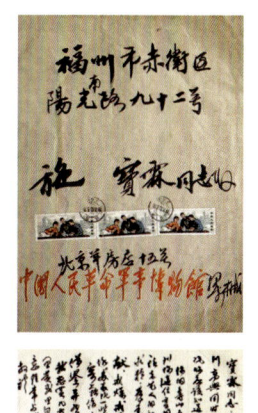

图8 黄胄致施宝霖第一封信札

宝霖同志：

收到来信及《黄洋界》石雕图片，甚慰，我很希望看到你表现新题材的石雕作品。望你把精力用在石雕艺术上，推陈出新，努力把古的、洋的精华吸收在自己的作品里。

治印的问题，对你也是很重要的一门课。建议你对古代文字如甲骨、金文、小篆等再进一步研究，应需严肃认真对待，不能急于求成，成绩风格是在不断地刻苦地认真地实践中形成的。另外在内容上，你应该首先考虑，因为你是红领巾成长的，应该推陈出新，一定要刻革命内容的作品，如主席的诗句、语录……我不同意你现在的题材。

由于你对我关心爱护，我感到我应该写以上意见，希望考虑。

将来你若有机会来京，我设法给你看些资料，再谈，祝进步！

黄胄，元月十五日。

我十分敬佩黄胄先生的国画艺术造诣以及对艺术理念的真知灼见，这两三年来，每每有自己尚感满意的雕刻作品，便邮寄照片向他汇报并请指正。每收到我的信，他都会给予回信，予以鼓励，并指出应该注意的问题。例如，他建议我多刻自己熟悉的题材，多表现福建地方风物，如福建沿海产品亦可表现。于是我利用寿山石中具有高山斑斓的色彩特性，雕刻《海鲜盘》，将照片寄与他。他回信说："正在欣赏你海味盘图片时，收到来信，甚喜……在这一年里，希望你取得更好的成绩，多创作一些新内容作品，精益求精！我们都应该认真读书，戒骄戒躁，努力为人民工作。"

1975年春天，我参加了由福州雕刻总厂组织的寿山石雕《长征组雕》小组，执行《突破腊子口》这件作品的创作任务。作品雕毕，我写信并寄照片给黄胄先生，向他汇报创作的一些情况，并征求意见。他来信写道：

宝霖同志：

你的信都收到，前个月的信我不但写了回信还寄了一幅画，是否地址写错了，你可以到工艺美术工场（厂）查一下，我没有你家的地址。这封信里，我写了《长征》的意见：看了你的作品很兴奋，希望你多创作革命题材。另外，我个人建议你找机会去长征路上生活一段时间，再创作时感情要饱满一些，也有生活依据。如果下去生活有困难时，可设法看一下最近上演的大型革命历史剧《万水千山》，北京正上演，将来福建军区也要上演。最好能到北京观摩。我现在已调到轻工部工艺美术公司工作。以上意见只代表我个人的……

黄胄，十二月一日。

（黄胄先生往往高兴就寄画给我，但有时地址写错就收不到了，这封信寄到福州工艺美术厂去了。我询问美术厂施厂长，他说有这么一封信，他已叫人转到雕刻厂去了。可我没有收到黄胄先生的信与画，不知被何人收去了，真遗憾）

这封信告诉我，他现在在轻工部工艺美术总公司工作了，听说任顾问，我们算是一个系统的了。黄胄先生算是我的上级领导了，这样联系起来就更方便了。

1976年1月底，我收到黄胄先生来信：

宝霖同志：

我去武汉工作了一个多月，今天刚回来。见到你的信，很高兴。记得给你寄过画，也可能记错了，或寄错了，过些天画了寄给你。如果春节前收不到,请来信提醒我。事情一多,我有时丢了忘了想办的事,有时没有办,请原谅。这次去湖北看了些工艺品,感到创新是个问题。你有条件在创新工作上做出成绩。我们有责任,为社会主义创作更多更好的作品,为革命创新。但以后应注意在深入生活、生活实际基础上,歌颂社会主义的新生事物,生活是创作的源泉,应多创作自己在生活中感受到的作品,不要搞生活不熟悉的东西。即此,祝春节愉快!

　　黄胄,元月廿日。寄的东西收到了,多谢!

　　先生对我的艺术创作非常关心,多次提醒我要深入生活,从生活实践中吸收艺术营养。

　　我常常把刻好印钮的石章寄给黄胄先生,并请他指正。他几乎是每信必回。他时常想着我、关心我寿山石雕的创作情况。1976年7月中旬,我收到他的一封信,内附一幅《风雪出诊图》(图9),信是这样写的:

宝霖同志:

　　寄给你一幅画做参考,如果有兴趣可以试一下,人物是维族,冬天的服装,戴毛头巾,你如果想做,是题材问题,再商量。匆匆,祝进步!

　　　　　　　　　　　　　　　黄胄,七月五日。

　　黄胄先生人真好啊,他是多么关心我的艺术创作!但是他刚来工艺美术总公司,隔行如隔山,对于工艺美术行业的特殊性还了解不多,对我所从事的寿山石雕行业情况也知之甚少。因此,我十分婉转地写信向他说明工艺美术行业实际情况,告诉他我们几乎所有的产品都是销往日本、东南亚国家和中国香港地区的,他们

图9　黄胄画赠施宝霖《风雪出诊图》

对传统题材的产品需求较高。同时我也非常感谢他赠画,我自当视同拱璧珍藏之。

1976年10月,黄胄老师画了一幅《钟馗图》赠我,这还是我第一次见到黄胄老师所画的古装人物。(图10)

黄胄先生越是关心我,我就越是想早一天到北京拜见他,并当面致谢。渴盼之心日盛,见面机会最终还是被我等到了。那是1977年2月14日,厂领导通知我过完春节,协助包副厂长把《长征组雕》护送到北京军事博物馆去。我高兴得很,终于能去祖国的首都北京看天安门,最主要是能见到我朝思暮想的偶像——大

图10　黄胄画赠施宝霖《钟馗图》

画家黄胄先生了。丁巳年春节,洋溢着满是欢快的氛围!

春节过后,省手工业管理局接到轻工部通知:3月底前,把《长征组雕》作品空运到北京,参加全国工业学大庆展览。3月11日,在包副厂长的带领下,我和老张共三人护送《长征组雕》作品登机飞往北京,下午6时13分,飞机在首都机场降落。这是我生平第一次去北京,犹如刘姥姥进大观园似的,对任何事物都感到新鲜,四处扫视,恨不得将所有事物尽收眼底。

3月12日,我去工艺美术总公司办手续,办完后就拐到三里河南沙沟十六楼三门七号——黄胄先生家里。我怀着激动的心情一口气跑到五层楼敲门,出来开门的是先生的女儿,当时我看到心中崇拜的偶像正坐在椅子上,激动得声音有点变调了,叫了一声:"梁老师,您猜猜看,我是谁?"他"噢"了一声说:"是施宝霖吧!"我说:"是宝霖呀!"他请我坐下,我就把准备送给他的礼物拿出来,其中有一件巧色小鸡,同时还有一本册页,册页内留两页空白,请他赐墨宝。他答应了,并说:"请先放在那里,待你回福州时来取。"接着他说:"要专雕一样东西,如水牛,不断刻,这样把水牛形态结构都弄得非常熟之后,再刻别的题材的东西……"这时郑闻慧老师在旁边插话:"黄胄呀,他经常关心你。"她是戴着眼镜的,正在画水仙花哩!梁老师接着说:"最近手脚不方便,不怎么作画。"我说:"梁老师,你在'文革'中受了不少苦。""文革"期间,梁老师蹲牛棚、挨打,身心遭受严重摧残,现在走路都拄着拐杖,一跛一跛地,我见他浓密的眉毛下坚毅的表情,料想他正与病魔做斗争哩!他要留我吃饭,我婉谢了。他一直送我到门口,将全国美展参观券赠予我,说:"下个星期后,可能要到武汉去一下。"我依依不舍地辞别梁老师。

第二天我拿着梁老师送我的参观券,到中国美术馆观展。这次美展共展出692件作品,我把注意力放在第五展厅和第六展厅的国画部分。本次展出众多名家作品,有魏紫熙的《黄洋界》、李可染的《井冈山》,方济众的《忆延安》(4幅)、钱松嵒的《梅园新村》、关山月的《松梅颂》、卢沉、周思聪合作的《清洁工人的怀念》、亚明的《梯田修到白云里》《争分夺秒》、黄胄老师的《广阔天地大有作为》(丈六四)。我站在画前,显得很渺小。画面之宏大,气势之恢宏,又是梁老师的一幅名垂画史的杰作。这幅画在气势上、技巧上、人物构成上都大大超越了之前得奖的《洪荒风雪图》。感谢梁老师给我这个机会,让我饱享一顿视觉盛宴。

  3月14日晚上,我又到梁老师家,他不在,只有郑老师在家。她还没吃过晚饭,我请她先赶快用餐。她怕我闲着,拿来三本黄胄老师的速写簿给我看。第一本大部分是写生的,有各种动态和各种构图的小鸡、母鸡。第二本画的是人物,各式各样的动态人物,有的骑马,有的舞蹈,有的喂鸡。第三本则是写生雄鹰,包括站立、飞翔的等各种动态,还有许多鸟的动态……梁老师绘画对象涉及面很广。今天可算平生第一次看到梁老师这么多速写真迹,大饱眼福。这时郑老师走过来对我说:"从这几本速写簿可以看出,黄胄是做功夫的。你也喜欢做功夫的,所以黄胄喜欢你……"我估计今晚碰不到梁老师了,起身把收藏的两本潘主兰老师的篆刻原拓本交给郑老师,奉请梁老师题签,拜别郑老师后回到住所。

  3月15日上午,原本要去展览馆交接验收《长征组雕》,后因相关人员另有任务,交接不成,我便到三里河南沙沟黄胄老师家去了。上午9时多我到梁老师家,一进门就看见他在活动腿,他说:"不知怎么身体行动不便了,手脚不听使唤了。"他很热情地招呼我坐下来,对我说:"我顶喜欢你来,你刻的东西我喜欢,尤其是《荷叶双蟹》。你还可以刻水牛,南方水牛多,牛有好多用处哩……你还可以刻鱼、虾、白条鱼、螺、青蛙等。我极喜欢鱼的。"我插话说:"对,老师你极喜欢鱼的,你那个盆子不是还养着鱼呢?"他继续说:"传统的东西不是不刻,要少刻。如狮、龙等,还可以刻一些。我不喜欢龙,你应当表现现实生活的东西。"接着有朋友进来,我俩的谈话中断了。我提到昨晚送来潘主兰老师两本印存请老师题签的事情,梁老师起身到卧室取出来,坐在画室沙发上翻阅了起来。他对潘老的古玺和工整汉印很喜欢,当他看到潘老为敬扬兄刻的"敬扬珍藏"印边款有"身非我有,遑论身外物乎,今日之在我家,安知它日不入于他家乎?故所谓藏者,非有如三代鼎彝,子孙永宝用享之意也,敬扬弟以为否。主兰丙辰八月"等内容后,对我说:"你不要学,你与他不一样,你是在红旗下长大的是吧?"我答:"是的。"他接着说:"潘老年纪有多大,能不能刻印?"我答:"潘老师还不到七十岁,能刻印。"他说:"能不能请他为我刻二颗印,一是'黄胄画印',二是'郑闻慧印',印钮由你刻好吗?"我说:"包在我身上。"这时一个老年人进来,是为梁老师看病的医生。梁老师走到桌前,从抽屉中拿出许多旧的碑刻拓片交给我,让我先去画室里看,他到老中医那边看病。画室里还有梁老师的三位友人,一位是在军博工作的,一位自我介绍是龙岩人,还有一位自称是梁老师的学生,来自北京广播电视出版社,叫党育,也是郑乃珖老师的学生。他问我郑老近况,我回答说:"郑老从西安退休后回到家中了。"党育立即拿出一张纸给郑老写信,信写毕,要我带回福州给郑老。因为他要出版一本挂历,内有关山月、亚明、梁老师的三幅画作,所以也请郑老画一张。这时老中医已给梁老师看完病来到客厅,梁老师要我为老中医魏老刻一枚石质好的印章。我请梁老师写下魏老的名字,他在一张宣纸上写下"魏龙骧印"四字。魏老说:"要刻'晚号今人',不要刻姓名章。"他亦在纸上写了"晚号今人"。梁老师另外叫我多刻几印,并在纸上写了"鹰斋、梁黄胄"等(图11、图12)。接着,梁老师与魏老谈论起书法来,魏老看到梁老题跋后说:"老梁,你用什么笔书写?"梁老师答:"用狼毫。"魏老说:"我用羊毫。"梁老师说:"用羊毫始于宋代,魏时用狼毫。米元章用狼毫写了一幅字,自己很得意,还跋了一段话。"接着魏老即用羊毫作魏碑体书法,我帮着磨墨,他写下"始平公造像"五字。9时,魏老告辞了,我与梁老师送他到门口。返回客厅后,梁老师把魏老刚才所写的字送给我,对我说:"你到画室里去拿你的那本册页。"我翻开册页,看到他一页画了《朝鲜族女舞蹈演员》,另一页画了《毛驴》(图13、图14)。他说:"不喜欢画熟宣,喜欢用生宣作画,熟宣笔墨效果不好掌握。"我说:"太好了,谢谢老师。"临近中午,那位龙岩客人要请梁老师与郑老师去做客。我扶着梁老师从五楼慢慢往下走,他对我说:"宝霖,你明晚再来,我等着你。"我说:"一定,一定。"这时郑老师说:"昨晚我家闺女对我说,妈妈,为什么不叫施叔叔给我刻个印?"我说:"完全可以呀。"郑老师继续说:"不

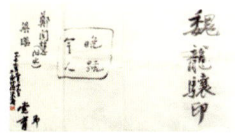

图11 黄胄嘱施宝霖刻印手稿

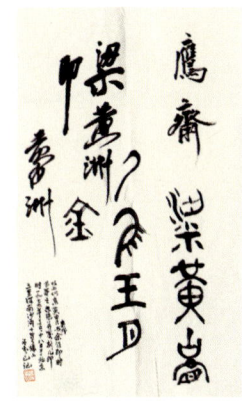

图12 黄胄嘱施宝霖刻印手稿

图 13　黄胄画《朝鲜族女舞蹈演员图》册页　　　图 14　黄胄画《毛驴图》册页

要刻太大的,因为她画不大,承蒙叔叔阿姨们的鼓励,让她作画,画后也盖印章。她名叫'梁缨',红缨枪的缨。"我说:"知道了,回去后一并寄来。"我特意问:"梁老师饮的茶叶是什么茶?"她说:"是青茶,不是加工过的红茶和花茶。"我记住了。

3月16日晚上,我应约来到黄胄老师家,他不在。我此番来是请梁老师为我写封介绍信,我对历史博物馆展出的"纪念周恩来总理展"比较感兴趣,想去参观下。向郑老师说明来意后,她怕我空跑一趟,说道:"我给你写个条子,你拿着去找工作人员吴葆华或李大章。"郑老师立即写好介绍信:"兹介绍黄胄学生,福州来的,送长征组雕来的,请帮忙……"临别之前,郑老师问我:"宝霖,你什么时候回去,我想在你回去之前给你做一餐北方菜。"我说:"谢谢您!"我见她还没有用过晚餐,就先辞行了。我边走边思索,梁老师朋友众多,来找他的人自然也多,上至国家领导,下达普通工人,他都亲自接待,休息也成了一件奢侈的事情,名人不易啊!何况他近来身体也不好,挂着拐杖,拖着病躯,手脚麻木,行动极为不便,见之令人心酸啊!想起他说"最近一段时间根本没办法动手作画","文革"使他身心都遭受巨大打击,正值盛年,原本是发挥技艺的大好时机,可他却在同病魔做抗争。我祝愿他早日康复,为祖国艺坛再增光添彩。

3月17日,天下着雨,难道天公也为周总理垂泪?一大早,我便冒雨来到历史博物馆,参观纪念周恩来同志的展览,一件件展品诉说着周总理伟大的人生历程,我眼含热泪,感慨无尽。展厅中黄胄老师巨幅国画《鞠躬尽瘁为人民》(图15),上有赵朴初先生的题词。我静静伫立在这幅作品前,很难想象梁老师是如何拖着病残之躯完成富含各色人物形象的巨作,这是需要多大毅力啊！无论是画中人物还是画家本人,都令人肃然起敬,我仿佛也受到了心灵的洗礼。梁老师不但是天才画家,而且还是伟大的画家。顷刻间,在巨幅画之下,我觉得自己更加渺小了。或许是周总理伟大的人格力量鼓舞着他,抑或是周总理高尚品格引起他的共鸣,从而产生无穷的力量。

下午,依然烟雨朦胧,我想梁老师雨天应该不会外出,决定再次登门拜访。我来到先生家中,他还在午睡,我在小缨房间等他醒来,这时又进来北京工艺品进出口公司的三位同志。两点半时,郑老师想叫醒梁老师,我劝阻了,他太疲劳了,还是让他多睡一会儿。三点,梁老师醒了,与三位同志商谈工作的事,我在小缨房间里看梁老师出版的画集。不一会儿,梁老师叫我到他房间去,恰逢碰到一位叫唐玉的,梁老师随即介绍我们相识,原来我与唐玉先生是同龄人,他是王震将军的秘书。不一会儿,唐先生告辞了。这时,梁老师指着桌下面一个木箱,对我说:"拿出来。"我麻利地拿了出来,他翻开箱子,只见里面放着十几本古代文字书籍,他说:"你拿回去看,对你的篆刻有帮助。"我说:"这么一大箱书拿回去不方便,看完再寄回来,太麻烦啦！"他说:"放你那里也可以,不用寄回来啦！"我说:"这怎么行,这么珍贵的书籍,我不能要啊！"这时梁老师正写着托我刻印的字哩,里面有些字是篆书,我第一次看见他写篆书。突然,他抬起头对我说:"宝霖,我

图15 黄胄画《鞠躬尽瘁为人民》(200cm×500cm)

想收你为徒弟怎么样?"我一听,简直都不敢相信,激动得正要下跪,行拜师礼,他一把拉住说:"这样不行,现在是新社会了,不兴这一套了。"我只好站着行鞠躬礼,并说:"谢谢老师!"他继续说:"今天晚上师母下厨为你煮几道北方菜,魏老作陪。他一会儿就来为我看病了。"本来拜师宴应该由我来请才是,今天倒好,老师请学生了。这是我生平第一次遇到的事,心中十分忐忑,不知如何是好。但是老师盛情邀请,我也不能辜负老师的好意,梁老师待我真是不薄啊!郑老师下厨煮了六道菜,还把养在盆中供写生用的鱼也杀了,煮了下酒。梁老师叫我到里屋柜子里取一瓶茅台酒来。魏老不喝,我同梁老师各用酒盏。我举盏祝老师健康长寿,一饮而尽,不一会儿,就把一瓶茅台酒喝完了。今天我特高兴,这是我永远值得纪念的日子:1977年3月17日,黄胄老师正式收我为徒了!不一会儿,石齐兄来,这是我们第一次会面。他操福清口音,从厦门工艺美术专科学校毕业后分配到北京在轻工业部工作。他也师从黄胄老师,学习人物画。《美术》杂志曾发表过他的作品《迎春花图》,其人物造型、线条都像梁老的,颇有造诣。因为看画家运笔是学习绘画的关键,本想今晚看梁老师绘画,观察他如何下笔运笔,鉴于陆续有人来拜访老师,我打消了这个想法。梁老师还对我说:"宝霖,你应该多画一些速写,速写簿随身带着,见到新东西就把他画下来,不要去搞什么无用的东西。有许多现实东西都可以雕,如海螺、螃蟹等。雕海螺时,可以试着把海螺养起来写生啊!新东西,不怕没人要,就怕搞不好……"我赞同先生的观点。他问我:"啥时候去上海,我要为钱君匋先生画幅画,你帮我带给他!"我说:"21日到上海。"他说:"你回福州之前再来一趟好吗?"我说:"一定会来向老师道别的,顺便看看梁老师还有什么要吩咐的事。"正在说话间,工艺美术总公司艺术指导处处长李庆先来了。我认识李处长,他曾去过福州。他告诉我全国象牙雕刻会议将在福州市召开,届时梁老师也会去的,也请我不要声张,否则会增添梁老师的压力!我说:"这个道理我懂的,请放心。"我见梁老师与李处长谈工作,就告辞了。(我一直准备在福州接待梁老师,但不知出于什么原因,梁老师没有来福州出席全国象牙雕刻会议。)

  3月20日,因为第二天一早要去上海,我特意买了苹果到梁老师家去向他道别。梁老师让我坐下聊天,他问我:"《长征组雕》为什么要放在'军博'?"我说:"这是中共福建省委与福州军区党委决定的,以福建省委的名义赠给中央军委的,省委拨款10万元给我厂作为雕刻费用。"接着,梁老师向我了解了一些福州地区他熟悉的人,如梁桂元和周哲文两位的情况。我简单地把两位的情况汇报给他。这时,梁老师突然叫我为他的两个砚台底面刻字,他把内容写在纸上,一个刻"黄胄藏",另一个刻"胄"字。我照他写的字样直接摹刻在砚底上,这是我第一次刻砚啊,刀具也是陌生的,心中忐忑不安,怕刻不好,但也只好硬着头皮在大师面前献丑了。我心想:是梁老师真的喜欢我刻的字,还是想考验一下我的功夫?或者二者兼而有之吧。结果,"黄胄藏"三字刻得不理想,第二个"胄"字我稍稍满意点。我想可能是第一次刻砚无经验,而且端石与寿山石质地不同,有金刚砂,刻刀容易钝。梁老师与我想法一致,但至今未知在老师心目中这场考试及格否。整个上午,梁老师家宾客不绝,送走一批又来一批,有的是首长,乘坐红旗牌小轿车前来,有的是部队将军,还有泥水匠等。梁老师本想送我一幅《水牛图》,但由于来客太多,也没送成。时间马上到十二点,我就要离开时,中央音乐学院院长赵沨来了。他开口就打趣道:"老梁,我烟抽完了。"原来他是向梁老师要香烟的,看来他俩是老朋友了。他问梁老师:"这位青年人(指我)是从哪里来的?他的话听上去像外语,我一句也听不懂。"梁老师把我的话翻译给他听,并说我是福州人,是他的学生。我看他俩正在交谈,不好意思再打扰他们,只好依依不舍地拜别梁老师,请他保重身体。在路上我一直在想,为何我的普通话赵院长一句都听不懂,而梁老师却能翻译给他听?突然间,我明白了,定是"文革"前,梁老师与邓拓先生多年在一起,他听惯了带福州腔的普通话。

  1977年4月中旬,我收到梁老师4月8日写的信,信中说他病了,住在北京友谊医院干部病房15号,来信可寄北京友谊医院。我立即写信向他表达衷心的慰问,并说只要是对他治病有利的,请他吩咐,我自当效力。我心中一直挂念生病的梁老师,默默地祝愿他早日康复。

1977年3月从北京回来后,我就着手为黄胄老师刻两枚高山冻巧色石章。一枚为水牛钮,只刻牛头和牛后背,作水牛浮水状。另一枚刻巧色双螺荷叶钮。刻毕就将包裹寄给黄胄先生。不久,收到了那封他唯一用钢笔写给我的信:"宝霖同志:收到印石一包甚慰、甚喜,尤以水牛一章应是当代杰作,十分精彩。并感谢你替友人刻的作品,均好。我近日有些好转,手足仍不方便。你来京时,正赶上我生病,十分遗憾。望你为革命钻研业务,完全有可能、有条件、有本领创造社会主义的新风格,愿与你共勉。手不灵便,再谈。祝进步! 黄胄,六月十日。"(图16)读罢信后,我很欣慰,我的作品能得到黄胄老师的肯定,对我来说是莫大的鼓舞。

1978年5月2日,我有幸再次去北京参观全国工艺美术展览会。因我有两件作品参展,再加上这几年我也取得了一点小成绩,得到厂里领导的重视,之后出差的机会也多了起来。我心中一直惦念着老师的身体,5月4日,我匆匆赶去北京友谊医院高干病房,向梁老师问安。本来护士不许他接待人的,梁老师和护工沟通后才让我进来。我一头冲进病房发现老师不在,立马走出来,看到走廊上老师拄着两根拐杖摇晃着,艰难地从另一间病房走出来,我惊讶地望着梁老师,才一年时间不见,怎么病成这样子了! 我眼泪止不住流下来,不忍心看到老师的病态,心中十分痛楚。梁老师反而安慰我,叫我坐下来,接着他说:"我写给你的一封信被退回来了,在抽屉里。"他拿来交给我,我一看信封,原来是地址写错了,把阳光南路92号写成向阳路95号。我打开信,内容如下:"宝霖同志,卧病已十月余,忧愁终日,亦很想写信给你。闻近日创作热情极好,望脚踏实地,谦虚谨慎,努力工作,做出更大的贡献。另,和你商量件事,你如愿意,可抽时间为廖公夫妇刻三方:一、廖承志印;二、廖;三、金(经)普椿印(廖夫人)。即此祝成(进)步,黄胄,一月廿四日。"读完信,我立即表态:"没有问题,梁老师,我回去立刻制寄来。"交谈中李昌安副部长(原七机部)来访(经梁老师介绍才认识的)。李部长听

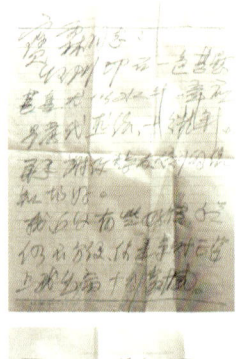
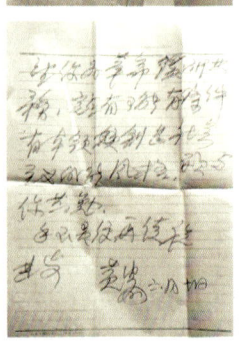

图16 黄胄致施宝霖信札

见刚才我们的谈话,他对梁老师开玩笑地说:"老梁呀,你老把信的地址写错,这不又被退回来了。"李部长要我也为他刻个印章送他,他说:"张爱萍副总长字写得很好?"我说:"是的,我在四川成都杜甫草堂见过他写的对联。"李部长也要我为张副总长刻一枚印章,顺便让张副总专门写幅字给我,我答应回去后即办此事。我想到病人不宜与人长时间谈话,只好告辞了,他嘱咐我明晚再来。

5月5日上午,我参观完全国工艺美术展览,下午就顺道去故宫看文物展览。晚上,我应约再次到医院找梁老师。护士告诉我梁老师开会去了,要我等到晚上八时他回来。护士把我领到休息室,我看到李昌安副部长正与人下棋,为了不打扰他,我在一旁看新闻联播。晚上八点十五分,梁老师回来了。他刚一见我,就向身边人介绍我,夸我勤奋、善刻且多有"巧作",他还勉励我不要骄傲,要不断自我提高。他的精神状态不错,只是有点倦意,一边说话一边点着烟。他问我:"给你画的猫收到没有?"我说:"没有收到呀。"他接着说:"哎呀,我这个人老是把地址写错,经常给你写信寄画,却等不来回信。昨天给你的信又被退回来了!"我心想这该多可惜呀!梁老师一边说着,一边走到画堆里找猫图。此刻,我环顾周围,心想这哪里是病房,简直就是画室。他生着病还要画画,特制了一个画架子,放在病床上画,这是需要多么强大的毅力啊!他找了很久,并未发现猫图,便拿出一张《母鸡与小鸡图》,题上款,另一张《八哥图》补题上款。我接着说:"老师,可否给去年和我一起来的那位厂领导一张画呢?"梁老师听后找出一幅《麻雀图》,图中十几只麻雀姿态各异,我十分喜欢。我说:"老师你画的麻雀超过徐悲鸿先生了。"他立即说:"不能这么说,也不能这样比。"由于他边与我聊天边题款,结果写成了"宝同志",漏了"霖"字。我建议前面加上"阿"字,"阿宝"是我的小名。他笑了,你喜欢这幅就给你,那位厂领导以后再补画给他就是了(图17、图18、图19)。病房堆满宣纸和画稿,可见他是多么勤奋。我询问梁老师能否动笔,给我示范一下。他说:"今天太累了,下次来京我再演示给你看。哎呀!今天你如果跟我去多好,今天我画了十八幅。那么不凑巧,只好待下次了。"我说:"老师水牛画

图 17　黄胄为施宝霖画《母鸡与小鸡图》　　　　图 18　黄胄为施宝霖画《八哥图》

得很好,很生动,我也很喜欢。去年本来想要您赠一幅水牛册页,结果被赵沨院长打断了,我又不方便在人家面前催您。"他说:"这里好像有一张水牛图,"说着又去找了,结果在床垫下找到一张皱巴巴的《双水牛图》,他抖了抖,又题上款(图20)。这样,我一下子拿到梁老师的四幅图,真是受宠若惊。我很激动又无限感慨地说:"梁老师,您为人太慷慨了,这几件礼物太贵重了,我受之有愧呀!"他摆了摆手说:"不,不,我对有作为的青年都非常重视,我希你狠下功夫,不断创作出更多更优秀的作品来。"我答道:"老师对我的殷切期望与教诲,我会一直记在心里,我必须做出一番成绩,才无愧成为您的学生!"晚上九时半,我深深地向他鞠躬道别。他又说:"你脚步要轻,不要出声,医院规定晚上不会客。"我说:"知道了,代我向郑老师问好。再见!"离开友谊医院,我百感交集,心中默默祈祷他早日康复,因为祖国画坛需要他,人民需要他啊!

我回福州后立即写了一封长信,对老师赠画表示谢意,也感谢他对我石雕艺术的指导,并请他一定要保重身体,不能为了

图 19　黄冑画赠施宝霖《麻雀图》

图20　黄胄画赠施宝霖《双水牛图》

画画透支体力,他的健康关系到祖国和人民的艺术事业。同时我把准备为廖公夫妇制章刻印的事告诉他,让他放心。不久收到他的回信:"宝霖弟:信悉,句句诚朴感人。住院两年以来,得友好的深切关注,也是很大的安慰。寄给你《麻雀》一幅做纪念,病中无聊,作画后不堪,此画亦止痛剂。也祝进步! 黄胄,五月廿日。"

我把梁老师交代要刻的印刻好后,一并给他寄去。他刚一收到就回信给我:"宝霖弟:收到信和印章很高兴,刻得很好,我已转交那位朋友,治印甚好,请转达谢意! 前些日子,北京酷热,近日来又逢连日阴雨,对我这种病很不利。过些天,秋爽可能要好一点,匆匆,致敬礼! 黄胄,八月卅日。"

我虽然在福州,但心里总是挂念着生病的黄胄老师。我在报刊上看到他的消息:1978年春天,在生病期间,为华国锋主席访问南斯拉夫绘制国礼画《雄鹰图》,赠送铁托;为邓小平副总理访问日本绘制礼物《百驴图》,赠送日本裕仁天皇。梁老师是不折不扣的人民艺术家,他不顾个人安危,时刻把国家利益放在前面,这种忘我的工作境界令我肃然起敬。

平常,我们师生之间多用书信交流,我向他请教有关雕刻和书画艺术上的问题,他都尽量给我解答,给我指出努力的方向。有时候,我把自己雕刻的并且自认为较满意的作品拍照寄给他,他也比较高兴,以书画作为奖品赠与我,其中最有代表的就是那幅《上学图》(图22),那是在鼓励我继续努力。能得到誉满寰宇

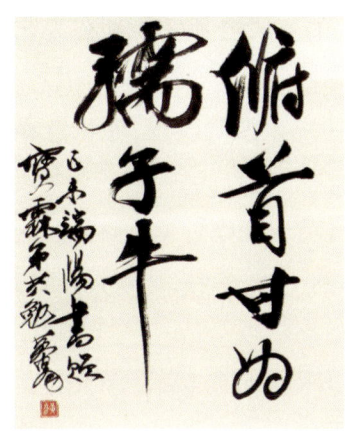
图21　黄胄赠施宝霖书法作品

图22　黄胄为施宝霖画《上学图》

的大画家黄胄老师指导,我感觉自己是天底下最幸运的人,我唯有努力创作出更好的作品,才能报答他的万分之一恩情。

1979年夏天,我又刻了一件寿山石雕《奔马》和几枚印章,另附上为公家刻的产品照片及为友人求画的信,邮寄给黄胄老师。不久就收到他的回信:"宝霖同志:收到寿山石雕马、石印及照片一幅,非常感谢!所嘱要拙作问题,旬内即寄上,现在北京比较紧张一些。你的石雕艺术我很喜欢,气息新、生动,也很巧,我想如果你一直努力下去,定能做出成绩来。另外,有一点建议供参考:你最好刻南方熟悉的动物,如水牛、鱼、虾之类。你刻马有一定基础,但必须深入生活,是应该来北方草原深入生活一段时间,当然学习古的、洋的、当代的有关马的作品也可以。但不该是主要的,只能参考借鉴,重要的要深入生活,才能有自己的风格,才能产生比较好的作品,你以为如何?

"你送给我的石章雕得很好,制印还需要进一步提高,以上供参考。我谈得比较直率,我希望能看到你更好的作品。如果你有兴趣,请你再给我刻一方阴文'黄胄画印',这要看你是否有时间。即此敬礼,问郑乃珖同志好! 黄胄,八月廿七日。"

1979年11月上旬,由于为厂里推销产品的缘故,我再次来到北京,原本推销产品的工作并不是我分内的事,但为能再见一次梁老师,我勉强承担了此项任务。11月7日晚上,我怀着满腔热情来到梁老师家,他不在家。后来听说他与郑老师又到新疆采风写生了,新疆风物是他重要的创作素材,这次也是为弥补"文

图 23 《黄胄美术作品展览》

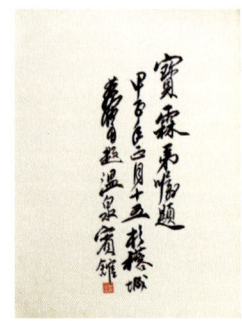

图 24 《黄胄画集》

革"损毁的两万多张速写稿而带病去的。梁老师一生都在为艺术而操劳,我遥祝他一路平安顺利!

1979年12月,黄胄老师的作品在广东深圳展出,他特意寄给我一张展览宣传单(图23)。

1979年,黑龙江人民出版社出版《黄胄画集》,黑色封面。这是我买到的梁老师第一部大型画册。到1984年春,他来福州时,我请他为我签名,以做纪念(图24)。

1980年,江苏人民出版社出版了黄胄老师的《百驴图》,我立刻购得。

1981年11月1日,我从报纸上看到一条消息,中国画研究院成立,国家领导人万里、谷牧、姚依林、方毅等出席,李可染当选院长,蔡若虹、叶浅予和黄胄当选副院长。我得知这个消息后,写信向他表示祝贺!黄胄先生为中国画研究院呕心沥血,曾经遭受的排挤诬告并没有打倒他,但给他身体健康带来威胁,他的当选是实至名归!

1982年7月,中国美协在北京中国美术馆举办《黄胄画展》。正好我的作品《海鲜盘》等参加第二届中国工艺美术百花奖评奖,研究所领导派我护送作品赴京。我7月8日动身,10日抵达北京,正好有时间参观黄胄老师的画展。11日上午我赶去梁老师家,家中无人。一打听,梁老师与郑老师又去西北写生了。后来听说他们这次去的是敦煌、甘南,并去兰州举办《黄胄画展》。虽然没有看到梁老师,但有幸能观看他的画展,对我来说也是幸运的。这是我生平第一次看到黄胄老师这么多原作,大饱眼福。其中最大的一幅《奔腾急》给我印象最深,这是他赠给邵宇先生的,这幅画是可以与《洪荒风雪》等量齐观的佳作。我伫立良久,深深为这幅巨作所折服。

1983年7月5日,因参加雕刻厂与故宫联合举办的寿山石展览,我去北京出差,出发前我给黄胄老师准备了一小竹篓荔枝。

7月7日上午,我提着荔枝到梁老师家,把一副石章和小缨的印章以及顺道带来的荔枝交给他。他正在为女儿去广州美院学习的事写信。这时,一位年近四十岁的人走了进来,叫老师"六哥",向老师要一副对联。午间时分,梁老师留我二人吃午饭,不过我来之前已用过午饭。饭后老师就去午睡了,他好像有心事,心情不是很好,也不怎么说话。郑老师和我聊着,我问她刚才那位先生为何叫老师"六哥"呢?郑老师给我讲起梁老师过去的一些事情。1940 年,那年他才 15 岁,父亲建勋病逝,家中突然失去顶梁柱,经济陷入困境,靠母亲吴氏独自支撑,他只好辍学住到姐姐家去。姐姐想让他去工厂当学徒,可是他一心想绘画,也不好为难姐姐一家人,只身到西安投奔赵望云先生。因赵先生与他父亲曾一起共事,都出身贫寒,十分同情老师的遭遇,破例收他为徒。赵先生认为他有天赋,又勤奋,收学徒就当收入家门,同吃同住同劳动,在日常生活中学艺。他们是师徒又如父子,赵先生家中事多,孩子也多,还未成人,所以家务事多由老师负责。他勤快,主动买米、买菜、挑水、扫地,还要帮忙带孩子。来的这位是赵先生的三儿子叫赵振川,也是画家。郑老师陪我坐了一小时半,我向郑老师告辞:"这一个月我都在北京,抽空再来拜访你们。"

  7 月 11 日中午,我到黄胄老师家送请柬,梁老师已午睡,是郑老师开的门,她看到请柬,对我说:"汪锋、杨应东、魏传统诸君要补送啊!"我答应照办。晚上再赴老师家中,他被人请去做客,依然是郑老师接待我。一个名叫陈茂礼的客人亦在场,郑老师同我聊天,她说:"宝霖你知道吧,黄胄爱你什么吗?"我说:"不知道。"她接着说:"他爱你勤奋,下功夫,憨厚诚实……"我笑笑说:"谢谢你们厚爱!"不一会儿,梁老师回来了,他喝了酒,走路不稳。接着就为陈茂礼画了一张四尺《八驴图》,这是我第一次看梁老师落笔绘画,却被他作画的豪情动态所打动。只见他左手拿着香烟,右手握笔,行笔疾速,提按左右横冲,大有"当其下笔风雨快,笔墨未到气已吞"(苏东坡诗句)的气势。我看呆了,为那敏捷的构思,疾速神奇的运笔所震惊。我原本不怎么能接受香烟味,此时竟也觉察不到烟味了。不到一支烟的工夫,八头各具形态的毛驴呈现在我们面前,当时看来墨色有点淡,但裱起来后墨色却恰到好处。梁老师几十年的经验总结,如果刚一画好看墨色正好的话,裱起来时墨色就过了,焦了。我刚好手中握一柄空

图 25　黄胄为施宝霖画扇面图

白折扇,递过去请梁老师为我画猫,我说:"梁老师画的猫生动可爱,美极了,我还没有老师画的猫呢!"他二话不说提起笔,没多久白猫画毕,接着用浓墨在后面按几下,黑猫又出,以黑衬白,无论构图还是效果都十分突出,精妙绝伦(图25)。我又请他在背面题写八个字:"日无闲过,有为无争。"他一听很严肃地对我说:"什么有为无争,应是'有为必攻'。"他换了一支毛笔,快速写了"日无闲过,有为必攻"八个字,他接着补充说:"有为无争是消极的态度,应该有为必攻,这才是搞艺术所应有的进取理念。"(图26)我见这八个字,既雄健又潇洒。梁老师作罢搁笔,坐下来休息,一边吸烟一边眯着眼养神。看到他写字的样子,让我回忆起了过去曾听闻的一件事,就问梁老师:"过去画坛传说有这样一件事,那是五十年代中后期,某天陈毅元帅陪外宾去参观画展,看到您的画时,陈老总开口说:'黄胄画绘得这么好,可字写得跟鬼画符一样。'当您听闻陈老总这句话后,就下决心发奋练习书法。从您给我的书法条幅看来,老师先从颜体入手,但又不拘于颜体,而是自成一体,既严正又恣肆,形成了雄健豪放,笔跃气振的书风,在海内画家中独树一帜,别人很难效仿。"他睁开眼微笑,不置可否。

在故宫皇极殿办展的空余时间,我为梁老师刻了三枚印章:

图26　黄胄为施宝霖题写扇面

两枚是他交代刻的"四味画室"和"黄胄之印"（白文），另一枚刻"黄胄画猫"（白文）。8月6日下午，我将印章送到梁老师家去，他不在，我就把印章转交给梁穗兄，他说："一定转交给父亲。"想着梁老师忙着应付中国画研究院的事，而我也比较忙，就先离开了。梁老师的性格我稍有了解，他有苦从不对别人讲，总是自己默默承受。我从他的表情可看出一丝端倪，过去由于我远道而来的缘故，他见我时总是面带笑容，讲很多话。但最近一段时间，他的笑容少了，话也少了，想必是有什么棘手的事。但我相信老师不管遇到什么事，都会坦然面对。此次来京，虽然有一个月，但与梁老师会面只有两次，只在电话中与他告别，并请他保重身体。我因为家中新房要装修的缘故，原本中途有去青岛和曲阜的计划，只好取消匆匆赶回家了。

梁老师对中国画研究院的建立，可谓用心良苦。从1981年9月6日破土动工，到1983年9月基建完成期间，他带病工作，一心一意扑在工地上，一花一木都倾注着他的心血。我十分了解梁老师的秉性，做事不做则已，一做就要做好。可以说，如果没有梁老师的热心参与，中国画研究院是根本建不起来的。人们称他为社会活动家，是当之无愧的。一个研究院的建立需要各方面、各行业的关系去疏通，颇费时间精力，因此也占据了他在绘画创作上的大部分时间，他更是为了人情往来，送出去不少毛驴图。即便如此，由于他的大公无私，难免会得罪一些人。一些人不怀好意，编造莫须有的罪名诬告他，听说还向全国画界发出100多封匿名信,企图抹黑黄胄老师,当代画坛这种现象总是层出不穷。犹记六十年代,福州画界曾有一批人恶意抹黑陈子奋先生,也向全国发了100多封匿名信!古语云"树大招风",但这些人不知他们的行为实则是蚍蜉撼大树,黄胄这棵大树不是他们能撼得动的!在此期间,黄胄老师曾给我来信,说他不想在研究院干下去了,但中国画研究院像一座丰碑屹立在那里,即使他不在,人们也会记得他,历史必将铭记他,因为时间是历史的公平裁判者。

1984年春天,黄胄老师与郑闻慧老师受中共福建省委书记项南的邀请,来福建福州治病写生。这段时期,我写《日记》记录了梁老师在福建福州的一些情况。《日记》摘录如下:

1984年2月18日上午,我突然接到梁老师电话,我问他在哪里,他说:"在福州也。"我很惊讶,按理他来福州会提前给我写信,好让我做好接待他的准备。他接着说:"要保密,不要告诉别人,今晚七点左右到温泉宾馆东一楼来。"我放下电话,喜出望外,我正为他前一段处境担心呢!因这一两年他很少来信,也不知近况如何,现在终于有机会见面了,我内心踏实多了。下班后,我到街上买了几斤福桔,就赶到温泉宾馆去了。我来到宾馆二楼,在客厅门口就看见梁老师、郑老师正在看电视,他们见到我很高兴,笑眯眯的。我更高兴,一开口就说:"梁老师,你们什么时候来的,为什么不来信告诉我一下呢?"他说:"本来先到杭州,因为天下雪就先到你们这里来了。"我问:"老师要住多久呢?"他说:"大概两个月多吧!"我一听更加欢喜,这下子见面的机会多了。我说:"老师你们有什么要我办的事情尽管吩咐,我可以来这里帮您磨墨理纸哩!"他说:"暂时还不需要,等一段时间需要时自会叫你来的。"他把这里的电话号码给我,让我保密,他只告诉梁桂元(16日他去火车站接他们)和我两个人。我十分理解他说"保密"这句话的含义与分量,老师名声大,想要见他的人多,他是应付不了的啊!当然知道他来福州的人越少越好。

我把带来的福桔送给梁老师和郑老师,我说:"福桔象征着吉祥如意。"他们收下了。梁老师要我为他刻两方砚台,砚石是苏州出产的澄泥砚,其中一方是小砚坯刻鲶鱼,另一方刻荷蟹。他说砚堂内刻深些,要打蜡一下,我遵照他的意见办。这时,他拿出刚刚由河北美术出版社出版的《黄胄毛笔速写》给我,并在封面上题了"宝霖弟存正,黄胄於福州,甲子正月十五。"(图27)

图27 《黄胄毛笔速写》

我向梁老师和郑老师发出邀请:"老师,你们这次来福州一定要来我家做客,看看我的新房子,我要尽地主之谊呀!"他说:"你家一定会去的,等快回北京时去好吗?"临别时郑老师叫住我,对我说:"你明天一定要带些辣椒来,福州菜太甜了,吃不惯。"我说:"一定会带来的,请放心!"

2月19日上午在家,我把过去所收集剪贴的黄胄老师发表的作品重新整理一遍。这册剪贴本本想带去北京请他题签,但是太重,路上带着不方便,心想梁老师总有一天会来福州,没曾想这一天终于被我等到了。中午时分,我跑去台江农贸市场买了半斤红辣椒。下午则在家刻那方澄泥砚台鲶鱼,澄泥石质与端石一样坚硬,内有金刚砂,时而会损刀。到了晚上,我带上剪贴本,以及黑龙江人民出版社出版的封面是《黄胄》的画册,还有红辣椒来到温泉宾馆。我拿出剪贴本请梁老师题签,他看到后,很高兴地说:"宝霖真是有心人,这剪贴本经历'文革'还保留下来,不容易啊!"他翻阅后又说:"有的我自己还没有留底,想不到在你这里见到了。"并点出几张,叫我复印给他。他提笔题下"黄胄作品剪辑,甲子正月黄胄题。"(图28)他还在黑色封面《黄胄》画册扉页上题:"宝霖嘱题,甲子正月十五於榕城,黄胄题,温泉宾馆。"另外,他还画了一

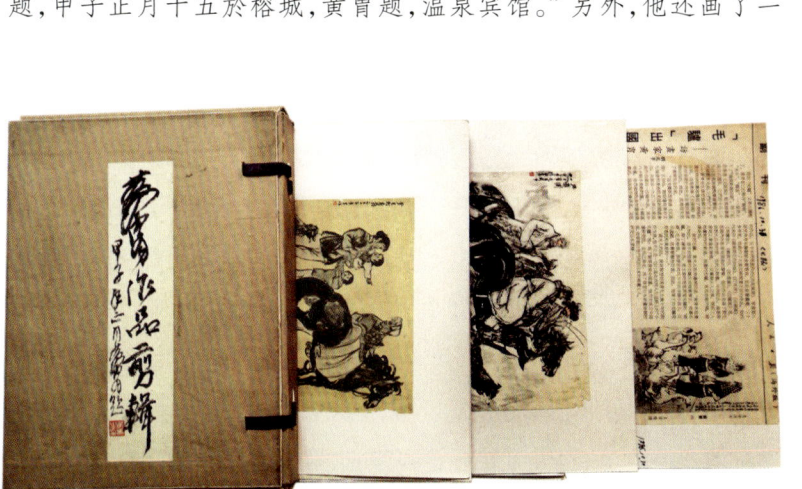

图28 施宝霖制作《黄胄作品剪辑》

幅4尺4开大小的《鲶鱼图》给我,并说:"这是我来福州后画的第一张画(此图后转赠施展的美术老师)。"这时,他把两管笔头脱胶的毛笔给我,让我帮他粘好带来,我怕影响他休息,就先告辞回家了。

2月20日晚七点,我到温泉宾馆,给黄胄老师带去一件巧色"蛤蟆"镇纸,同时交还两管粘好的毛笔。他见到蛤蟆镇纸高兴地说:"刻得很好。"这时,我看到房间里还坐着项南书记夫妇,梁老师便向项书记介绍我说:"这是我的学生,在雕刻厂工作,为人正派、勤奋,雕刻技术也很好,他雕的《海鲜盘》还得过奖呢!"梁老师又对我说:"你们项书记是我老朋友了,他在团中央时我们就认识了。"接着项书记说:"老梁,我们要为你出本画册,就是《福建画报》比《人民画报》印刷质量差些。"我插话说:"人家可是说不比《人民画报》差呀。"梁老师并没让我回避他们之间的交谈,我也愿意倾听他们的高见。这时,项书记看到电视上在播放冰城哈尔滨,便回忆起了担任农垦部副部长时的往事,当时在黑龙江某地因车抛锚,在零下30度的环境下冻了12个小时。后来项书记夫妇先离开了,梁老师送客人返回时,把两卷胶卷交给我,要我送去照相馆冲洗,并吩咐有空时顺便给他买几条鲶鱼来供写生用。

2月22日晚上,我把早晨买的三条鲶鱼和他交办刻的打蜡鲶鱼砚和另一方初步改刻的荷蟹砚一并带去给他,并请提意见。梁老师看到我改刻的荷蟹砚说:"现在这个砚成个东西了。"看到鲶鱼砚后,他说:"刻得不错。"郑老师在旁边对我说:"怪不得老梁到处逢人就夸奖你雕刻功夫好!"接着我把几张自己画的花鸟山水图拿出来请梁老师指点,他看了对我说:"你要先写生然后再画。"当看到我画的小鸡时,他说:"以后我画几只小鸡给你看看。"其实他早在1975年就为我画过小鸡了(图29)。然后他接着说:"明天下午3点半,我到你那个工厂参观。"我说:"我在厂门口迎接你们。"临别时,我问梁老师:"福桔你们吃得惯吗?"他说:"吃得惯的。"我说:"那我以后再买一些送来。另外那三条鲶鱼待你们写生观察完了,可以拿到食堂加工下,放些辣椒酱油煮一下就可以吃了,味道不错的。"梁老师说:"我们星期五(24日)要去惠安写生,要五六天才能回来。"随后,我把9本《福建画报》交给他后离开了。

2月23日下午三时,我在雕刻厂门口守候老师一行人的到来。不到一刻钟,他们夫妇二人在政协的郭东健同志陪同下进来了。我把他们带到陈列室参观,不巧今天陈列室灯不亮,许多产品看不清楚。黄胄老师匆匆扫视了一圈,后到销售部买了一盒"八宝印泥"。他本来还想买一副白色高山对章,可惜只

图29　黄胄画赠施宝霖《小鸡图》

剩三副红色的,他没买。之后我带他们来到我工作的车间参观。我把一套刚完成的"文房珍宝"拿来给梁老师看,他对笔筒特别欣赏,说"刻得好",同时对五螭穿钱钮石章也很喜欢,一直拿着把玩。我把林寿煁老师傅介绍给他认识。参观完之后,我带他们来到休息室喝茶聊天。他对我说:"我临回北京前再来看看,并题词。今天我来请不要声张,保密好吗?"我点点头表示赞同。后来,他最终还是没再来,是忘记了还是没有时间,我不得而知。

3月2日晚上,我同瑞征一起,带着全部完工的荷蟹砚交还给梁老师。我说:"您看哪里还需修改,还满意吗?"他说:"刻得好。"说着他走进房间提笔在砚背上书写砚铭:"寒山澄泥砚,甲子春节得于姑苏,宝霖刊制于榕城,黄胄藏。"钤"映斋梁氏"(朱文)和"黄胄之印"(白文)。他吩咐我照此刻好,后天请在座的余经理捎回北京(余系北京艺苑经理)。快要离开时,梁老师突然问我:"瑞征何处人氏?"我回答:"她是满族人。"他说:"一看脸部特征就有点像东北满族或蒙古族的,果然猜得不错。""哪能逃脱您这个大画家的眼睛呀!"我笑笑说。为了不影响他与余经理交谈,我们先告

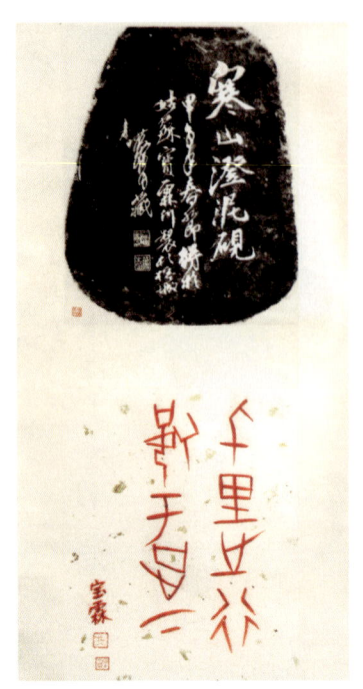

图30 施宝霖为黄胄刻砚铭拓片（下甲骨文书法："千里之行，始于足下。"）

辞了(图30)。

3月3日晚上，我把刻好砚铭的砚台送到温泉宾馆，梁老师见后很是喜欢。他说："很久没有提笔写字了。"他起身，我跟着进去为他磨墨。一会工夫，就见他写了两幅字：一幅是"无求品自高"，另一幅是"不可一日无此君"（指砚）。接着，他又画了两张《钟馗图》。梁老师下笔如五代梁楷运笔，先用大笔泼扫，再用小笔勾勒衣褶、头部等处，运笔疾速，好似有一阵风吹过，笔墨酣畅淋漓，真是神来之笔呀！我见他画意正浓，请他为我作《米颠拜石图》。他应允了，叫我拿大一点的宣纸来。我取来，不一会儿一幅《米颠拜石图》绘就了。我为老师精湛的画技所折服，特别是用赭石染脸部，留白使脸部更加立体的技巧，堪称是大家之风！用笔精致准确，技艺炉火纯青，至今令我难以忘怀。他题款："拜石图，甲子二月，黄胄为宝霖弟写。"终于遂了我多年心愿，"石知己"还配上黄胄老师的《拜石图》，岂不善哉！他说送我一幅字，让我在刚写好的两幅字中挑一幅，我挑了"不可一日无此君"这幅字。因为有幸得到老师的墨宝，让我有点得意忘形，不小心透露了我每月工资只有50元的事情，老师一听呆住了，立刻询问我："生活上有没有困难？"我很后悔说漏嘴，一再表示："我生活上没有困难，过得去。我还有石雕作品可卖哩！但我没有卖，留着。"他说："这就好了。"我感激地说道："今天又拿老师作品，谢谢了！"他笑着说："不用谢，你喜欢就行。"

3月4日，我在家为梁老师改刻一枚印钮，芙蓉石质，是傅大卣刻的"黄胄"二字。印钮的荷花刻得有些粗劣，梁老师要我帮忙改刻成"双鲶戏水"，梁老师说他喜欢水中动物，如鱼、虾之类。晚上我把改刻好的印章,和一枚白色高山冻石章,以及送给郑老师的一枚刻白文"闻慧"二字的印章送去温泉宾馆。梁老师见我改刻双鲤戏水钮和白高山冻印章,喜欢得很,拿在手上不停摩挲着。过了一会儿,北京外交部来电话找他,他讲了很久。放下电话后,他告诉我,四月份美国总统里根要来华访问,外交部有关领导要他回北京,在钓鱼台国宾馆绘画,准备国家领导人送给里根的礼物。他说不回去了,在福州这里可以完成国礼任务,他让我找些鹰的照片和鹰的标本,第二天送来。

3月5日上午,我忙到厂资料室去借有关鹰的图片资料和一件鹰的标本。借好后,我又粘了一管毛笔。10点半,我赶到温泉宾馆,梁老师与郑老师均不在,我只好把这些东西转交给宾馆服务员。我不放心,下午又跑去温泉宾馆,见到梁老师正与梁桂元兄谈话。我询问梁老师上午送来的东西能用吗。他说:"还可以。"这时省政协主席伍洪祥与秘书长顾耐雨来了,我只好先行离开。(梁老师来闽是省政协接待的)

3月7日下午,我去找梁老师,看见裁缝正在为他量衣服,待裁缝师傅走后,他叫我去看他作画。看他作画不但能学习怎么运笔、用墨、设色,同时也是一种美的享受。梁老师作画从不在纸上用炭条先勾草稿,而是极熟练地提笔作画。一幅《惠安女喂鸡图》不到一小时就画好了,他一边绘一边对我说:"画要天天画,练习勾勒线条,线条是中国画传统之一呀!福州陈子奋先生是福建大家,他的白描画都到哪儿去了?"我说:"被天津艺术博物馆收藏一部分,其他都散落在民间了。"他说:"中国画研究院想收藏陈先生的白描作研究资料用,你去问问他家属看能否出让一部分。"我答应他先去看看,然后再向他汇报。接着,他又画了一幅《弥勒图》。我说:"老师可否采用衣服泼墨、头部勾勒的方法画呢?我最近在一本杂志上看到范曾的一幅《达摩图》,就是运用头部用线条勾勒,身上用泼墨的方法,显得很厚重,效果不错。"我说话间,他即画了一幅坐着的《达摩图》,亦采用这种方法,一边挥笔一边对我说:"泼墨不是一摊墨,不等于没有条线。"他边说边用笔在泼墨团中勾画衣纹条线,他说:"这样一来泼墨中有内容,墨团中有线条,内涵就丰富了。"当快画完时,我正想着先把画放在地板上晾干,他说:"这幅画送你了。"我说:

"太好了,谢谢老师"！他接着在图上题了"面壁十年图破壁,甲子年二月于榕城,赠宝霖参考,黄胄。"随后,他又画了一幅《母鸡与小鸡图》,接着又画了一幅《惠女春牛图》,这幅图把惠安女美丽勤劳的形象表现得淋漓尽致。我今天收获良多,学到了许多知识与技法,这样的机会难得啊！这时梁桂元兄来了,我怕影响他们就先告退了。

3月9日,刚一上班,寿山村石农立根带来一块田黄石。我一看是真正的田黄石,有人出价200元买,他要价300元。梁老师之前曾交代我留意一下田黄石,我见之重量是1两多重,就出价250元,他要价270元。于是我骑车去找梁老师汇报刚才的情况,梁老师一看满意,付了270元。我回到厂里试着又同立根讲价,看能否再便宜些,结果他同意250元成交。我把剩下的20元钱交还给了梁老师。郑老师说,这块田黄石是她买的,让我给她雕刻用的。这时,我看梁老师正画《钟馗图》,下笔呼之有声,挥笔自如,运笔疾速,中侧锋相结合,不一会儿工夫,三尺中堂立幅画成了。他先不着色,而是用淡赭石颜料在脸部稍染一下,留白,立体感立马呈现出来。钟馗眼睛作睥睨状,也极为传神。我发现,这似乎是梁老师的绝招,好像是不经意的一笔,其实是独到之笔啊！接着,他又画了一幅三尺长的中堂立幅《仕女抱琴图》草钩衣褶,不着色,只是脸部及衣服点染少许色彩,素雅而极具风韵。过去从没有见过他画古装仕女,想不到他笔下的古装仕女亦如此美丽动人,作画技法也熟练有道,可见没有他不能画的。他说:"画钟馗与仕女这些古装人物是作画兴致不高的时候用来练笔墨的。"我对梁老师独特的线条处理一直比较推崇,我说:"梁老师,有人说您用速写手法画人物时,线条多有重复,我认为不完全是这样,您的线条运用有独创性,原本看起来表示否定的线条,但我认为其中必有一条是肯定的,其他是辅助的,这样整体上就显得厚重飘动、遒劲,是'否定中的肯定',与程十发先生'肯定中的否定'恰好相反。您的线条是为造型服务的,不是单纯为线条服务,这就突破了传统人物'十八描'范畴,我认为这正是您对中国人物画的一大贡献啊！"他沉思良久,默不作声。我说:"梁老师恕我谗言啊！"晚上,我把陈子奋老师之前送我的一本册页和《小公鸡》中堂、两把扇面拿来给梁老师看。他看了很愉悦,认为陈子奋先生的花鸟画得很好。陈子奋先生是福建籍大画家,还有李耕,在绘画方面均表现不俗。梁老师一直在打听陈子奋先生后代的情况,想看看他的画,为研究院收藏一些。他拿着那本册页对郑老师说:"闻慧,此画可以学,是画花鸟的一条路子。"他说:"这本册页先留我这里,待我返京前还你,其他今天可以带回去了。"话刚一说完,厦门中医院院长陈应龙医生来了,为梁老师治疗,我也在旁边帮着推拿,几个动作虽简单但是要有力道,不一会儿我就浑身是汗了。

  3月11日,这是梁老师来我家做客的日子。一早我就开始张罗了,先到台江农贸市场采购牡蛎、蚶、虾、春笋、木耳、腐竹等食材,再买了一瓶福建老酒。梁老师不喝白酒,说福建老酒就不错,我恭敬不如从命。十点左右,我骑着自行车到温泉宾馆去接梁老师和郑老师,陪他们一起坐车到我家。他们刚一坐下,我就把家中收藏的寿山石章拿出来。我说:"老师,您如果喜欢的话可以拿走,就当是我送给您的礼物吧。"梁老师说:"原本打算带几块石章回去的,但我放弃了这个念头,不能拿了。这么多印章,都是你的心血呀!你自己留着,不要散失掉,将来如果举办个人展览会,我会帮忙的,估计五年或十年左右时间就可以"。接着,他提到了陈先生:"陈子奋先生是金石大家,真本事,我很敬佩他。潘主兰先生今年多少岁了?"我答:"今年已七十六岁了。""能刻印吗?"他问。我说:"能刻印。"他说:"潘主兰先生画竹画得不错。"我顺便向他汇报了昨天去叶家珍那里的一些情况,我说:"母女俩对陈子奋先生遗作的意见不统一。"他说:"既然母女意见不统一,那就算了。"中午,我特设家宴招待,梁老师喜欢蚶,福建老酒配蚶,他说风味好。他表扬瑞征的菜做得不错。这时,小女施冰放学回来,他问冰儿:"几岁了?喜欢什么?学习成绩怎么样?将来读大学到北京我会帮助你的,好好读书!"梁老师与师母午饭用完后,又看起了石章,梁老师说:"我今天只拿这枚螭虎穿活环水晶冻石章。"接着他看到刻芭蕉薄意的鹿目格,拿在手上把玩许久,并说:"这个芭蕉刻得好,南方芭蕉多,就应该多表现它。"接着他对郑老师说:"闻慧,你也拿一块,拿了宝霖高兴。"最后郑老师拿了一枚红叶冻石章(这个是我家藏唯一一块,以后再也没有见过第二块了)。梁老师说:"这枚红叶冻让政协那边拿去,请潘老刻,这样比较妥当。"大约下午一点半,梁老师准备离开了,他一再嘱咐我说:"要埋头苦干,专注把印钮刻好。"

我们一家人一直送他们到楼房边的公路,他抚摸着小女施冰的头说:"阿冰,要好好读书,将来到北京念大学爷爷会供给你学费。"我一再表示谢意,欢迎他们再来寒舍做客。我把梁老师夫妇送回宾馆,一路上他再三对我说:"要走自己的路,搞好你的石雕,其他尽量不要沾染,少参加社会活动……"我说:"学生记住了。"临走之前,梁老师取出一盒"人参再造丸",说要送给我岳父治病,并嘱咐我以后有事可以打电话给他。郑老师把前几天刚买到的那枚田黄石交给我,让我刻"薄意"。

3月17日上午,我去拜访梁老师,并把前天郑老师叫我刻薄意的那块田黄石交还给她,我刻了薄意梅竹。我看到梁老师正在画鹰,他说:"我现在对画鹰还没有太大把握,我准备先画它五六张,慢慢地发现问题,绘画缺点要靠自己找出来解决,别人是不行的。凌晨两点半就起来画了三张六尺宣,是展翅的,昨天画的都是站立的。鹰爪最难画,关键在于表现它的力度……"正说着,郑老师拿出一张照片给陈应龙医生看,照片上的那幅画,是胡耀邦总书记作为礼物送给美国大收藏家哈默先生的。之前哈默先生就看中了这张《欢腾草原图》,她还拿出中共中央办公厅给梁老师的贺信复印件。梁老师让我把我之前借来的有关鹰的图书和标本交还给单位,同时让我为那几幅《鹰图》钤印。他说:"宝霖,你印盖得好,帮我盖上。"我看了印章,一枚是碓下黄石的"黄胄"白文印,是傅大卣刻的;另一枚田黄石的,"黄胄之印"白文印,是梁老师自己刻的,有汉玉印的味道。接着,我拿出一张小册页请他鉴定,是十几年前用石章同别人换来的黄胄老师的《毛驴图》。他说:"是赝品,当时我的签名还不可能写得这样好哩……"我说这是12年前有人折价20元同我换的。今天我又学到一些如何鉴定梁老师作品的知识,有收获。

3月21日,我把之前为梁老师冲洗的50多张照片交给他。他仍在作画,还是画鹰,满地都是《鹰图》。他说:"要不断地画,反复地画,总结经验。"可见一幅成功的作品是来之不易的,特别是他还带病作画,何等艰辛,这是需要多大毅力啊!他说,过两天要去武夷山写生,郑老师也一起去。他怕陈子奋先生的那本册页会遗失,就交还于我。他在里面夹了一张题跋一并送给我,梁老师题跋是:

"陈子奋先生乃八闽大家,金石书画自成道路。宝霖弟憨厚,有此福缘获先生墨迹十余幅。余反复欣赏,爱不释手,题此以表敬意,甲子年二月于榕城,黄胄题。"临行前我对梁老师说:"祝您老武夷山采风写生顺利平安,再见!"

4月4日,温泉宾馆的客服小陈来电告知,梁老师夫妇昨天从武夷山回来了。上午七时,我赶到温泉宾馆,看到梁老师正对着竹笋写生哩!他说:"过去始终对竹笋的结构没有弄明白,这次从武夷山弄点回来写生用。"我说:"您何必大老远从武夷山带回,福州郊区山上多得很。"过了一会儿,他对我说:"今天给你写了两幅字:一幅是'千里之行,始于足下。'另一幅是'学无止境,如逆水行舟'。上面均有我的上款。"我明白梁老师的用意,他是在提醒我"要不断努力,不断探索,不要骄傲自满……"(图31、图32)梁老师用心良苦啊!我向老师表示深深的谢意,我会牢记他的教诲,努力钻研,做出成绩,不让老师失望。后来老师又画了《水牛图》《八哥图》等。过了一会儿,他拿出一块天然形牛蛋石,让我把它锯成方章。临别,老师和我说他大约在16日前后返京,让我思想上有个准备。

4月9日上午,我来到宾馆,看到梁老师正在整理作品,说是给画报社出版用,有近二十张,其中多是关于福建题材的内容速写稿(用毛笔勾的)。另有三幅图所绘的毛驴精妙绝伦,其中一幅是新疆维族姑娘在赶着几头毛驴,意境悠远,韵味情浓,仿佛是一首田园

图31　黄胄为施宝霖题词"千里之行,始于足下。"

图32　黄胄为施宝霖题词"学无止境,如逆水行舟。"

诗,又像是一曲轻音乐乐章,令人赏心悦目,见之令人难以忘怀。《赶驴图》是梁老师的经典绝活,今天有幸能看到形态各异的毛驴,真是大饱眼福。

4月10日上午,我去见梁老师,看到他正在为省里领导人绘画,我清楚这是老师在还"人情债",他为人豪爽,讲义气,出手也大方。我看每幅上都写好了上款,总共有十六幅之多。他吩咐我帮他盖印章,我边盖章边欣赏,真是大饱眼福。

4月15日上午,我到于山美术馆参加市书法篆刻研究会例会,遇到潘老,他对我说,前天(13日)省政协举办笔会,邀他参加,推托不了,只好参加了。会上黄胄先生画了《钟馗图》,请他题字,他推托不过,就写了"画师笔下生形象,魑魅见之尽辟易"。后来他再被要求写篆书,又写了"驱邪"二字,梁老师对他说会给他绘画的。我说:"您放心,梁老师一定会的。"我又说:"能在黄胄先生画上题字的全国没有几个人,叶剑英、赵朴初、刘海粟、启功,您老算第五位呀!"我暗自为两位老师的合作感到高兴。

5月2日上午,我接到宾馆来电,告知梁老师刚从厦门回来。我打电话给梁老师,他让我过几天去看他,大约在本月中旬他要返京。

5月5日上午,梁老师像往常一样专注作画,为画题字签名,依然让我帮着盖章。他为郑成功纪念馆写书法条幅,之后特意为我写了一幅字"艺海无涯,专工者通"(图33)。他说:"这是要你再突破一点。"老师的深意我记在心里,也一定努力践行。我向他说明儿子施展今晚想拜访他的事,他说今晚已经有预约了,让5月8日再来。他记挂我岳父的事情,问我岳父的丧葬费是否短缺,我说:"谢谢老师关心,钱够用的。"梁老师说完拿出三枚印章要我加工,一枚刻螃蜞钮,一枚刻蜗牛钮,一枚磨光一下。梁老师对寿山石章真是情有独钟啊,问我:"寿山值得不值得去?"我说:"值得去一趟,只要您身体和时间允许即可。"梁老师点点头,若有所思。5月7日,我从沈文先生的口中得知,梁老师一家人昨天去了寿山,可见他对寿山石的喜爱。

5月8日上午,我同儿子施展一起拜见梁老师。他依旧在作画,这次也是为了送人,其中一幅是《母鸡图》,上款题"哲文"名字。他问我:"送潘老先生的画,画鸡怎么样?"我说,还是"赶驴图"最好。

他画好一幅《赶驴图》,上款写上主兰老师的名字。接着他又拿出一张4尺4开的纸,截取一半,画了《吸水驴图》。他问我这张画得怎么样。我说:"美极了,笔墨酣畅,造型生动。"上款他提笔写了"施展"两字,送给展儿做礼物。我叫小展赶快向梁老师道谢。梁老师鼓励:"施展,好好读书绘画。"转身,他把刚从寿山上买的两副对章及几块石坯拿来让我加工,另外一块浑水岩石请林寿煁师傅刻薄意。我把一副玛瑙红石章送给他,他很喜欢,观摩许久,让我交付潘老先生为之刻印,印文是"寿石斋"和"黄胄晨课",并托我把这幅《赶驴图》带给潘老师,转告潘老师明天去拜会他。

5月9日上午9时半,我赶到潘老家时,梁老师和郑老师已经到了,正与潘老热聊。他请潘老到北京住一段时间,看看北京的风土人情。同时他也不忘告诫我:"宝霖,你要好好练金文,出土的许多青铜器上有很好的金文,要注意收集,速写簿要经常带着,仔细观察动物的动态,把它画下来,对你的雕刻

图33 黄胄为施宝霖题词:"艺海无涯,专工者通。"

会有帮助的。"梁老师与潘老师聊了一会儿,起身去看周哲文了,我继续留在潘老家谈些事。

5月10日上午,我赶到宾馆为梁老师和郑老师送别,一并把刻好的石章及郑老师让我刻的那枚小田黄石交给他们。我用田黄石刻了一个小沙弥,只露出黄色的头,白皮作衣服裹着,不多刻衣褶,形成一个天然状态。梁老师看到小沙弥后说:"刻得真好。"梁老师能满意,我也备受鼓舞。这时,梁老师鼓励我说:"宝霖,你在石章印钮雕刻上要创出一条新路子来,试试看,可以把海里、河里的鱼、虾、螃蟹、甲虫、青蛙、牛等刻上去,但要刻得像!"我说:"一定谨遵老师教诲,不断进行实践。"我同老师告别,他说:"下午你就别来了,这就算送别了吧!"我说:"欢迎老师再来啊。"他说:"还会来的。"他嘱咐我将刻好的东西交到政协画室郭东健那里,他们经常有人来北京。我依依不舍地与梁老师、郑老师道别,祝他们一路平安!我十分感激老师这次来福州,算是我们之间相处时间最久的一次了,老师的教诲非常深刻,我至今受益。他还给我很多字画,是我一生珍藏的宝物。老师传授我的作画技巧,也为我在绘画方面的提升助力不少,值得我不断钻研练习。

1984年8月,黄胄老师到日本东京西武百货店举办"黄胄画展"。他还特地寄赠我这次东京展览的作品目录。

1984年国庆节,陈之恺兄赴京出差,我托他把林寿煁师傅刻的浑水岩薄意花鸟送还给梁老师。后接到梁老师来信:"宝霖弟,十月六日收到信。陈同志送来印石,我非常高兴。林兄精心杰作,可能石材差些,请向林兄致谢!你的两方印钮很巧,我对那个青蛙很喜欢。月底我去山东,行前将作品寄给寿公,匆匆即祝艺安。黄胄,十月七日。"后来,其长子梁穗兄来福州出差时,把老师为林寿煁师傅画的《七驴图》条屏带了过来,七头毛驴形态各异,惟妙惟肖,堪称精品。这是他精心制作的,没有上款。我对林寿煁师傅说:"日后如果你要出让,第一个通知我,准备收藏之。"可惜林寿煁逝世后,此图不知流向何处。

这一年冬天,梁老师亦为我画了一幅《赶驴图》(图34),同样是上乘佳作,我珍同拱璧。

12月,梁老师先后在济南与青岛举办了画展。是年,甘肃人民出版社出版了黄胄老师的《西北行》画集(图35),我购得一册藏之。

1985年元旦,"黄胄画展"在天津博物馆开幕,万里副总理特地从北京赶来参加开幕式剪彩。李瑞环同志在开幕式上致词,其中有这样一句话算是为老师正名:"黄胄同志艺品高,画品高,人品更高!"李瑞环同志的这"三高",是对黄胄老师的最高褒奖,也是对梁老师极大的安慰与鼓励!

1985年2月,黄胄老师美术作品展览会在深圳举办,展标是赵朴初写的。梁老师亦给我寄来展览目录。

图34 黄胄画赠施宝霖《赶驴图》

我时时关注老师的动向,从报纸上看到,1986年2月,应新加坡《联合早报》和新加坡博物馆之邀,梁老师在新加坡举办"黄胄画展"。他们夫妇二人一起赴新加坡出席开幕式。当时正值谷牧副总理在新加坡访问,他也出席表示祝贺。我看到这个消息立即写信向他表示热烈祝贺。

1986年9月底,我突然接到梁老师来信:"宝霖弟,好久没有通信了。近来我很少和朋友通信,身体不佳,愈来愈感到老了。你近年情况如何也很少听说。我的情况是两三年来走了不少地方,开了几次画展。今年11月在伦敦有个展览,我的身体欠佳,不想去了。明年5月去西德观光展览。明年底可能到福建、上海展览。今年不计划外出,在家修(休)养一段时间。希望你无论什么环境都应该下功夫做学问,社会活动不一定多,在艺术上下

图35 黄胄《西北行》画集

功夫才好。此祝健康。黄胄，九月廿五。"我收信后立即给他回信，汇报在新工作岗位的工作情况，并请他放心，我定会谨遵教诲。另外，我也劝他少烟少酒或不抽烟，因为烟酒对他身体的损伤太大了！

1986年6月，荣宝斋出版了《荣宝斋画谱·黄胄画·动物禽鸟部分》专集（图36）。我爱不释手，因为这部分的内容对我参考寿山石雕作品非常有用，同时也为我日后学习国画动物提供蓝本。因为没有基础，黄胄老师的人物画我无法学有所成，但在动物画上我还是有一点基础，并且也比较感兴趣，学习起来相对容易一些。

1986年10月29日，"黄胄画展"在英国伦敦摩尔美术馆开幕，梁老师和郑老师一起出席开幕式。我很高兴，原本他在信中说不准备去的，这说明他们的身体不错，可以远行，我心里踏实了许多。

1986年10月，香港文汇报出版社出版《黄胄画集》，文汇报社社长李子诵写序言，梁老师送我一册（图37），我珍藏之。

1987年6月12日，《光明日报》刊登了"'黄胄画展'在联邦德国"的报道："1987年6月10日，'黄胄画展'在联邦德国杜塞尔多夫市举办，黄胄携夫人出席开幕式，德国总理科尔发来贺电表示祝贺。"

《参考消息》报刊登了联邦德国美术理论界权威理论家海因茨·斯波尔曼，在6月10日画展开幕式上发表的题为《黄胄的绘画》的演说。他说："这次黄胄画展的意义远远超出了对艺术家本人介绍的范围，它可以使我们联想到现代中国绘画盛况。黄胄精通西洋画法，但他并不只是停留在写实主义的表现画法上。黄胄深知中国画的传统，他悉心钻研过十七和十八世纪一些志趣相投的艺术家，其中八大山人便是绘画大师的一个。黄胄那擅长用两种完全不同的表现手法来表达自己情趣的特长，把他自己和朱耷联系在一起。黄胄那高超的艺术技巧和他那使用各种表现手法的稳当、准确，使人意识到黄胄的艺术完全忠实于中国艺术的传统。在发扬中国艺术传统的许多天才画家之中，黄胄是杰出的一个。如同中国艺术史上的许多画家一样，黄胄也有一个特别

图36 《荣宝斋画卷·黄胄画·动物禽鸟部分》专集（下为人物部分）

图37 《黄胄画集》

爱的题材,那就是画驴,据说他亲笔画的驴就多达两千余幅。黄胄是当今享有盛誉的名家,今天他作为艺术交流友好的使者出现在我们的面前。"

1987年春天,我计划于10月中旬在北京军博举办个人寿山石雕艺术展览,于是我写信给梁老师,请他为我题写展标,他一共写了三张"施宝霖寿山石雕展览",让我自己去挑(图38)。由此可见梁老师对我的关爱与支持。最后,我的寿山石雕艺术展览定于是年10月20日至27日展出。

10月18日下午二时半,我同施展一起到梁老师家去发请柬,结果他家里人不在。后来一打听,才知道他们到当时的联邦德国去办展览,还没有回来哩!我想老师在的话,一定会来捧场的。

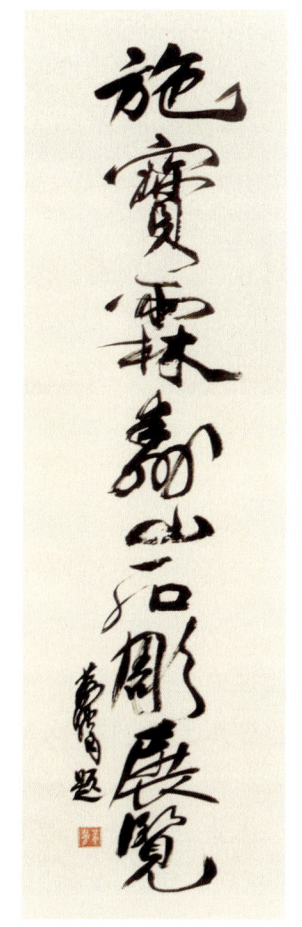

图38 黄胄为施宝霖"寿山石雕展览"题写展标

1988年1月,他为人民大会堂创作巨幅《八月草原图》(2米×8米)。这是一幅可以载入中国美术史册的佳作,直到现在还可以在电视新闻节目中看到。同年5月,梁老师同郑老师一起到意大利罗马圣路迦艺术学院举办画展,同时还游览考察了威尼斯、比萨等城市。

同年7月,我在报纸上看到,黄胄老师作为团长率中国文化友好代表团到日本访问,感到十分欣喜,愿他访问成功!

1989年6月18日至25日,我接到光明日报社社长兼总编辑姚锡华先生的邀请,让我挑选20件寿山石雕作品为中国美术馆内举办的"庆祝光明日报成立40周年"美术展览助展。我心想又有机会进京拜访梁老师了。刚一抵达东方饭店,我就给梁老师打电话,告诉他我来北京的目的以及入住的饭店,并说抽空登

图 39　黄冑与施宝霖合影

门拜访他。

19日下午,我到梁老师家,送他都灵坑石浮雕"敦煌飞天"和"巧色蛤蟆"两件刻品。他见了很喜欢,对我说:"宝霖,你雕得比过去进步多了,你刻的蛤蟆、鱼、虾、甲虫、水牛我都喜欢。龙就不要刻了,我不喜欢龙(他又一次说不喜欢龙)。"我想与梁老师合影留念,于是郑老师为我们拍照(图39)。梁老师送我两本书:一本是《荣宝斋画谱·人物部分黄冑绘》(图40),在上面题写了"宝霖弟存正,黄冑"字样;另一本是《炎黄艺术馆品集(古代书画)》精装本,并给我签名留念。梁老师的健康状况并不理想,身体还没有完全康复,行动也不方便,一跛一跛地走着,还需借助拐杖。他近来情绪不高,话少了许多,他说:"对外称病不接待任何人,也不给人家绘画了。"我知道他还在为筹建炎黄艺术馆的事烦恼,只能说些让他宽慰的话,告诉他有什么我能办到的让他尽管吩咐。

6月24日下午,我去见梁老师,他要我回去后赴厦门送一封信面交陈文峰先生(陈文峰先生系新加坡华侨,是积极支持建立炎黄艺术馆的热心人之一)。我答应照办。我请他为我将来要出的《施宝霖寿山石雕作品选》和《印钮艺术》二书题签(图41、图42)。接下来,我们谈论起了田黄石章,他先是拿出几枚田黄石方章给我看,并询问我印钮的雕刻年代,我一一回答,他听了感觉到满意。这时,在房间的梁穗指出其中一枚是明代的,我说:"明代田黄石还没有开挖,还是以艾叶绿为第一品,但刻工粗犷。田黄

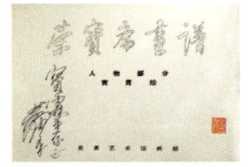

图 40　黄冑赠施宝霖《荣宝斋画谱·人物部分黄冑绘》

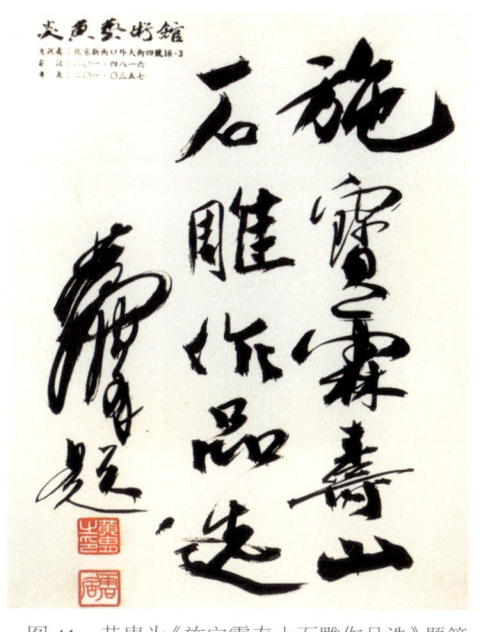 

图 41　黄胄为《施宝霖寿山石雕作品选》题签　　　　图 42 黄胄为施宝霖《印钮艺术》题签

石要到康熙年间才开挖，此枚印钮刻工很精细，是康熙年间的风格。"梁老师对梁穗说："你不懂，人家宝霖是懂行的。"那天我有幸看到了如此大的田黄石章，质之佳，工之精，令人称奇。

6月26日上午，我陪同姚总与张秘书一起到梁老师家，梁老师今天心情不错，他们谈了近一个小时。梁老师送了姚总与张秘书画册，姚总回赠他《光明日报》40周年纪念品，我们最后还在一起合影留念（图43）。

6月27日上午，我去与梁老师道别，正好遇见他和方毅首长在交谈。地上放着一张4尺全张纸，方毅首长刚在上面写好一首唐诗，我怕影响他们攀谈，就告辞了。

6月29日，我返回福州。次日就赶到厦门悦华饭店找陈文峰先生，结果他几天前就离开厦门回新加坡了。我没能完成梁老师交代的任务，十分遗憾。返榕后我立即把梁老师给陈文峰先生的原信用挂号信邮寄回北京，并附信说明原因及表示歉意。

这几年，梁老师在炎黄艺术馆建设上花费了大量心血，我知道他比较忙碌，我们通信的次数相对少了些。但是我一直挂念着他的身体健康状况，担忧他带病工作对身体造成影响。他工作一般都是从白天忙碌到晚上一两点才睡觉，这样的作息对健康极为

图 43　黄胄夫妇与姚锡华、施宝霖合影

不利。我曾劝说梁老师一定要珍爱自己的身体,他的身体健康与艺术成就是成正比的,劝他少抽烟或不抽烟,但终究也没起到作用。他说:"养成习惯了,改也难。"在北京期间,我曾看到他几幅送人的作品,笔墨带有些枯燥的味道,没过去那么滋润了,他拼命忙着筹建炎黄艺术馆,占据了绘画创作的宝贵时间。建艺术馆不仅为国家、为民族、为人民增加一座艺术宝库,也能告慰他辛勤的付出,毕竟好多事情他也是身不由己,他不但是个伟大的画家,也是个出色的社会活动家呀!

终于,北京传来好消息,炎黄艺术馆奠基典礼于 10 月 3 日在北京亚运村举行。由梁老师主持典礼仪式,我遥祝他成功!

1989 年,四川美术出版社出版《中国当代美术家·黄胄卷》,我购得一本研藏。

1990 年 5 月,梁老师与其堂兄梁斌在北京民族文化馆举办"二梁画展",中央政治局常委李瑞环出席开幕式并剪彩。因吾友《人民日报》记者李绪萱兄前去采访报导,我才知道展览的事。同时,也了解到《红旗谱》的作者竟是梁老师的堂兄,感叹一家人满堂齐辉啊!

1991 年 9 月中旬,我收到梁穗兄寄柬,邀请我于 9 月 28 日参加炎黄艺术馆开馆典礼。于是,我在 27 日赶赴北京,28 日一早就来到炎黄艺术馆门口,看到"炎黄艺术馆"金灿灿的五个大字镶在匾上,梁老师的手笔显得格外夺目耀眼。栅栏外排满有关单位和许多名人送的花篮,显得十分喜庆。当我踏上台阶时,看到梁老师坐在一把椅子上,显得特别精神,他仿佛像在欣赏自己的作品一般欣赏着一手建立起来的艺术殿堂,或许他在畅想着更远的未来。我走上前去叫了声:"梁老师,您好!"他见到我说:"你来了。"我连忙从包裹里取出石雕作品《护稼》说:"老师我没有什么礼物来祝贺,就把这件石雕作品赠送给艺术馆作为贺礼,请收下吧!"他说:"这是赠送给艺术馆吗?"我说:"是的,表示一点心意。"他说:"很好。"(图44)这时我看见了梁缨师妹,她刚从德国赶回来,见我就说:"我很喜欢你刻的蛤蟆,一位德国朋友一直想要你以前给我爸刻的那只小蛤蟆,想带到德国去,我说不行。你就刻一件卖给他吧!"我顺便请她为我与老师合影留念(图45)。今天场面十分热闹,我看到梁敦兄及妻子和女儿,他们专程从美国赶回来,梁穗兄则带着儿子过来。郑闻慧师母今天特别高兴,我问:"郑老师,需要我干什么?"她说:"你去门口贵宾签到处帮忙吧!"我忙赶到签到处,心想可以认识许多名人哩!上午八点半,贵宾们陆续到来。现场嘉宾满堂,梁老师的堂兄梁斌与华君武先后到场,李可染夫人邹佩珠老师协同吴作人夫人萧淑芳老师前来,徐悲鸿的夫人廖静文馆长也到场庆贺,这几位我都是认识的,蒋兆和的夫人肖琼也来庆祝。我抽空与华君武先生合影留念(图46)。他对我说:"明年准备去福建。"我说:"非常欢迎

图44　施宝霖赠炎黄艺术馆《护稼》石雕作品

图 45　黄胄与施宝霖合影　　　　图 46　华君武与施宝霖合影

华先生再来福州。"这时,庄炎林先生、王照华部长到来,张凭、杨延文、王子武等画家也一起走了进来。另外,参加庆典的还有来自美国、日本、法国的友人。10时,庆典开始,由宫达非先生主持,万里委员长剪彩,黄胄馆长致欢迎词,北京市市长讲话。半个小时后,庆典仪式结束,梁老师陪同万里、李瑞环、谷牧、王丙乾、李锡铭、张爱萍等领导参观。我前去参观展览,一楼正厅展出了李可染先生的遗作,画36幅,书法10幅;中厅东壁展出了蒋兆和先生的《流民图》部分,还有谷牧副总理收藏的《百家百梅图》长卷。二楼展厅展出海峡两岸著名画家作品,有白雪石、董寿平、田世光、周思聪、卢沉、杨延文、吴冠中、张立辰、张仁芝、石齐、林镛、史国良、徐希等人的作品。三楼展厅展出北京出土文物,其中有一块一斤多重的田黄石刻山子,其造型之大之奇让我印象深刻。之后,我把《护稼》交给郑老师,她把它转交给一位工作人员时说:"这是黄胄的学生送给艺术馆的礼物,请保管好。"

9月29日,我同李绪萱兄一起到沈阳拜会宋雨桂先生。

10月6日从沈阳回来,我又专程到炎黄艺术馆,向梁老师道别,顺便把画好的10多幅山水画拿来请他指教,老师说我画得草率,建议我多去写生。我询问他有没有什么需要我办的事情,他摸着头说:"请刻一枚印章'炎黄艺术馆',用朱文,石质要好,有钮无钮都无所谓。"

1992年春天,黄胄老师创作《帕米尔高原人》,江泽民总书记访日时以此为国礼,赠送给日本首相宫泽喜一。我在报纸上看到这个消息,心中十分高兴,为梁老师感到骄傲!

1993年6月,我了解到梁老师与著名物理学家、诺贝尔奖获得者李政道先生共同举办"科学与艺术"展览,江泽民总书记参观展览。

1993年12月中旬,我与女儿施冰一起去北京办事。12月21日下午,我们提着水果和水仙花球,去炎黄艺术馆拜访黄胄老师,他在一楼办公室接待我们。我看到他把去年我送给炎黄艺术馆的《护稼》放在办公桌上,就问:"老师为什么把《护稼》放在办公桌上,不放在橱子中去呀?"他说:"我很喜欢这件作品,放在办公桌上随时都能看到它呀!"我说:"老师,您让我雕什么作品尽管嘱咐,我一定照办。"他说:"你雕什么我都喜欢,就是不要雕龙。"这是我又一次听他说不喜欢龙。我把憋在心中多年的疑问提出来问他:"老师您为什么不喜欢龙?"他回答:"龙很凶。"接着我说:"这几年我通过看您的画册得出结论:人们把您称为人物画家是欠全面的,其实您除人物外、山水、走兽、禽鸟、鱼虫、花草……无一不精呀!准确地说您是全能画家啊!"他接着说:"说起全能画家,你们福州人蔡鹤汀先生算一个,他也是画坛全面手,什么都能画。福州出人才呀!"他忽然想起什么,又说:"明年就是炎黄艺术馆建馆三周年了!我想制作个铜镇纸作为纪念品赠送给友人。你回去后给我雕个鲶鱼做模型,再翻模铸铜。"他边说边拿出便用笺,绘起鲶鱼草图来(图47、图48)。接着又说:"宝霖,你再为我刻两枚印章:'梁氏子品'和'黄胄之印',石质也

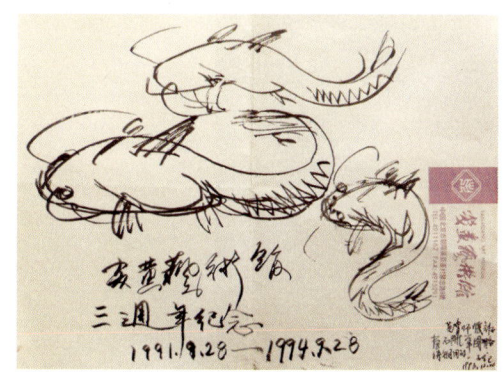

图47　黄胄画《鲶鱼》草图

图48　黄胄正在画《鲶鱼草图》

图50 黄胄赠施宝霖两把笔和一锭墨

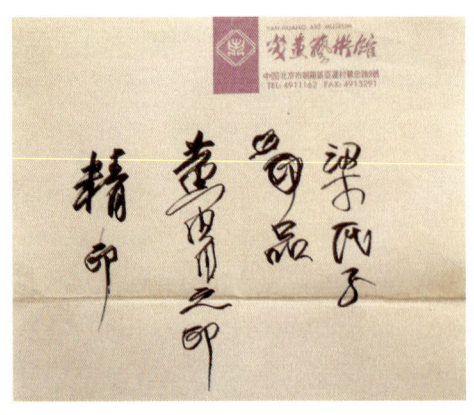

图49 黄胄嘱施宝霖刻印手稿

要好。"（图49）我想起刚在门口看到金光闪闪的"炎黄艺术馆"五字，忍不住问梁老师："一般情况下自己斋堂馆名的匾额都是请别人题写的，您为什么自己题写呢？"他回答："叫他人写都不方便呀。"我说："是啊，老师的字笔力雄健飘逸，写匾额正合适。"正聊着，他起身去拿了两把定制毛笔和一锭定制墨送给我说："宝霖，我没有什么礼物送给你，就这两把笔和一锭墨送给你。好好绘画，多画速写，多写生呀！"（图50）我将要起身告辞，他说："不要走，今晚在这里吃饭，陪一位英国朋友。"我只好同冰女留下，还让冰为我与黄胄老师、梁穗、梁缨拍照留念（图51）。当我向他告别时，他对我说："今后多多给我写信。"我说："一定。"世事无常，想不到这竟是我同老师的最后一次见面，"今后要多多给我写信"成为他对我说的最后一句话，写到此不禁潸然泪下，老师对我的鼓励与厚爱，此生我无以为报。

1994年春节前，恰逢儿媳小羽赴京，我请她带石雕鲶鱼（灰高山石刻的）和两枚印章送给梁老师。小羽回来时对我说，梁老

图51 黄胄、梁穗、梁缨与施宝霖合影

师只说"请宝霖多多来信",其余也没什么吩咐。

自从1993年12月20日见面后,他嘱咐我多给他写信,我曾去过信,但始终未能收到他的回信,我也就不再给老师写信了。但我一直放心不下他的身体,人不是机器,就是机器超负荷运转也会损坏啊。

1995年9月,梁老师赴法国巴黎举办"黄胄画展",他是带病出行,回国后就住院了。听北京的朋友来信说"黄胄老师因肾病住院了",我忧心如焚,默默祈求上苍保佑他早日康复。

1997年4月26日,李绪萱兄打电话告诉我这个不幸的消息:"黄胄先生于本月23日病逝于广州,是患尿毒症。"我听到噩耗,感觉是晴天霹雳,顿时嚎啕大哭!我头脑一片空白,不知该做什么。想起老师生前对我的鼓励与教诲,肝肠寸断,一种无力感袭遍我全身。他年龄不太大,才七十出头啊!晚上,中央电视台新闻节目播出一则讣告:"全国政协常委、炎黄艺术馆馆长梁黄胄同志因病在广州逝世,享年72岁。"我含泪给郑闻慧师母发去唁电,表示沉痛哀悼,请她节哀顺变。黄胄老师的逝世,是中华民族画坛上一个巨大的损失,我永远失去我的恩师了!

1997年5月16日,《人民日报》刊登标题为《首都各界送别美术大师黄胄》的文章:

新华社北京5月16日电:位于北京亚运村的炎黄艺术馆,今天笼罩着悲伤的气氛。上午,首都各界人士纷纷来这里向这座大型现代化艺术馆的创办人,生前曾为推动民族艺术发展四处奔走、呕心沥血的美术大师梁黄胄最后告别。

李瑞环、王丙乾、王兆国、王芳、谷牧等同志前往炎黄艺术馆,向梁黄胄同志送别。梁黄胄病重期间,吴邦国、卢嘉锡、吴阶平等前往医院或派人看望。逝世后,江泽民、李鹏、乔石、朱镕基、胡锦涛、丁关根、李岚清、李铁映、钱其琛、杨尚昆、万里、薄一波、倪志福、雷洁琼、王光英、布赫、叶选平、赛福鼎·艾则孜、杨静仁、钱学森、何鲁丽、王平、张爱萍、方毅、杨成武、吕正操、刘复之等同志以不同方式表示哀悼,或向家属表示慰问。

梁黄胄是我国著名的艺术家,曾任第六、七届全国政协委员、第八届全国政协常委,原轻工部工艺美术总公司顾问、中国美术家协会常务理事、炎黄艺术馆馆长,他于今年4月23日在广州病逝,享年72岁。

梁黄胄,原名梁淦堂,字映斋,艺名黄胄。1925年3月生于河北蠡县,后迁居西安,他早年曾师从赵望云、韩乐然学画。1942年,任蠡县中学美术教员。1946年,任陕西西安雍华图书杂志社主编。1949年5月,参加中国人民解放军,从事部队美术工作,任西北军区政治部文化创作员、美术组组长。1955年,任中国人民革命军事博物馆美术公司顾问。1981年任中国画研究院副院长……黄胄遗体火化后,骨灰将安放在炎黄艺术馆。"

我把报纸上这份报道剪贴在《黄胄作品剪辑集》中永久保存着。

为纪念黄胄老师逝世一周年,我撰写了一篇纪念文章《难忘恩师黄胄》,发表在1998年4月22日的《人民日报》(海外版)上,发表时题目改为《难忘良师黄胄》。全文如下:

我国著名画家黄胄先生逝世已一周年了,每当我想起他对祖国艺术的奉献及为培养成艺术人才付出的辛勤劳动,不禁潸然。

我第一次看到黄胄先生的作品《洪荒风雪图》是在五十年代中期,因被画作的恢宏气魄及浓烈的生活气息震撼,便再也不能忘'黄胄'二字。从此,我便收集他发表在报刊上的作品剪贴成册,经常翻阅。几年之后,我便决心一生从事美术事业,因而考入福州工艺美术专科学校。

随着我收集的黄胄作品照片与日俱增,突发奇想,如果有一天能投在他门下学习美术该多好呀!

到了七十年代初期,一些著名画家住进北京饭店作画,听说其中也有黄胄先生。我喜不自禁,马上写了一封信和自己刻的寿山石雕《奔马》寄给他。因不知他的详细地址,只写了"北京市黄胄先生收"几个字。不料仅过半个月,我便收到黄胄先生亲笔挂号信,信中除了肯定我的石雕奔马外,还欢迎我到北京他家做客,并随信寄赠两幅国画。其中一幅是《六头毛驴图》，精美得很。我做梦也没有想到，他这样一位誉满天下的国画家，会给一个从未谋面的青年人回信，并赠画鼓励。从那以后，我同黄胄先生书信不断。他给了我许多教诲，对我的篆刻和雕刻艺术以及审美能力的提高都有极大的帮助。

苍天不负有心人，我多年来想拜见黄胄先生的愿望终于实现了。那是1977年春天，我护送寿山石雕《长征组雕》到北京军事博物馆，办完交接手续后，便立即赶到三里河南沙沟他家里。他给我的第一印象是"文革"磨难痕迹没有从他脸上消失尽，但那浓眉方脸仍充满坚毅刚强的神情，使我肃然起敬。虽然是第一次见面，但是我们神交已久，所以有一见如故之感。那天他翻出许多资料，如青铜器拓片、石刻拓片等，对我说："这些东西对你的篆刻石雕很有帮助，如果你喜欢，可以拿去。"我不好意思地拿走了这么多珍贵的资料。他继续说："从事美术创作要画要刻自己熟悉的东西，平时多观察，多画速写，速写簿要随身带着，多画速写可以加深对事物的认识。你们福建面临大海，海产品许多东西可以表现的吧！如海螺、鱼虾、梭子蟹等，都是很好的题材。"临别，他写了一封介绍信让我去故宫博物院观看一批刚出土的文物，介绍信上特地说了我和他是师生关系，黄胄先生对我可谓关怀备至。

1978年后，黄胄老师恢复工作时任轻工部工艺美术总公司艺术顾问，我们之间联系更频繁了。每次见面他都要我深入生活，努力创作有生活内容的作品，同时叮嘱："工艺美术品材料甚为重要，例如寿山石雕，如果选上一块质地佳丽的冻石，它本身就具有很高价值，再加上艺术处理，这样的作品身价就不一般了。"他主张篆刻一定要从汉印入手，千万不要刻得粗细不匀，那是矫揉造作，哗众取宠，不是创新；笔画线条要自然匀称，像汉印那样浑厚、沉稳、大方；艺术是科学，不要投机取巧，一定要下扎实功夫。后来我遵循老师的教导，刻了《海鲜盘》，获得第二届中国工艺美术百花奖优秀创作设计奖。老师每看到我有佳作问世，都用他的作品（国画或书法）奖励我，鼓励敦促我继续攀登。

我同黄胄老师接触比较多的日子是1984年春天，他受中共福建省委书记项南的邀请来闽做客，下榻福州温泉宾馆。刚住下他就

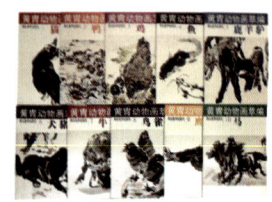

图 52 《黄胄动物画萃编》

给我打电话,要我办两件事:一是买半斤辣椒,二是买几条活鲶鱼。买辣椒是因为他喜欢吃辣,吃不惯福州甜味菜;买活鲶鱼干什么?见面时才知道,他喜欢为各种鱼写生,对鲶鱼尤其感兴趣。我刚把鲶鱼放到盆子里,他就拿起毛笔在宣纸上写生了,并教我如何画鲶鱼。有一天,我看到他案头上放着两根竹笋,就问老师:"您喜欢吃竹笋?"他笑着对我说:"过去我对竹笋怎么也搞不清楚,所以一直不敢画它。这次特地从武夷山把它带回来,当标本吧!对着它写生,现在才弄清笋壳对写生及其结构情况哩!"听到这儿,我猛然想起第一次见面时他对我说的"千万不要画、不要雕自己所不熟悉的东西"。现在我对这句话的含义算是有了初步理解了。

黄胄老师匆匆地走了,但他留下的艺术作品,还有那矗立在北京亚运村的"炎黄艺术馆"将鼓励我们为繁荣祖国的艺术而贡献全部才华。

2001年7月,湖北美术出版社出版了10卷本《黄胄动物画萃编》(图52),我购得一套藏之。这套作品对我创作动物画及雕刻动物的参考价值极大,我奉为圭臬。

黄胄老师虽已离开,但每每翻阅他的画册时,我都会感受到他作品那种难以言表的艺术魅力,深深被吸引,常看常新,百看不厌,仿佛他就站在我面前,微笑地对我说:"宝霖,最近又有什么新作品拿出来给我看看……"黄胄老师永远活在我的心中!

2005年,为纪念黄胄老师诞辰八十周年,中国美术家协会、全国政协画室、中国画研究院、黄胄美术基金会、炎黄艺术馆联合举办了一系列纪念活动,其中就有"黄胄师生精品展"活动,是黄胄与他十九位学生的作品,这十九位学生是:张道兴、王同仁、李宝峰、石齐、刘国辉、徐希、杨列章、张广、杜滋龄、戴卫、赵振川、赵宁安、刘大为、杨秀坤、冯远、崔晓东、史国良、何家英。名单中的这些人都是中国美术界的佼佼者,从中可以看出黄胄老师生前培养出很多优秀学生,他对画界的影响将是长远的。

图 53 《黄胄画选》《黄胄》

2007年4月22日,我专程赶到北京参加纪念黄胄老师逝世十周年活动。23日一早,我买好鲜花(百合与菊花),到黄胄老师塑像前(他的骨灰安放在塑像下),献上鲜花,并下跪叩三个响头,

图 54 《中国当代美术家——黄胄》

悲伤之感涌上心头,我不禁流泪痛哭:"老师,弟子来迟了!"第一跪是还他拜师礼,第二跪是叩谢老师对我的恩情,第三跪愿老师护佑我们一切安康(图57)。祭奠完梁老师,我来到闻慧师母办公室,我说:"这次特地从福州专程赶来悼念梁老师逝世十周年的。"她看到我红着眼睛含着泪花,一再安慰我:"这是自然规律,任何人都没有办法的。"她送我她写的追忆梁老师的书《炎黄痴子》签名本和黄胄老师的音像资料。我之后还买了《钓鱼台国宾馆——珍藏黄胄画集》《画家黄胄》《黄胄研究》等书(图58)。

图55 《黄胄画辑》

闻慧师母拿着我带来的画集,指出其中十幅画说:"炎黄艺术馆要收藏并付稿费。"我说:"稿费就不必付了,就当作我赠给炎黄艺术馆的礼物,也是我对恩师的一点回报吧!"她还吩咐我为"黄胄美术基金会"刻一枚朱文印,我说:"一定照办,回去后刻好即邮寄来,请放心!"

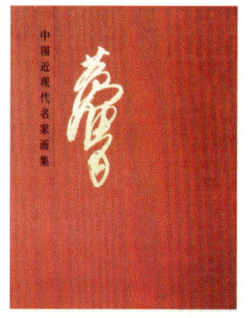

2011年3月26日至6月25日,"潘天寿艺术、李可染艺术、黄胄艺术"大型展览在国家博物馆举行,可以说这三位大师在不同领域为中国绘画事业做出了巨大贡献和具有重要影响。同时,还召开了潘天寿艺术、李可染艺术、黄胄艺术研讨会。6月12日,黄胄艺术研讨会以"黄胄和中国人物画的拓展历程"为主题进行探讨。会议由著名评论家李松和西安美术学院教授程征主持。先后发言的有中国国家画院院长杨晓阳、中央美术学院教授邵大箴、凤凰卫视主持人、中国国家画院研究员王鲁湘、中国美术馆副馆长梁江、《美术》杂志主编尚辉、西安工艺大学副教授刘天琪、

图56 《黄胄画集》

图57 施宝霖三磕头祭祀黄胄

图 58 《画家黄胄》《炎黄痴子》《黄胄研究》

中国国家画院画家史国良、中国美术学院教授刘国辉、人民美术出版社成佩博士、天津美术学院教授何延赫和黄胄美术基金会名誉会长黄胄夫人郑闻慧。大家从多方面详细介绍了黄胄先生的艺术和精神(以上摘自《炎黄艺术》2012年第一期)。

我拜读过纪念黄胄先生诞辰八十周年的《黄胄研究文集》,其中令我印象深刻的有如下三位先生的文章:

宫达非的《生活、社会、时代——评识黄胄之画》,其中写道:"黄胄——中国现代人物画大师。""1964年,毛泽东主席与友人谈及中国百年画史,从'扬州八怪'谈到当代齐白石、徐悲鸿等大师,曾经这样提到,黄胄是新中国自己培养出来的有为的青年画家,他能画我们的人民。"

侯一民的《黄胄——人民的艺术家》中写道:"说他是一个大家,而'大家'必须具有独领一个时代的首创精神,经得起时间考验的文化内涵,可以说黄胄影响了一个时代,尤其在表现民族生活上独树一帜,因此说他是五百年来表现民族人物题材开宗立派的第一人是不为过的。黄胄去了,人民会记得他,历史会记住他,他的艺术与新中国共存。"

还有著名美术评论家、教授陈传席的《论黄胄的绘画及其画史上的地位》,一开头就写道:"黄胄是天才型画家。""天才的画家往往不师而能。""黄胄学习绘画的特点是:无所不师,无所必师。""有人说他是速写入画,而他的速写也是性情使然,以性情入画,则画见性情。画惟见性情方是真画,方是活画。""解放以来,画有性情者,以黄胄为最高。""性情特强之人,所画人物、禽兽、花卉、山水皆性情也。笔也性情,墨也性情,一任性情之放纵,传统、成法皆不在话下……但黄胄笔墨却符合中国画的最高境界——生动。他的画气高韵足,无古法,而自家法立于其中了。黄胄的画的特色也就在其中了。""黄胄因性情使然,不期然而然地达到'散'和'淡'的极致,所以他的人物画也生动到极致。""黄胄是中国人物画史上里程碑式的画家,是20世纪中后期影响最大的画家之一,即使在两千年的中国画史,黄胄也是杰出的,无人能够替代的人物画家之一。"

2016年9月下旬,在炎黄艺术馆建馆25周年前夕,闻慧师母打电话给我,邀请我赴京参加纪念活动,同时又寄给我一份请柬。于是我于27日动身,28日下午,我与李绪萱兄一同赶到炎黄艺术馆。先遇见梁缨师妹,我把12封黄胄老师给我的亲笔信交给她,捐献给炎黄艺术馆。不久闻慧师母来了,我上前向她问好,并表示祝贺,同她合影留念(图59)。接着,我与李绪萱兄去参观了画展,第一次欣赏到黄胄老师原作如《巡逻图》《广阔天地大有作为》《庆丰收》《欢腾草原》《听琴图》等,如入山荫道上,令人目不暇接,真是美不胜收,气韵天成。我特意拐到服务部买了一套五本装的大型《黄胄作品集》做纪念,并在黄胄老师塑像前拍照留念(图60)。这次活动,我还额外收到了炎黄艺术馆纪念品《炎黄痴子——黄胄作品展》画册(图61、图62)。

很多友人听说我是黄胄先生的学生后,几乎都不敢相信。因为我是搞工艺美术寿山石雕的,与黄胄先生算是跨界,隔行如隔山呀!再者,一个在北京,一个在福州,天南地北怎么联系在一起

图59 施宝霖与郑闻慧合影

图61 《炎黄痴子——黄胄作品展》画册

图60 施宝霖在炎黄艺术馆留影

图62 《黄胄作品集》

图63 炎黄艺术馆收藏证书

的?我猜想黄胄老师收我为学生,可能有以下三个原因:一是他晚年人事关系在轻工部工艺美术总公司,并任顾问,我们算是同行。他事业心极强,"有为必攻",想在工艺美术行业干出一番事业来,必须深入了解我们这行,所以我们有了交流基础。二是黄胄老师爱好广泛,极喜欢雕刻作品,我又从事寿山石雕刻,我们有共同的兴趣爱好。三是在邓拓先生影响下,他对福州人特别有好感。我多次听他说:"福州出人才!"他与邓拓先生亦师亦友,友情深厚,关系密切。我沾了福州人的光……这些只是我猜想的,可能并不准确,但我唯一能确定的是,我是黄胄老师的学生,千真万确。

综观当代中国画坛,有谁的作品能在英国的伦敦、德国的汉堡和杜塞尔多夫、意大利的罗马、法国的巴黎、日本的东京、新加坡等地展出而影响世界?有谁的作品作为国礼由国家领导人赠送南斯拉夫总统铁托、美国总统里根、日本天皇裕仁、日本首相宫泽喜一?有谁能在北京建立中国工艺美术馆、中国画研究院、炎黄艺术馆三座艺术殿堂?有谁能成为人物、飞禽、走兽、花草、鱼虫、山水等题材无所不能的全能画家?有谁能在丈二匹上画宏幅巨制,如《欢腾草原图》《八月草原图》《庆丰收图》《百驴图》等?答案显而易见,只有伟大的天才画家黄胄老师做到了,他是"画神"呀!

美国大收藏家哈默曾言,他的办公室只挂两个人的画,一个是鲁斯本,另一个就是黄胄的《欢腾草原图》。

纵观明清以来五百年中国画坛,有如此成就与影响的画家也只有黄胄先生一人,真是五百年来一黄胄也!现在回想起黄胄老师对我一直都是厚爱有加,有求必应,永生无法忘怀。

# 雁荡之子 画坛奇才——怀念周昌谷先生

周昌谷先生(1929年10月—1986年10月),浙江省乐清县人,号老谷。父亲周庸平,母亲黄秀兰。曾任中国美术家协会理事、浙江省美术家协会副主席、西泠印社社员、浙江美术学院教授(图1)。

周昌谷先生是新中国培养出来的集诗、书、画、印于一身的艺术家,他的绘画有些已超越其师潘天寿先生。潘天寿先生是中国近代文人画大师,他主张中西拉开距离,其追求一味霸悍,线条老辣。然周昌谷先生除受潘天寿先生影响,亦受林风眠先生影响,特别是在设色用水方面,熔中西风格于一炉,而且已超越前辈,成为现代浙派人物画的领军人物,可以说是一位不可多得的天才画家。

我还在读小学的时候,就知晓了周昌谷先生的大名及画作。那是在1956年的年底,我看到《青年报》上刊登了一幅画,正是

 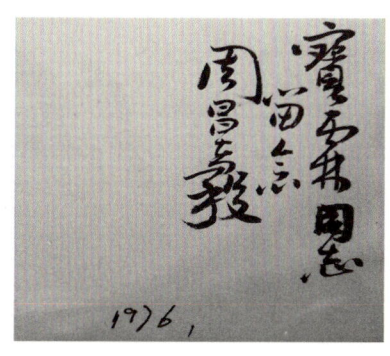

图1 周昌谷寄赠施宝霖唯一照片

图 2　周昌谷画《两个羊羔图》

周昌谷先生创作的国画《两个羊羔图》(图 2),获得第五届世界青年联欢节金奖,当时他才 26 岁。就这样,周昌谷先生的大名深深地印在我的脑海中。之所以崇拜他,是因为这画与我在情感上产生了共鸣,我小时候放过羊,对羊有很深的感情,羊是很善良的动物,尤其是小羊羔特别可爱,它都是跪着吸奶,民间把它当成是一种孝的象征。每个羊群都由年龄最大的母羊当领头羊,领头羊控制整个羊群。羊群整体极具规则意识,无论头羊走到哪里,其它羊都会一路追随。周昌谷先生的这幅画,犹如一首田园诗,令人陶醉!从这幅画中我仿佛看到了自己。我与周昌谷先生虽素不相识,但是从这幅画我可以感受到,周昌谷先生与我是心灵相通的。

1959 年秋,我考入福州工艺美术专科学校,学校里各类美术报刊我都有所涉猎,我陆续看到周昌谷先生《回家路上》等作品相继发表,为他的创作才能所震撼。

我进一步认识周昌谷先生并和他相识相交,得感谢一个人,那就是吴进先生。二十世纪七十年代初的一天,我陪梁桂元兄到吴进家去,从而结识了吴进先生。吴进先生是浙江义乌人,毕业于浙江美院,与周昌谷先生是同班同学,还当过班长。因为耿直敢言再加上家庭成分问题,1957 年吴进被划为"右派分子",从省文联下放到鼓楼区纸品厂进行劳动改造,至此孑然一身。他为人耿介、侠义、热情,特别喜欢与美术青年交往,总是鼓励提携有志于美术事业的学子去报考浙江美术学院。许多青年学生在他的鼓励下考入浙江美院,其中就有现任中国美术学院院长许江先生,许先生至今还十分感念吴进先生的恩情。

吴进先生经常对朋友讲:"我在福州有三位年轻老师(反话,应是学生),即刘石开、陈达和施宝霖。他们三位的篆刻都很优秀,对绘画也十分感兴趣。"我与吴进先生由相识到相知,一直以来亦师亦友。从与他的交谈中,我得知了许多有关周先生的往事及艺术成就。周先生由于受"文革"冲击,赋闲在家养病,他收集了许多字帖在家练书法,偶尔也篆刻。因他喜欢寿山石章,所以吴进先生托我帮忙寻找。我依稀听说周先生已从陈清狂师兄处获得许多上好的寿山石章,所以我决定赠送周先生高山石以上档次的石章。于是我把家中所藏几枚高山石章,其中包括高约10cm的巧色"九鲤朝阳"章,托吴先生带去赠给周昌谷先生。后来周先生来信说:"你所赠之石'九鲤朝阳'一如神话故事,极为奥妙,弟非常喜欢,不知谁氏所作,真是巧夺天工。杏花双鸟亦好,石质灵透,我亦喜爱,我是非常感谢吾兄割爱相赠。如吴兄尚未转达,弟在此多多至谢……"我也托吴进先生代为求周先生墨宝做纪念,或作为学习蓝本之用。不久,周先生即寄一封信及一帧人物小品《牧羊女图》给我(图3)。此图虽小,但画面富有动感,似一曲轻音乐,特别是少女手中的鞭子,除了在构图上起连接作用外,还富有节奏感。站在画前观赏,会使人有不自觉地随鞭子起舞的冲动,妙哉斯图。我十分珍爱此图,因无上款,特在左下角钤上朱文"宝霖所珍"小印。另外,来信中还写道:"惠书一悉,关怀拙病,十分感谢!于小技嘉词褒语,愧不敢当也,望尘前辈而莫及,何能同日而语哉。宝霖同志兄。周昌谷顿首。"这是周先生给我唯一用毛笔书写的一封信,其书法遒劲雅逸,十分精妙,我把它装裱后挂在书房中当作书法艺术作品来欣赏(图4)。此后,我们便经常通信,我也得以进一步了解他。我经常托人给他带去我刻成的印钮石章或石雕把件。因为周先生自己本身也是篆刻家,我不敢班门弄斧,只给他刻过一枚印章留作纪念。通过几年的交往,我们的关系更加亲密了。

在信件中,我了解到周昌谷先生在艺术上追求真善美,而且他的人格也是真善美俱全。他与人为善,做事认真,总是每信必

图 3　周昌谷画赠施宝霖《牧羊女图》

回,有求必应,有问必答。他待人接物真诚谦和,对后学者谆谆教导,满腔热情,对我这个晚辈亦一再用"您"尊称,后来在我的一再请求下,他才改称"你"。我与周先生的交往虽亦师亦友,但我始终执弟子礼待之。我能结识周昌谷先生并与之相交,实乃我三生之幸也。

1974 年春天,社会出现"批黑画"。这时我看到《文汇报》上刊登了一篇批判文章,文中点名许多著名画家及作品,其中就有周昌谷先生画的《荔枝熟了图》。文章胡乱上纲上线,给周先生扣上"卖国主义""向帝国主义献媚"等莫须有的罪名。我看后非常气

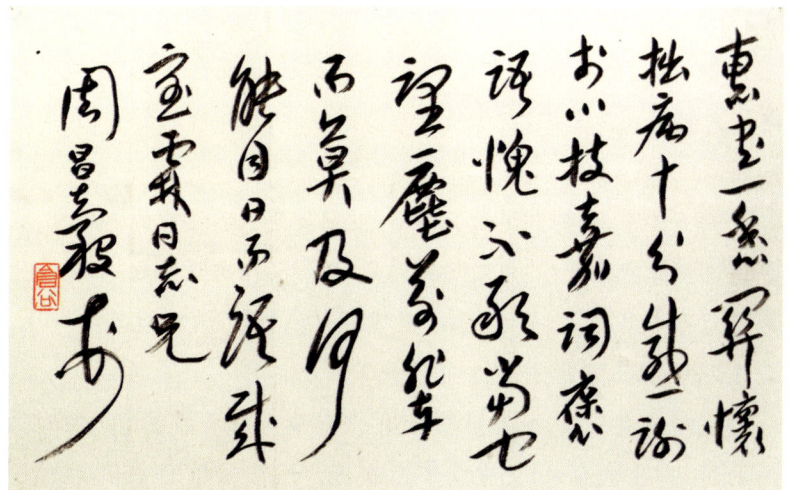

图4　周昌谷致施宝霖信札

愤,真是胡乱指责,肆意污蔑!《荔枝熟了图》这个题材是周先生常画的,我见过其中一幅,美极了,无论构图还是笔墨色彩的运用,都属周先生的精品佳作。特别是他用"点丸法"画眼睛,那二点白粉,把人物画活了,极传神,这是周先生的独到之处。《荔枝熟了图》整幅画传递出青春美丽的气息,是一幅歌颂丰收的佳作,催人向善,何罪之有?"四人帮"为了达到不可告人的目的,无所不用其极。我想这下周先生恐怕又要遭殃了,我与他远隔云山,不能在他身边仗义执言替他辩护,但是我们心意相通,我写信给他,安慰他要坚持住,先生所追求的美好春天一定会来到,并对那篇批判文章进行反批判。我记得信中有这样一段话:"爱美之心人皆有之,先生所画《荔枝熟了图》是一幅不可多得的佳画。其中透出青春美丽气息,给人以赏心悦目之感,让人得到美的享受,催人向善。画人物画美了,何罪之有?请问文章作者,难道你讨老婆,要娶麻脸缺嘴的丑媳妇?背地里有可能是抱着女人大腿不放的人吧!真是欲加之罪何患无辞啊!请周先生不要去理会他们,在我心中,艺术家的心是善良而美丽的,他们所追求的是'真、善、美'三字。周先生您就是这样伟大的画家,您的作品是国之瑰宝,他们说您的作品是'黑画',我还偏要您这样的'黑画'呢!您要我刻石头尽管寄来,我乐意为之。只要能使您高兴……"

1975年1月6日,我收到周先生的亲笔信,信是这样写的:

宝霖同志:近好!

信收到,您将我想得太好了,其实我画得很普通,没有什么特色。对艺术我是爱好的,您给我的鼓励很大,您对我的好意,我是很感谢的!

刻石的事,请您和吴进兄安排。"旦洪洞",就按你的意思办,刻平顶博古薄意即可。"火焰",我因此石特好,但有硬杂质,如硬杂质刻薄意可补不足,您为我完成,我很高兴。"封门青",我只有一块,是较好的,原石已在平顶刻"荷花"了。

我很喜爱石印,除应用图章外,还欣赏其石质和雕工。得到你们的帮助,我很高兴,便中请多谢您说的那位老师父(上次的那块"坑头",我还以为是古人作的,精美绝伦,这种技巧真不可多得)!您的册页我画了三张,其中一张指墨芍药,较为满意,有字条附上,请您不必请人题字,因已无空白可写了。您说的"四开人物",待精神好些时一定完成寄上。您对"美感"问题的议论,痛快之极,令我大发一笑。今后有石,还当麻烦您的。您的作品,均已为我装锦盒宝藏也。

匆此

近好!

周昌谷顿首,三日。(图5、图6、图7、图8)

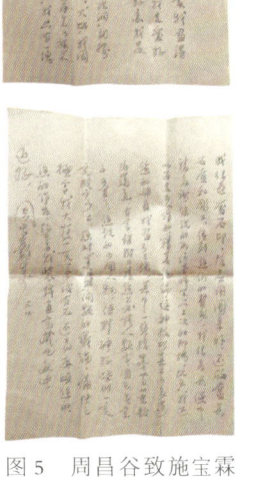

图5 周昌谷致施宝霖信札

图6 周昌谷画《荷花图》册页

图7 周昌谷指画《水墨芍药》册页

图8 周昌谷画《牧羊女》册页

"文革"中,周昌谷先生身心均遭受摧残,学校停课,他只好在家"玩石遣病",而我的爱好与专业正好起了作用。有一年春天,周昌谷先生托吴进先生带来一块三角形的鸡血石及数枚石章。鸡血石及部分石章请林寿煃师傅刻,并为之设计刻稿(图9),请我转交给林师傅,其余石章由我来完成雕刻。刻好后我附信一封,并将石品交给吴进先生,由他奉还周昌谷先生。周先生收到信以后立即回信:

宝霖兄:近好!

您的信收到了,我请您所刻的石头太多,请您慢慢刻,千万不要为赶刻而累出病来,那么我是罪该万死了。今寄上《友石图》(图10)一幅,聊表敬意,请您多提意见。吴进老师来信,你刻之钮,及寿煃师《梅花》一同寄来,先睹为快,一定技艺甚佳,还未收到,先谢谢您了!您刻印很好,装饰味与功力下过一些功夫的。如能在四体书法上再下一些功夫,他日进境定然极大。匆此,近佳!周昌谷

信未寄出,石收到。您所刻蘷龙钮一对和寿煃师之梅花薄意,均刻得很好,非常感谢!当抽出时间为寿煃师作画也。(并在信封背面写着:"于寄信时石已收到,十分感谢!又上。八日。")

不久,周昌谷先生给林寿煃师傅画了《指墨梅花图》和中堂《风雪图》两幅画,同时,又撰写一副对联:"犁刀耕不夜,劈石种长春。"并跋:"寿煃老师精研薄意,为予刻石书志,感佩。"周先生

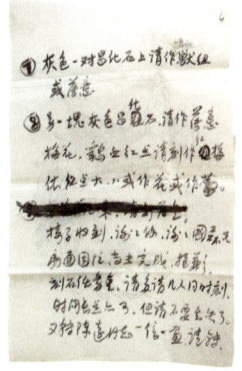

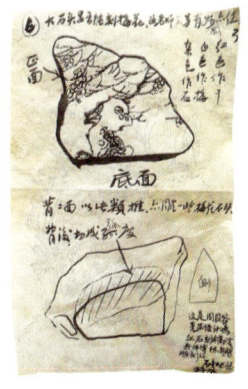

图9 周昌谷请林寿煃雕刻的鸡血石设计刻稿

图 10　周昌谷画《友石图》

字里行间都反映出真诚的态度。

1976年,是我与周昌谷先生交往通信最多的一年,我还曾经多次写信给他,索要他的近照以做留念。

1976年1月29日,他给我的信写道:

石知己兄:

两信收到,吴进兄已抵杭,石头三坑收到,大喜过望。我因近多病,都没有拍照,以后病稍好点再拍,那时再寄给您。三坑石头您在"梅花"上下了功夫,刻得很好,技巧也进步很快,我很喜爱。"昌化冻"尚佳,唯鸡血欠多欠红,是美中不足,兄之技艺都已到尽善尽美了。'荷鹭'也刻得很好,可惜石头不甚佳也,"火焰"的劣石坑,能刻是破例。因石劣尚不能要求刻精细,以其不可能精细。总之,我很喜爱,十分感谢您!并且我又已要来原石数方,请吴进兄带给您。有一块大的"灰昌化冻"请您为我做,和上次那块最大的黄色的做成一对。其余几块随您之意设计也可。只是我爱薄意比钮更甚,但薄意更花时间,就请您不要急,慢慢刻吧!可否?你对李白的诗理解是正确的,只是因为这两个字,古本上均有传下来,后人写时,可这可那。您既喜欢这两个字,我就先寄一张奉上,请指教如何?又托吴兄带之严几道字卷已题好了,可惜纸已太短,否则倒可大大发挥一翻的。

我已告知吴进兄,要代您画一张自己也认为满意的人物,并有石在内,尚在构思中也。

兄之技艺近来进步很快,记得在前兄所刻之"金鱼"与现在已不可同日而语了。我建议兄多学老艺人之技法,主要还是造型。如钮可多收集出土文物中之铜器、瓷器等。各种兽要概括、提炼、变形,切忌刻得和真的一样。要古朴,薄意亦如此,则风格就大方了。不知吾兄以为如何?我是不懂装懂,请做参考可也。

祝春节好!

弟周昌谷谨上,廿九日。

每次我刻石给周昌谷先生,他都会肯定成绩,指出不足,真诚相待。我幸得这样一位老师,如果我艺术还不进步,那就是我愚钝所致,与老师无关。

这些年来,我与周昌谷先生谈论李白诗甚洽,我也喜欢他的书法艺术。有一次,我收到他画的《李白诗意图》,上写有李白《清平调》诗其三:"名花倾国两相欢,长得君王带笑看。解释春风无限恨,沉香亭北倚阑干。"书画相映成辉,整个画面充满古朴典雅秀逸的气韵,精美绝伦,大有八大山人再世之感。周先生有色画亦佳,无色水墨画更佳也(图11)!

1976年5月15日,我又收到周昌谷先生来信:

宝霖吾兄:近好!

小叶带来三方石,已收到,非常感谢您的辛勤劳动,为辛勤的艺术劳动致礼!

高清兄述及清狂兄赠石之事,实为误会。清狂兄赠我均为佳石,此石并非为他所赠(兄此石为昌化石,不是寿山)。我已去信高清兄处,请他给你一阅,千万千万不要引起误会,切切切切……

我近日身体依然不好,您的画请拖些日子。您我已经不是初交了,且经此事,我感到友谊的可贵,您当能谅解我的。

又,下一次信中千万不要写"大师",一般的"先生"也不够的,称同志也好。我年岁稍大,称兄亦有点妄自尊大了。

匆此
近佳!

弟周昌谷

周先生为人太谨慎、太厚道了,一个对石种判断出入问题,这是很正常的事,他都在替别人着想啊!何况清狂兄是我师兄,哪有误解之理也。他在此信眉上还写着:"在别人尊重我们的艺术劳动时,我很感谢,因此我也极为尊重人们的艺术劳动,请多多问候林寿煁师父,我定为他作我自以为满意之画。"

周先生随信的另一张纸上写着请我雕刻的设计方案:

(1) 最大一块,请将石钉及不好之处尽行挖去,于内中取出一块无杂质石钉之石,再视其石长度刻钮。

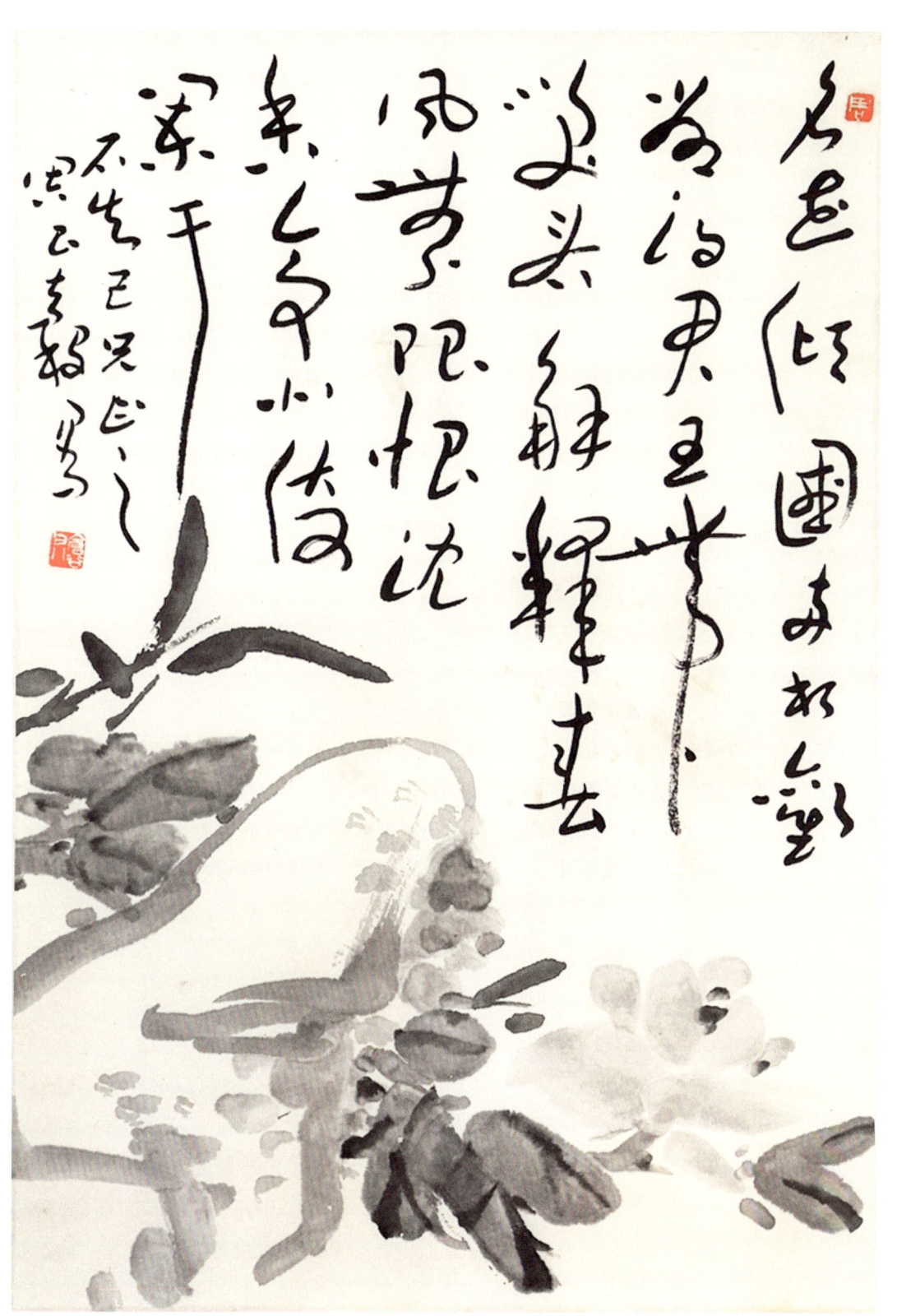

图 11　周昌谷画《李白诗意图》

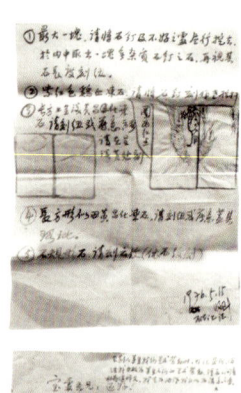

(2) 紫红色鸡血冻石，请将石钉刻作老树干，圈为红点。（附图）

(3) 长方上呈淡黄昌化冻石，请刻钮或薄意，云彩请呈淡黄处刻。（附图）

(4) 长方形似田黄昌化冻石，请刻钮或薄意盖其瑕疵。

(5) 不规形石，请刻云纹（依石纹刻）。（图12）

从以上五点设计方案可以看出，周昌谷先生曾深入"相石"，讲述了在他的艺术审美视角中如何呈现极致美石。这样一来，我只须按他的设计动刀就行，毕竟他对艺术的鉴赏力非我所能及的！

我按周先生的要求刻好后，交还吴进先生。我意欲在绘画上也能得到周先生的进一步指导，便寄给他两张绘画习作，请他为我点评。他收信后立即给我回信：

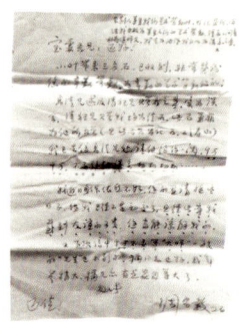

图12　周昌谷所写雕刻设计方案

宝霖同志：近好！

信收到，画亦收到。我多次请您刻石，您对我的要求都予以满足。此次刻了，又送我一高山石，吴兄虽尚未寄来，我亦未见，您之盛情先在这里感谢了。

您的刻石，比刻印好，刻印又要比画好，这是我对您的评论，不知是否？我希望您如能有时间，找一本字帖，字上下些功夫，对刻印作画均有帮助。此画主要受陈子奋先生的影响多，今后学得广些，研得精些，定然会有巨大收获的。不知道您以为如何？

日前友人为我摄影，真是病态可掬，您多次要照片，现寄上以博一笑可也。

拙画请多指意见。匆此

近佳！

周昌谷，五日。（图13）

看毕此信，我热泪盈眶，周老师慧眼如炬，一眼便看出我篆刻和画中的毛病，击中要害，并开出处方："练字。"的确，我花时间和气力最多的是刻石，次之刻印，再次之绘画，内行人一眼就能看出。他要我练书法，这是十分正确的，我的老师也是如此教诲。但刻石工艺耗时过多，我实在挤不出时间再去练书法，所以其艺不精,实在是愧对周老师的教诲也!悔之莫及矣!

1976年下半年,我请周先生为我刻一印"石知己所好"以做留念,印章是芙蓉青白长方形刻狮钮,我请吴进老师带去给他。到10月国庆节后,他给我一封信:

宝霖同志:近日安好!

信收到,谢谢!

薄意甚好,拓片亦好,甚为感谢!估计春节能看到你的佳作了。

关于所询"晓"字,我是随手写的,从形式角度看,多一画少一画是没有关系的,只要好看就是。如米芾"塞"字写作"塞"字。平常"明"字写作"眀"字,是不深究的。但从学究角度看,这样写是错误的,这样想不知是否?请予教正。

刻印钤上请正,有便人再带可也。

匆此

近好!

周昌谷,7日。(图14)

1977年底,我曾听郑乃珖老师说过,他在北京饭店作画时,杭州的周昌谷先生亦在。那段时间,我们没有通信。我想他能去北京作画,身体应该康复了吧!不然南方人怎么能适应北京的气候呢? 1978年5月份,我趁到北京出差的机会想去拜访周先生,然而,我从郑老师处得知,多年未曾谋面的恩师却住进了医院。我听了沉默很久,盼望周先生能早点好起来。我原本打算与周昌谷先生长谈,向他求教有关绘画篆刻等问题,我还特意带了一篇尚未校对好的散文《寿山石随笔》,想当面送给他,并听听他的意见。现在知悉了周先生住院的状况,我又为他的身体担忧了起来。我向郑老师要来周昌谷先生住的医院地址,当下就给他去了一封信。返榕不久,我就收到他的回信:

宝霖兄:近好!

你在北京的信我已收到,咫尺天涯,只有以后再见了,请方便时谢谢陈达兄。匆此,祝健康! 弟周昌谷,10日。"

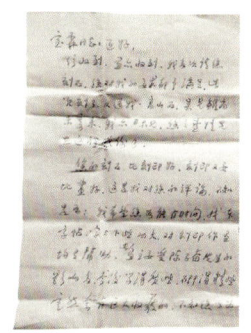

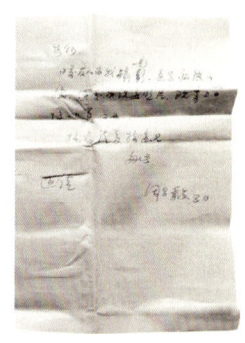

图13 周昌谷致施宝霖信札

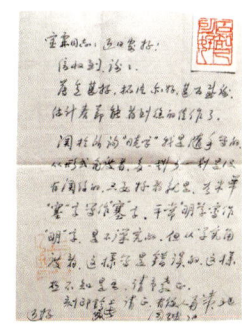

图14 周昌谷致施宝霖信札

信中又夹一信

宝霖同志:近好！你的信收到,惊悉令堂大人谢世,致以亲切的问候！《寿山石随笔》看到了,写得很有感情,可能因为打字时有几个字弄错了,你如下次再印,请打字员改一下。(周先生不愧为人民教师出身的高校教授,对待朋友文章,亦同待学生作业一样认真啊！令人敬佩。)我请吴高清兄或清狂兄拍摄为你画的水墨芍药望能相借协助。我约於12月返杭州,你的信就不要寄北京了。

匆此

近好！

周昌谷,11.24

后来,陈清狂兄来舍借走册页《水墨芍药图》,周先生的这幅画如神来之笔,不仅他自己满意,连黄胄老师看了也拍案叫绝,看来大师之间所见略同啊！

1979年3月4日,《人民画报》用两页版面刊登了周昌谷先生的画,共4幅:《牧羊图》《听秋声》《碧桃花》《李白诗意图》。我看到后高兴极了,这是人民画报社替周先生平反了,我立即买了这期画报珍存,并写信给周先生表示祝贺(图15)！

图15　1979年3月4日《人民画报》发表周昌谷作品

1980年11月底,我收到周昌谷先生给我的信:

宝霖同志:近好!

信收到,上次吴兄寄来您所刻五石及所赠一石,大喜过望,十分感谢!您所刻之石,技艺大有进展,所作"杏燕"薄意亦佳,只有紫色昌化,因石钉不能受刀,并非您之艺术之故也。

我很少摄影,病中更少,所以朋友为摄者,不好的也寄上,聊以塞责罢了。对拙画,您的意见很宝贵,十分高兴,只是枯湿笔问题,这是各人各爱,我也无甚法也。因为,我是知道您所说"福州地区多喜枯笔,不喜颜色的,但又不能改变自己的画法去投人所爱,这是'奈何'的"。我以为绘画的发展,意境上是求"新",在写意技法上要求"意兴酣畅"。我们在看画时,如果笔墨痛快,表现充分者,就会觉得看了舒服。我这样要求,并不能说我就做得到,但我是想这样做的。但艺术又是百花齐放的,我也喜爱别的方法(如石雕我喜爱工致的薄意),比较偏爱"大写意"罢了。胡乱谈,以博一笑也。

匆此
近佳!

弟周昌谷,19日。(图16)

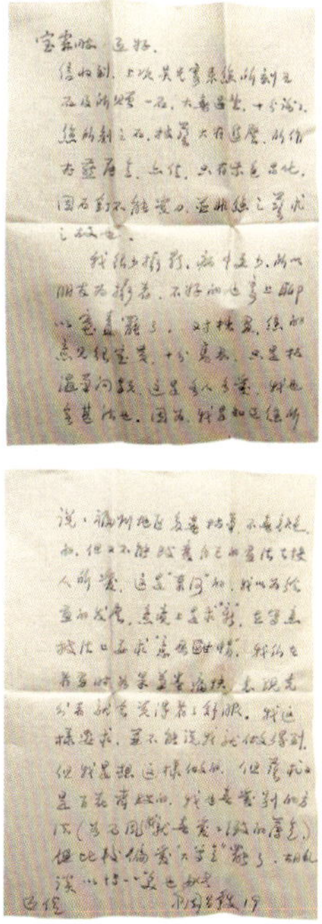

这是一封极其宝贵的信件,其中谈及绘画艺术,他主张"意兴酣畅",偏爱"大写意",这也是他的绘画艺术风格灵魂,对之后研究周昌谷先生的艺术极有帮助。我把周先生寄来的照片压在书桌玻璃砖下面,这样想他的时候就可以天天面见他了。

1980年底,刚好友人方泠洁兄出差到杭州,因为我喜欢收藏扇面,我托他带一柄扇和几方石章交给周先生。黄胄老师、程十发先生曾为我画过扇面,我国三大人物画家的扇面,只差周先生一柄了,所以我觍颜又向他索画了。不久就接到他来信:

宝霖兄:近好!

泠洁同志来,信、石头、扇面均收到。扇面我可为你画及书写的,画好后与泠洁同志的画我可同时寄上,或请人带上。另,泠洁同志所赠石尚未雕钮,很遗憾。你刻的薄意和钮,我藏有不少,但我认为那

图16 周昌谷致施宝霖信札

个缩头作威怪兽(缩头螭)为最好,原因是有古意。此次薄意凤凰,我以为细虽细,但病在写实,则不如古意了。我有数石未刻,兄如(你那边)有人来,请到我处,一是将扇面画带去,二是将石头带上请为我刻有古意者,不胜感谢!如近无人(来),则春节时请吴高清兄带可也。

匆此

近好!

周昌谷,28 日。

1981年春节后,吴进先生从杭州返榕时,为我带来一柄扇面,纯水墨人物画,有冷逸娴静之美,精美绝伦,又是周昌谷先生人物画的另一种表现手法,极具古意,我十分欣赏。扇背用草书遒劲奔放地写了一首徐青藤诗:

> 杜若青青江水连,
> 鹧鸪拍拍下江烟。
> 湘夫人正苍梧去,
> 若遣一声啼竹边。(图17、图18)

我捧着扇面欣赏吟诵起来,高兴极了,后写信给他再三表示感谢!

图17　周昌谷赠施宝霖纯水墨人物画扇面

图18　周昌谷赠施宝霖扇面扇背草书徐渭诗

不久又收到他的回信：

宝霖兄：近好！

信收到，你说对扇面满意，我也很高兴。

螭虎的事（他托人带来一块石头，我设想刻高浮雕九头螭，曾去信请示他），我不内行，九头、十二头，你看着办，要美观大方就好。我以为镂空不宜太多（如青田石一镂空，就不牢固了），还是薄意高浮雕好……你是内行，你决定吧！时间没有关系，你要注意不要对你的肘关节有伤碍。

我因为这块石头太大，请你刻太费劲，所以说过意不去的话。你这样说，我更高兴了，那么你说对我感谢的话也不说了，彼此彼此。

匆此

佳胜！

周昌谷，7日。

1982年6月4日，我与林师傅收到浙江美术学院寄来的请柬：周昌谷画展6月6日至17日在浙江美术学院展出。这次展览由中国美术家协会浙江省分会、浙江美术学院联合主办的，这不仅是对周昌谷先生绘画艺术全面的展示，也是对他"文革"及"批黑画"所受冤屈的公开平反，更是对他艺术的全面展示、宣传

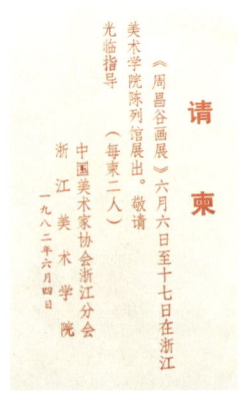

图19　周昌谷画展请柬

和肯定。通过这次展览能让更多的美术爱好者和广大人民群众接受一次美的洗礼。但由于工作原因,我未能到场拜会周先生,品赏其艺术精髓,无法当面聆听他的教诲。我感到十分遗憾与抱歉,只好付诸纸笔,向他表示祝贺,同时也表示歉意,请他谅解之(图19)。

二十世纪八十年代后,我与周先生通信逐渐少了。一是他身体每况愈下,肝病越发严重,从吴进先生给他寄"片仔癀"药的次数中可知一二;二是"文革"后他得以平反昭雪,社会活动多了起来。为不给他增添麻烦,我主动减少写信次数,省去他每信必回、有问必答的困扰。

1982年春节,我托吴进先生带去两本册子:一本是我的篆刻习作印集,请他题签并赐教;另一本是《篆刻集珍》册子,中有空白处,请他钤印罗叔子为他刻的印章,以及他的自刻印章。春节后,吴先生即把册子交还于我。《宝霖印集》签是他用蚓书题写,扉页题曰:"宝霖刻印喜为黄牧甫,当自汉镜文字求之,不知以为然否?周昌谷书。"寥寥数语,切中要害,指明了我的篆刻方向,周昌谷先生真吾师也(图20)!

在《篆刻集珍》册子空白处,周先生为我钤上罗叔子先生为他刻的五印:"谷无咎"(朱文)、"仓昌染指"(白文)、"仓谷"(朱文)、"周仓谷玺"(朱文)和"镂冰文章",以及周先生自刻五印"大憨"(白文)、"老谷"(朱文)、"意帅"(朱文)、"芳草芊芊"(朱文)和"大憨"(白文)。这两本册子对我而言弥足珍贵,每当看到他们我就想起周先生的谦和与真诚(图21)!

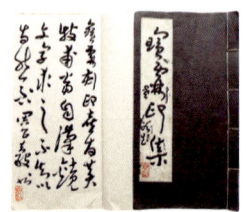

图20　《宝霖印集》

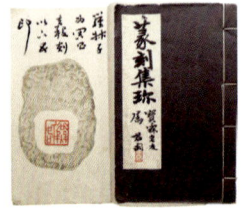

图21　《篆刻集珍》

1983年5月3日,我同林寿煁师傅和陈庆国兄利用出差杭州的机会,师徒三人特地买了水果,到西湖九里松浙江医院去拜会周昌谷先生。这是我生平第一次见到周昌谷先生,他在病房中接待了我们。我们彼此心意相通,相见甚欢,他对林师傅的薄意艺术给予高度评价,这点我与他在通信中亦多次谈到,又一次感受到周先生的谦和,让我内心十分温暖。我在病房中待了约一个小时,我怕他疲劳影响身体,起身向他告辞。他询问我住宿是否安顿好,我说道:"刚下火车,就直奔您这里来了。所以还没有解决。"于是,他立即写了张纸条帮我们解决了住宿问题。我临走时，代庆国兄向他求一幅画做纪念，不久，周先生为庆国画了一幅四尺四开人物画。后来，庆国亦回赠给他一件弥勒佛石刻。

过不久，我就收到周昌谷先生寄来由浙江人民美术出版社出版的《周昌谷画选》（图22）。另封面是著名的《荔枝熟了图》画册，他在封底亲自题写了"宝霖同志正之，癸亥立夏过九里松下志喜，周昌谷"（图23），以补作这次的见面礼。我遂写信向他表示感谢！

图22 《周昌谷画选》

周昌谷先生从此便没离开过医院，许多画都是在医院中创作的。我认为周昌谷先生在绘画方面的唯一遗憾便是身体状况，导致他并没留下鸿篇巨制在人间。从他的作品中，人们根本看不出是出自病重之人之手，他对艺术的精益求精令人敬仰。

到了1985年冬天，我得知周先生因肝病严重转到上海瑞金医院治疗。我默默地祈求苍天保佑周先生康复，才能有精力创作更多精品，这样伟大的书画家，应如珍宝一般永存于世。

1986年国庆节，我听陈达兄探病回来说："周先生全身发紫，恐怕药石无力回天。"天不遂人愿，很快我得知周昌谷先生于10月11日病逝于上海。我呆立许久，仰天长叹，真是天妒英才啊！我垂泪无语，想起周先生在历次政治运动中所遭受的摧残，再加上婚姻不幸，他所受的各方压力无处排遣，气郁伤肝才殒命而亡。周先生太善良，他总是这样隐忍地过日子，他只活了57岁啊！原本是画家的壮年期间，他应有许多事要做，应有许多佳作问世。他的离开是中国画坛的巨大损失，我亦失去了一位良师与挚友，无限惋惜呀！

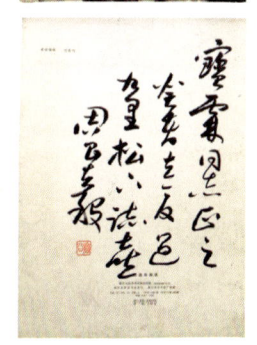

图23 周昌谷封底题字

2012年，我听说"周昌谷艺术馆"在乐清落成了，这是乐清市领导与人民做的一件功德无量的大事。于是，我与绍兴的孟柏干兄商定，抽空去乐清拜谒周昌谷艺术馆。2013年6月20日，我终于在众多同人热情邀请陪同下，来到了周昌谷艺术馆，以此弥补没能去杭州美院参观周昌谷画展的遗憾。我在周昌谷先生塑像前默哀并行三鞠躬礼，告慰周先生在天之灵（图24）。在欣赏周先生遗作时，我特别留意展柜中的印章，我并未发现清狂兄送的寿山佳石以及我和林师傅所刻的数十枚石章，这些都价值不菲，现不知流落何处矣。我还看到陈清狂师兄捐赠的由周昌谷先

图 24　施宝霖向周昌谷塑像三鞠躬

图 25　施宝霖与金晓春、孟柏干、缪明峰、洪冠敏参观乐清周昌谷艺术馆

生为他书写的一件书法条幅。我万分感谢乐清领导与人民为周昌谷先生建了这座艺术馆,让周先生的艺术永世流传。由此我联想到,福州的陈子奋、潘主兰和郑乃珖三位前辈,他们的身后寂寞,我作为福州人感到赧颜啊(图25)!

从乐清返榕后不久,我就收到衢州洪冠敏给我邮寄的两本书:一是上海书画出版社出版的卢炘先生著的《雁荡之子——周昌谷传》;二是上海书画出版社出版的卢炘先生主编的《周昌谷书画集》(图26)。我十分感谢卢炘先生能为周昌谷先生立传,并主编书画集,使得周昌谷先生的艺术成就及他的英名永世流芳,青史留名。卢炘先生谢谢您!

周昌谷先生除上述给我的画外,还为我绘制了《红梅图》和《牧羊女图》及印拓册页(图27、图28)。他还曾为我临摹的他的

图 26　卢炘主编《周昌谷书画集》

图 27　周昌谷画赠施宝霖《红梅图》

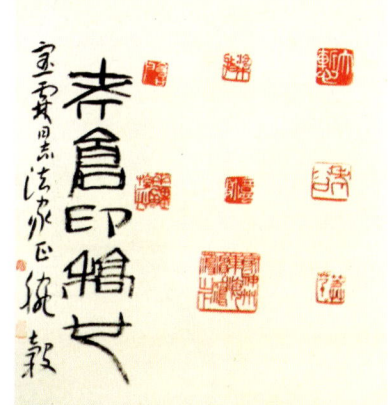

图 28　周昌谷赠施宝霖《牧羊女图》及印拓册页

作品《肩秋图》补了三只小羊(图 29),他是一个多么认真负责的人啊！今睹物思人,不禁潸然泪下矣！

周昌谷先生不死,他永远活在书画艺术爱好者的心中。我永远怀念他！

图29　施宝霖临周昌谷《肩秋图》（周昌谷补小羊）

# 跋

我小时候，家的对面街边有个"惜字亭"，亭不大，高约2米，宽1米左右，常见人们拿着有字的纸张丢到里面焚烧掉，有人在街上看见一些有字的纸片，也会捡起来扔到惜字亭里去，不让人踩踏。我问过母亲："这是怎么一回事呀？"母亲回答说："我们这里有重文敬师、尊重文化的习俗。"我幼年失怙，幸得母亲抚养我们兄弟成长。母亲是受过初中文化教育的，她是我的第一位文史老师。她教我背古诗词，讲隋唐演义等故事给我听。母亲她心算了得，后来来城市随我生活，到店铺买东西，售货员刚放下秤，她已经把所要付的钱准确地放在售货员面前了，曾令许多售货员对这位农妇打扮的中年妇女刮目相看。我出生在闽侯县五虎山下乌龙江边的青口镇壶山村，家乡秀丽的风景，不但陶冶了我的心灵，而且还培育了我对艺术美的追求。我念完初中，就去报考福州工艺美术专科学校，拜师于陈子奋、龚礼逸和潘主兰三位书画篆刻名家门下。毕业后，我被分配到福州工艺石雕厂从事寿山石雕创作。

不久，"文革"开始，破"四旧"风暴席卷神州大地。我开始时也懵了，但经过一段时间的观察和冷静思考后，我确信，中华民族有五千年的文明史，书画艺术是传统文化精粹，中华民族存在一天，这些优秀传统书画艺术就能存在一天。北京故宫是集中华民族文化艺术之大成者，为什么关闭不让红卫兵进去破"四旧"，这说明里面放着中华民族之瑰宝呀！这说明书画艺术还是要的，不能毁呀！于是他们烧，我就买，把林杼、沈葆桢、陈宝琛、朱偁等扇面,一张一毛钱买下收藏起来。我在"文革"期间,经常去陈子奋和潘主兰等老师那里走动(龚老师1965年已逝),这些前辈书画家们,在那样的日子里需要人们的慰藉与支持。我除了去向他们问安外,还继续在艺术上求教之。后来,我逐渐向外省延伸,结识了更多的书画大家,向他们求画,用寿山石雕或寿山石章报答之。在与这些前辈大师们的交往中,我不但得到了他们的墨宝,而且还得到了他们的教诲,使我获益匪浅。年老的人总喜欢回忆往事,正如俄国诗人普希金所写的"一切都会过去,而过去了就会变成美好的回忆"。所以,我就决定把过去与前辈大师们交往的情况,以及与他们的来往书信和日记加以整理,结成此集。这虽是我在艺术道路上留下的雪泥鸿爪,但也能为我国书画艺术史留下一丝参考资料。书中以我个人视角去记述前人的艺术风格与特色,如有不妥之处请见谅之,书中人物按其出生年月排序。

在此,我得感谢《人民日报》(海外版)原文艺部主任、著名美术评论家李绪萱先生,浙江省绍兴市柯桥区政协主席孟柏干先生,他们拨冗为本书写序;感谢女儿宋施冰为本书做了大量摄影工作;在本书的出版过程中,绍兴的林子龙先生、冯健先生、周燕儿先生和姚春梅女士以及群言出版社、浙江越生文化创意有限公司给予了大力支持,在此一并表示衷心的感谢!

书中的十位前辈大师均已作古,仅以此书作为心香一瓣,告祭他们的在天之灵,同时也谨以此书告慰父母的在天之灵。

施宝霖

2019年3月28日于竹石居